MP3 무료 제공

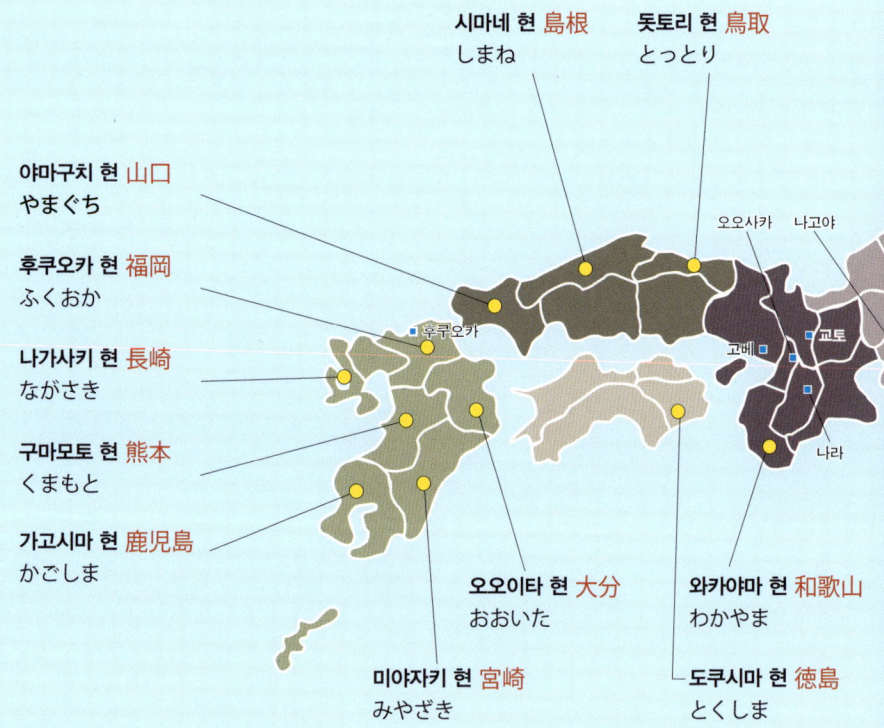

일본 지도
日本

시마네 현 島根
しまね

돗토리 현 鳥取
とっとり

오오사카   나고야

야마구치 현 山口
やまぐち

후쿠오카 현 福岡
ふくおか

나가사키 현 長崎
ながさき

구마모토 현 熊本
くまもと

가고시마 현 鹿児島
かごしま

후쿠오카

고베   교토

나라

오오이타 현 大分
おおいた

와카야마 현 和歌山
わかやま

미야자키 현 宮崎
みやざき

도쿠시마 현 徳島
とくしま

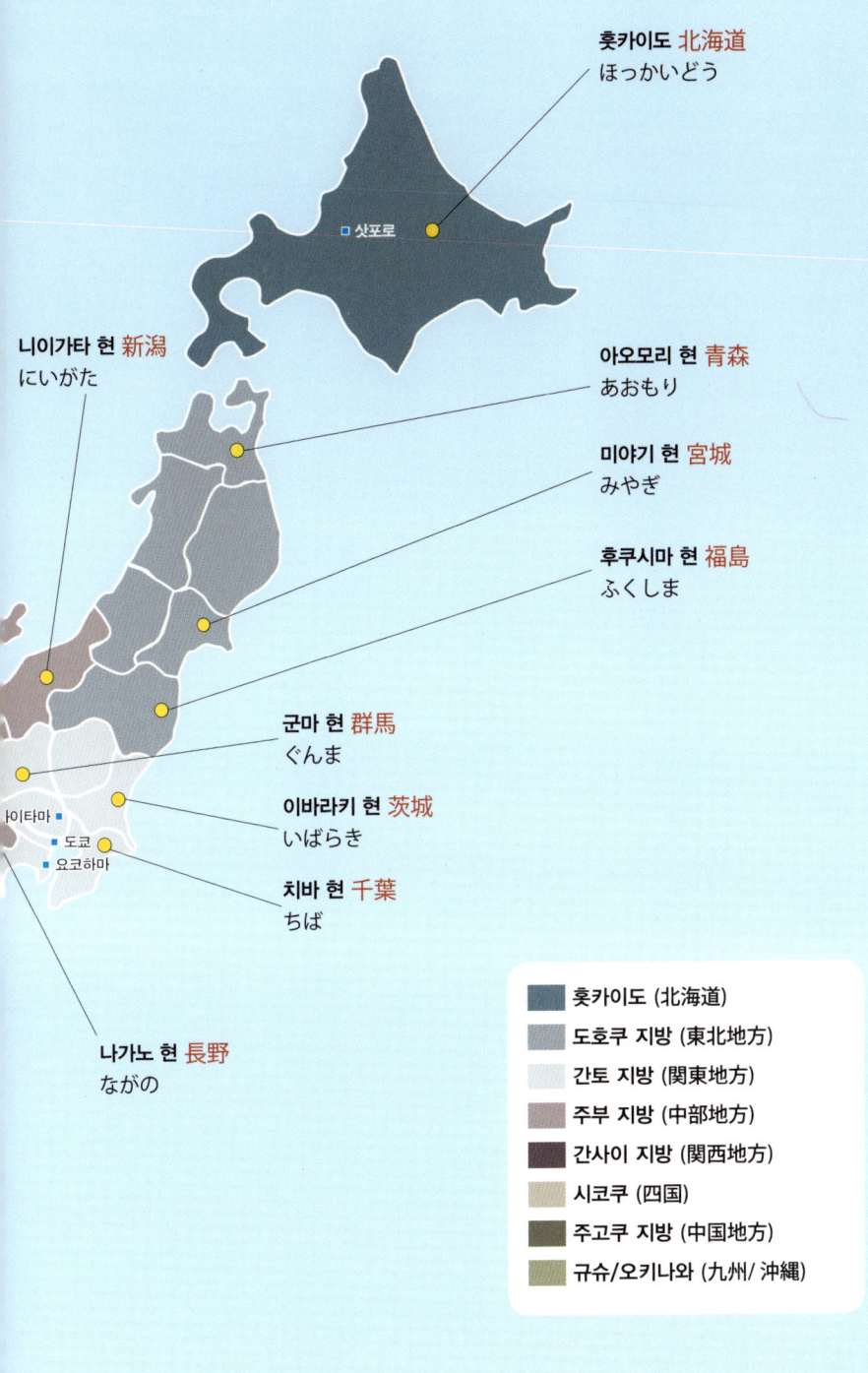

훗카이도 北海道
ほっかいどう

□ 삿포로

니이가타 현 新潟
にいがた

아오모리 현 青森
あおもり

미야기 현 宮城
みやぎ

후쿠시마 현 福島
ふくしま

군마 현 群馬
ぐんま

이바라키 현 茨城
いばらき

□사이타마
□ 도쿄
□ 요코하마

치바 현 千葉
ちば

나가노 현 長野
ながの

	훗카이도 (北海道)
	도호쿠 지방 (東北地方)
	간토 지방 (関東地方)
	주부 지방 (中部地方)
	간사이 지방 (関西地方)
	시코쿠 (四国)
	주고쿠 지방 (中国地方)
	규슈/오키나와 (九州/沖縄)

초보자도 단숨에 이해되는

친절한
일본어
회화

초보자도 단숨에 이해되는

친절한
일본어
회화

이형석 지음

Vitamin Book
비타민북

머리말

처음 시작하기에 일본어는 아주 만만하게 생각됩니다. 특히 한자를 거북하게 생각하지 않는다면 일어는 정말 아기자기하고 재미있는 언어라고 생각하여 푹 빠질 만합니다.

특히 요즘은 드라마나 애니메이션을 쉽게 접할 수 있어서 일어 공부가 한층 재미있어졌습니다.

오래 전에는 '인공위성, 선진국, 경제개발, 화학, 경제' 등 학술적인 용어가 일본에서 우리에게 전해졌는데 요즘에도 '서포터, 신의 한 수, 흑역사, 츤데레, 코스프레' 등 헤아릴 수 없이 많은 어휘가 들어오고 있습니다.

밝은 빛이 있으면 어두운 그림자도 있듯이, 일본에서도 혐한 데모를 하는 사람이 있는가 하면 한류 드라마를 좋아하는 사람들이 많고 일본 여성들이 결혼하는 외국인 중 1위가 한국인입니다. 어두운 면만 보면 세상은 캄캄합니다. 그러지 말고 가급적 밝은 면을 보면서 살아가는 것이 더 긍정적인 인생을 만들어 나가는 비결이라고 생각합니다.

일본어 학습자들이 일어를 읽고 쓸 줄 알지만 일본어를 직접 말할 기회가 드물어 회화에 약한 측면이 있습니다. 그래서 실전에서 적당한 표현을 찾지 못해 안타까운 상황을 겪는 경우가 많습니다.

이 책은 상황별 회화 표현을 모아놓은 책이지만 처음부터 끝까지 인내심 있게 읽어간다면 일본어 문장 만들기에 자신이 생길 겁니다. 어떤 언어든 같은 말을 해도 여러 가지로 표현할 수가 있습니다. 그렇게 다양한 표현을 익히는 것이 고급스러운 회화를 할 수 있는 비결이 됩니다. 그리고 존경어와 정중한 표현과 일반적인 표현을 익힐 수 있도록 친절한 설명에 노력을 기울였습니다.

과거엔 펜팔 친구를 만들어 여러 날 걸리는 편지를 받고 좋아했지만, 지금은 인터넷 공간에서 외국에 사는 사람과 수시로 실시간으로 연락을 주고받을 수 있는 시대입니다. 적극적인 마음을 가지면 돈 들이지 않아도 페이스북이나 다른 매체를 통해 일본인 친구를 만들기는 어렵지 않습니다. 일본인 친구를 만들어 적극적으로 대화를 해보면 회화 능력을 높이는 데 큰 도움이 될 것입니다.

일본어 실력을 높이려는 분들에게 이 책이 다소나마 도움이 되기를 바라는 마음 간절합니다.

필자 드림

이 책의 구성

초보자라면 맨 처음 꼭 알아야 할
히라가나, 카타카나!

이것만 알면 일본어 읽기는 끝 ~

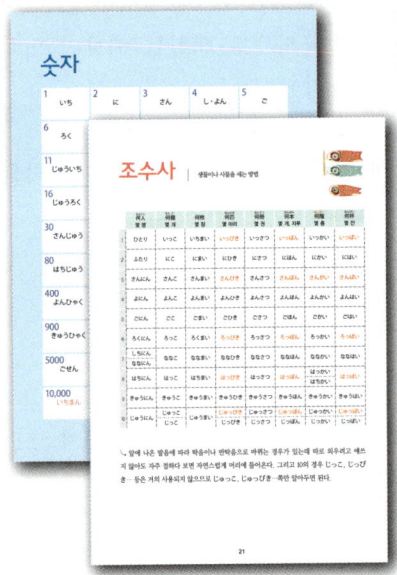

숫자 세는 법, 월·일·요일, 시
간 표현법까지…

기본적으로 알아야 할 내용들을
가볍게 정리하고 넘어갑니다!

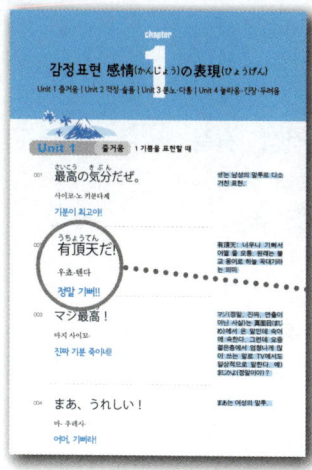

감정, 기본 인사, 사교, 화술, 테마별 화제, 비즈니스, 해외여행 등 7가지 상황별로 꼭 필요한 필수 표현들을 정리하여 쉽게 익힐 수 있도록 구성했습니다.

왕초보도 따라 읽을 수 있도록 회화 아래에 한글발음을 달아놓았습니다. 눈으로 보고, MP3로 원어민 음성을 한 번 더 듣고 외웁시다!!

상세하고 간결한 해설은 왕초보에서 초 · 중급의 학습자에게 포인트를 스스로 이해하여 실제 상황에서 효과적으로 사용할 수 있도록 합니다.

회화에 도움을 주는 단어 외에도 반대어 · 동의어 등을 수록하여 폭넓은 어휘력을 제공하며, 문장의 핵심을 콕 찍어주는 다채롭고 깊이 있는 해설로 실력 향상에 도움이 됩니다.

목차

CHAPTER 1
感情の表現
감정 표현

CHAPTER 2

基本のあいさつ
기본 인사

CHAPTER 3

社交
사교

CHAPTER 4
話術の表現
화술 표현

CHAPTER 5
テーマ別の話題
테마별 화제

CHAPTER 6
ビジネス
비즈니스

CHAPTER 7
海外旅行
해외여행

청음
清音

히라가나 50음도

성대를 울리지 않고 내는 맑은 소리이다. 탁점(゛)이나 반탁점(゜)을 붙이지 않는
글자로 일본 문자의 기본인 50음도를 말한다.

단(段) / 행(行)	あ단	い단	う단	え단	お단
あ행	あ a 아	い i 이	う u 우	え e 에	お o 오
か행	か ka 카	き ki 키	く ku 쿠	け ke 케	こ ko 코
さ행	さ sa 사	し shi 시	す su 스	せ se 세	そ so 소
た행	た ta 타	ち chi 치	つ tsu 츠	て te 테	と to 토
な행	な na 나	に ni 니	ぬ nu 누	ね ne 네	の no 노
は행	は ha 하	ひ hi 히	ふ fu 후	へ he 헤	ほ ho 호
ま행	ま ma 마	み mi 미	む mu 무	め me 메	も mo 모
や행	や ya 야		ゆ yu 유		よ yo 요
ら행	ら ra 라	り ri 리	る ru 루	れ re 레	ろ ro 로
わ행	わ wa 와				を o 오
	ん n,m,ng 응				

자판 입력시에는
wo를 사용함.

카타카나 50음도

카타카나는 외래어를 표기할 때 주로 쓰인다. 한자의 일부를 따서 만든 글자라서 딱딱하게 생겼다.
히라가나로 쓰는 단어라도 강조할 때는 카타카나를 사용하기도 한다.

단(段) 행(行)	ア단	イ단	ウ단	エ단	オ단
ア행	ア a 아	イ i 이	ウ u 우	エ e 에	オ o 오
カ행	カ ka 카	キ ki 키	ク ku 쿠	ケ ke 케	コ ko 코
サ행	サ sa 사	シ shi 시	ス su 스	セ se 세	ソ so 소
タ행	タ ta 타	チ chi 치	ツ tsu 츠	テ te 테	ト to 토
ナ행	ナ na 나	ニ ni 니	ヌ nu 누	ネ ne 네	ノ no 노
ハ행	ハ ha 하	ヒ hi 히	フ fu 후	ヘ he 헤	ホ ho 호
マ행	マ ma 마	ミ mi 미	ム mu 무	メ me 메	モ mo 모
ヤ행	ヤ ya 야		ユ yu 유		ヨ yo 요
ラ행	ラ ra 라	リ ri 리	ル ru 루	レ re 레	ロ ro 로
ワ행	ワ wa 와				ヲ o 오
	ン n,m,ng 응				

자판 입력시에는
wo를 사용함.

탁음 | 반탁음

濁音　半濁音

성대를 울려 내는 유성음이기 때문에 청음에 비해 탁한 소리가 난다. 히라가나와 카타카나의 か(カ)행·さ(サ)행·た(タ)행·は(ハ)행에 탁점(゛)이 붙으면 탁음이 되며, は(ハ)행에 반탁점(゜)이 붙으면 반탁음이 된다. 반탁음의 경우 단어의 맨 첫머리에 올 때는 [ㅍ], 단어 중간에 올 때는 [ㅃ]에 가깝게 발음한다.

단(段)　행(行)	**あ**단	**い**단	**う**단	**え**단	**お**단
が행	が ga 가	ぎ gi 기	ぐ gu 구	げ ge 게	ご go 고
ざ행	ざ za 자	じ ji 지	ず zu 즈	ぜ ze 제	ぞ zo 조
だ행	だ da 다	ぢ ji 지	づ zu 즈	で de 데	ど do 도
ば행	ば ba 바	び bi 비	ぶ bu 부	べ be 베	ぼ bo 보
ぱ행	ぱ pa 파	ぴ pi 피	ぷ pu 푸	ぺ pe 페	ぽ po 포

단(段)　행(行)	**ア**단	**イ**단	**ウ**단	**エ**단	**オ**단
ガ행	ガ ga 가	ギ gi 기	グ gu 구	ゲ ge 게	ゴ go 고
ザ행	ザ za 자	ジ ji 지	ズ zu 즈	ゼ ze 제	ゾ zo 조
ダ행	ダ da 다	ヂ ji 지	ヅ zu 즈	デ de 데	ド do 도
バ행	バ ba 바	ビ bi 비	ブ bu 부	ベ be 베	ボ bo 보
パ행	パ pa 파	ピ pi 피	プ pu 푸	ぺ pe 페	ポ po 포

요음
拗音

모음 い(イ)단의 글자 중 자음인 「きしちにひみりぎじびぴ(キ シ チ ニ ヒ ミ リ ギ ジ ビ ピ)」 뒤에 반모음인 「ゃ ゅ ょ (ャ ュ ョ)」를 작게 쓴다. 모양은 두 글자이지만 한 글자처럼 한 박자로 발음해야 한다.

きゃ행	きゃ キャ kya 캬	きゅ キュ kyu 큐	きょ キョ kyo 쿄
しゃ행	しゃ シャ sha 샤	しゅ シュ shu 슈	しょ ショ sho 쇼
ちゃ행	ちゃ チャ cha 챠	ちゅ チュ chu 츄	ちょ チョ cho 쵸
にゃ행	にゃ ニャ nya 냐	にゅ ニュ nyu 뉴	にょ ニョ nyo 뇨
ひゃ행	ひゃ ヒャ hya 햐	ひゅ ヒュ hyu 휴	ひょ ヒョ hyo 효
みゃ행	みゃ ミャ mya 먀	みゅ ミュ myu 뮤	みょ ミョ myo 묘
りゃ행	りゃ リャ rya 랴	りゅ リュ ryu 류	りょ リョ ryo 료
ぎゃ행	ぎゃ ギャ gya 갸	ぎゅ ギュ gyu 규	ぎょ ギョ gyo 교
じゃ행	じゃ ジャ ja 쟈	じゅ ジュ ju 쥬	じょ ジョ jo 죠
びゃ행	びゃ ビャ bya 뱌	びゅ ビュ byu 뷰	びょ ビョ byo 뵤
ぴゃ행	ぴゃ ピャ pya 퍄	ぴゅ ピュ pyu 퓨	ぴょ ピョ pyo 표

발음
撥音

오십음도의 마지막 글자인 ん(ン)은 다른 글자 뒤에 와서 우리말의 받침과 같은
역할을 한다. 하지만 하나의 음절 길이를 가진다.

ㅇ (ng)	ん(ン) + か が행

おんがく 옹가꾸 음악　　げんき 겡끼 건강함　　インク 잉꾸 잉크

ㄴ (n)	ん(ン) + さ ざ た だ な ら행

せんせい 센세- 선생님　　にんじん 닌징 당근　　パンダ 판다 팬더

ㅁ (m)	ん(ン) + ま ば ぱ행

しんぶん 심붕 신문　　えんぴつ 엠삐쯔 연필　　ハンバーガー 함바-가 햄버거

콧소리(N)	ん(ン) + は や わ행, ん(ン)으로 끝날 때

にほん 니홍 일본　　でんわ 뎅와 전화　　パン 팡 빵

- -

촉음
促音

촉음은 つ(ツ)를 작은 크기로 っ(ッ)라고 표기한다. 우리말의 받침 역할을 하며,
하나의 독립된 음절로 발음한다.

ㄱ (k)	っ(ッ) + か행

けっか 켁까 결과　　がっこう 각꼬- 학교　　サッカー 삭까- 축구

ㅅ (s)	っ(ッ) + さ행, っ(ッ) + た행

ざっし 잣시 잡지　　メッセージ 멧세-지 메시지　　きって 킷떼 우표

ㅂ (p)	っ(ッ) + ぱ행

いっぱい 입빠이 가득　　きっぷ 킵뿌 표　　コップ 콥뿌 컵

장음
長音 | 한 낱말 가운데 같은 모음이 중복되는 경우 앞의 발음을 길게 발음하는 경우를 말한다. 음의 길이에 따라 의미가 바뀌는 단어도 있으니 주의하자.

あ | あ단 + あ | おかあさん 오까-상 어머니 | デパート 데빠-또 백화점

い | い단 + い | おにいさん 오니-상 형,오빠 | ビール 비-루 맥주

う | う단 + う | ふつう 후쯔- 보통 | スーパー 스-파- 슈퍼마켓

え | え단 + え | おねえさん 오네-상 누나,언니 | ページ 페-지 페이지

え단 + い | とけい 토께- 시계 | えいが 에-가 영화

お | お단 + お | おおきい 오-끼- 크다 | ノート 노-또 노트

お단 + う | こうえん 코-엥 공원 | そうじ 소-지 청소

きょう 쿄- 오늘 | しょうかい 쇼-까이 소개

숫자

1 いち	2 に	3 さん	4 し・よん	5 ご
6 ろく	7 しち・なな	8 はち	9 きゅう・く	10 じゅう
11 じゅういち	12 じゅうに	13 じゅうさん	14 じゅうよん じゅうし	15 じゅうご
16 じゅうろく	17 じゅうしち じゅうなな	18 じゅうはち	19 じゅうきゅう じゅうく	20 にじゅう
30 さんじゅう	40 よんじゅう	50 ごじゅう	60 ろくじゅう	70 ななじゅう しちじゅう
80 はちじゅう	90 きゅうじゅう	100 ひゃく	200 にひゃく	300 さんびゃく
400 よんひゃく	500 ごひゃく	600 ろっぴゃく	700 ななひゃく	800 はっぴゃく
900 きゅうひゃく	1000 せん	2000 にせん	3000 さんぜん	4000 よんせん
5000 ごせん	6000 ろくせん	7000 ななせん	8000 はっせん	9000 きゅうせん
10,000 いちまん				

조수사 | 생물이나 사물을 세는 방법

	何人 몇 명	何個 몇 개	何枚 몇 장	何匹 몇 마리	何冊 몇 권	何本 몇 개, 자루	何階 몇 층	何杯 몇 잔
1	ひとり	いっこ	いちまい	いっぴき	いっさつ	いっぽん	いっかい	いっぱい
2	ふたり	にこ	にまい	にひき	にさつ	にほん	にかい	にはい
3	さんにん	さんこ	さんまい	さんびき	さんさつ	さんぼん	さんがい	さんばい
4	よにん	よんこ	よんまい	よんひき	よんさつ	よんほん	よんかい	よんはい
5	ごにん	ごこ	ごまい	ごひき	ごさつ	ごほん	ごかい	ごはい
6	ろくにん	ろっこ	ろくまい	ろっぴき	ろっさつ	ろっぽん	ろっかい	ろっぱい
7	しちにん ななにん	ななこ	ななまい	ななひき	ななさつ	ななほん	ななかい	ななはい
8	はちにん	はっこ	はちまい	はっぴき	はっさつ	はっぽん	はっかい はちかい	はっぱい
9	きゅうにん	きゅうこ	きゅうまい	きゅうひき	きゅうさつ	きゅうほん	きゅうかい	きゅうはい
10	じゅうにん	じゅっこ じっこ	じゅうまい	じゅっぴき じっぴき	じゅっさつ じっさつ	じゅっぽん じっぽん	じゅっかい じっかい	じゅっぱい じっぱい

↘ 앞에 나온 발음에 따라 탁음이나 반탁음으로 바뀌는 경우가 있는데 따로 외우려고 애쓰지 않아도 자주 접하다 보면 자연스럽게 머리에 들어온다. 그리고 10의 경우 じっこ, じっぴき… 등은 거의 사용되지 않으므로 じゅっこ, じゅっぴき…쪽만 알아두면 된다.

월| 일| 요일
月 日 曜日

いちがつ 1月	に がつ 2月	さんがつ 3月	し がつ 4月	ご がつ 5月	ろくがつ 6月	なんがつ 何月 (몇 월)
しちがつ 7月	はちがつ 8月	く がつ 9月	じゅうがつ 10月	じゅういちがつ 11月	じゅうにがつ 12月	

↘ 4월은 しがつ, 7월은 しちがつ, 9월은 くがつ라고 읽는 것에 주의!

1日 ついたち	2日 ふつか	3日 みっか	4日 よっか	5日 いつか	6日 むいか	7日 なのか
8日 ようか	9日 ここのか	10日 とおか	11日 じゅう いちにち	12日 じゅう ににち	13日 じゅう さんにち	14日 じゅう よっか
15日 じゅう ごにち	16日 じゅう ろくにち	17日 じゅう しちにち	18日 じゅう はちにち	19日 じゅう くにち	20日 はつか	21日 にじゅう いちにち
22日 にじゅう ににち	23日 にじゅう さんにち	24日 にじゅう よっか	25日 にじゅう ごにち	26日 にじゅう ろくにち	27日 にじゅう しちにち	28日 にじゅう はちにち
29日 にじゅう くにち	30日 さんじゅうに ち	31日 さんじゅうい ちにち	何日 なんにち			

↘ 1일~10일의 읽는 법이 어렵다. 11일부터는 じゅういちにち, じゅうににち…로 읽으면 되지만 14일은 じゅうよっか, 20일은 はつか, 24일은 にじゅうよっか로 읽는 것에 주의 하자!

げつよう び 月曜日	か ようび 火曜日	すいよう び 水曜日	もくよう び 木曜日	きんよう び 金曜日	ど ようび 土曜日	にちよう び 日曜日	なんよう び 何曜日

시 | 분

時 | 分

いちじ 1時	にじ 2時	さんじ 3時	よじ 4時	ごじ 5時	ろくじ 6時	なんじ 何時 (몇 시)
しちじ 7時	はちじ 8時	くじ 9時	じゅうじ 10時	じゅういちじ 11時	じゅうにじ 12時	

↘ 4시는 よじ, 7시는 しちじ, 9시는 くじ라고 하는 것에 주의!

1分 いっぷん	2分 にふん	3分 さんぷん	4分 よんぷん	5分 ごふん
6分 ろっぷん	7分 ななふん	8分 はちふん / はっぷん	9分 きゅうふん	10分 じ(ゅ)っぷん
11分 じゅういっぷん	12分 じゅうにふん	13分 じゅうさんぷん	14分 じゅうよんぷん	15分 じゅうごふん
16分 じゅうろっぷん	20分 にじ(ゅ)っぷん	30分 さんじ(ゅ)っぷん	40分 よんじ(ゅ)っぷん	50分 ごじ(ゅ)っぷん
60分 ろくじ(ゅ)っぷん	何分 なんぷん			

↘ 分은 2분, 5분, 7분, 9분의 경우 ふん으로 읽고 그 외는 ぷん으로 읽는다. 11분부터는 じゅういっぷん, じゅうにふん, じゅうさんぷん…이 된다.

I

감정 표현

感情(かんじょう)の表現(ひょうげん)

chapter 1

감정 표현 感情(かんじょう)の表現(ひょうげん)

Unit 1 즐거움 | Unit 2 걱정·슬픔 | Unit 3 분노·다툼 | Unit 4 놀라움·긴장·두려움

 **Unit 1** 즐거움 1 기쁨을 표현할 때

001
最高(さいこう)の気分(きぶん)だぜ。

사이코-노 키분다제

기분이 최고야!

ぜ는 남성의 말투로 다소 거친 표현.

002
有頂天(うちょうてん)だ!

우쵸-텐다

정말 기뻐!

有頂天: 너무나 기뻐서 어쩔 줄 모름. 원래는 불교 용어로 하늘 꼭대기라는 의미.

003
マジ最高(さいこう)!

마지 사이꼬-

진짜 기분 죽이네!

マジ(정말, 진짜, 연출이 아닌 사실)는 真面目(まじめ)에서 온 말인데 속어에 속한다. 그런데 요즘 젊은층에서 엄청나게 많이 쓰는 말로 TV에서도 일상적으로 말한다.
예) まじかよ(정말이야)?

004
まあ、うれしい!

마- 우레시-

어머, 기뻐라!

まあ는 여성의 말투.

누구나 희로애락을 느끼지만 동양인은 표정이 단조로운 편이다. 특히 한국인은 일본인보다도 감정 표현이 서툴다. 예를 들면 선물을 받았을 때 그다지 좋아하는 표정을 보여주지 못한다. 같은 한국인끼리라면 다 이해할 수 있을 것이다. 하지만 외국어를 공부하는 이상 오해를 받지 않기 위해서라도 감정 표현도 흉내내 보는 것이 좋은 공부가 된다.

005 **それはよかったですね!**

상대의 기쁜 일에 동조하는 표현.

소레와 요깟따데스네

그거 다행이군요!

---

006 **会(あ)いに来(き)てくれて、嬉(うれ)しかったです。**

자기를 만나러 와준 상대에게 건네는 인사.

아이니 키테쿠레테 우레시캇따데스

만나러 와 주셔서 기뻤습니다.

---

007 **これほど嬉(うれ)しいことはありません!**

これほど: 이만큼, 이처럼, 이것만큼

코레호도 우레시- 코토와 아리마센

이처럼 기쁜 일은 없습니다!

---

008 **ついてる!**

운이 좋다, 재수가 좋다는 표현. 반대로 운이 나쁘다는 ついてない 라고 한다.

쓰이테루

운이 좋네!

009

やった!

얏따

앗싸!

즐거움을 발산하는 감탄사. 비슷한 말로 よっしゃ!도 재미있는 표현.

010

嬉しくてたまらない!
うれ

우레시꾸테 타마라나이

좋아 죽겠어!

たまらない는 たまる(참다, 견디다)에서 나온 말. たまらない 는 회화에서 たまんない라고도 말한다.

011

そう言われたら嬉しいです。
い　　　　　うれ

소- 이와레타라 우레시-데스

그 얘길 들으니 기쁩니다.

상대의 기쁜 일에 동조하는 표현.

012

大当たりだ!
おお あ

오-아타리다

대박이 터졌어!

직역하면 크게 당첨됐다는 말. 로또 당첨이나 커다란 행운일 경우.

013

これにまさる喜びはありません!
よろこ

코레니마사루 요로코비와 아리마센

이보다 더 기쁠 수는 없어요!

勝(まさ)る: 이기다, 능가하다

Unit 1 즐거움 2 감탄을 나타낼 때

014
わーい わーい!
와-이와-이
와- 신난다!

015
なんてすごい!
난떼스고이
너무 엄청나!

약간 속어적인 표현이지만 많이 사용되는 표현이다. 보통은 すごい!라고 하는 경우가 많다.

016
とっても素敵!
톳떼모 스테키
진짜 멋있어!

원형은 とても인데 강조하여 っ가 들어간다. 일본어 부사에서 힘주어 발음하면 흔히 일어나는 발음 변화.

017
素晴らしい!
스바라시-
멋져요!

꾸밈 없는 점잖은 표현.

018
大したもんだ!
타이시타 몬다
대단한 사람이군!

사람이나 행위에서 대단하다고 느낄 때 이렇게 말한다.

019 なんてこんなに綺麗(きれい)なんでしょう!

난떼 콘나니 키레-난데쇼-

어쩜 이렇게 예쁠까!

Unit 2 걱정 · 슬픔 1 걱정할 때

020 なんてこった!

난떼콧따

이게 무슨 일이야!

なんてことだ!가 축약된 표현.

021 どうすればいいんだろう。

도-스레바 이인다로-

어떡하면 좋을까?

すれば는 したら라고 할 수도 있다.

022 何(なに)もかもうまくいかない。

나니모까모 우마쿠이까나이

아무것도 제대로 되는 게 없어.

何もかも는 何も를 더 강조한 표현.

023

たいへん　　　　　　お
大変なことが起きた。

타이헨나 코토가 오키타

심각한 일이 생겼어.

이것은 大変だ!라고 표현할 수도 있다.

024

ゆう　　　ぜんぜんねむ
夕べは全然眠れなかった。

유-베와 젠젠 네무레나깟따

어젯밤은 전혀 못 잤어.

全然은 본래 부정할 때만 쓰는 말로서 여기서는 '전혀'라는 뜻. 그런데 요즘 긍정 문장에도 많이 쓰는 추세다.
예) 全然いいですよ. 전혀 상관없어요.

025

ぐ　あい　　　わる
どこか具合が悪いの?

도코카 구아이가 와루이노

어디 몸이 안 좋니?

具合는 '형편, 상태, 방식'이란 뜻인데 여기선 '몸 컨디션'을 말한다.
どこかは 회화체로 どっか로 줄여서 말한다.

Unit 2   걱정·슬픔   2 실망했을 때

026

もううんざりだ。

모-운자리다

이제 질렸어.

うんざり: 지긋지긋함, 싫증남

027

がっかりだ。

각까리다

실망이야.

우리말로는 실망이란 말을 많이 쓰지만 失望는 문어체적인 무거운 의미라서 회화에선 がっかり라고 표현한다.

028

よく言^いうよ!

요꾸이우요

그런 말을 잘도 하는군!

뻔뻔한 얘기나 자기도 해당되면서 남을 비난하는 경우 이런 말을 듣게 된다.

029

時間^{じ かん}の無駄^{む だ}だった。

지깐노 무다닷따

시간 낭비였어.

無駄: 쓸데없음, 헛됨, 낭비

030

残念^{ざんねん}ですね。

잔넨데스네

안타까워요.

상대에 대해 안타깝거나 실망했을 때 쓰는 다소 완곡한 표현.

031

むだ骨^{ほね}だった。

무다보네닷따

괜히 고생했어.

원래는 むだな骨折(ほねおり)(헛고생)인데 회화에서 짧게 むだ骨라고 한다. 우리말로도 고생을 '뼈빠지게'라고 하는데 일어에도 역시 뼈가 들어간다.

032

あんなに頑張^{がん ば}ったのに。

안나니 감밧따노니

그렇게나 분발했는데.

あんなに: 그렇게도, 그렇게나

033

ないよりはましだ。

나이요리와 마시다

없는 것보단 나아.

 まし라는 말은 다분히 부정적인 어감이다. 없는 것보다는 낫지만 크게 도움되지는 않는다는 얘기.

034 君<ruby>きみ</ruby>のおかげでがっかりしたよ。

おかげでは '덕분에'라는 말로 비꼬는 표현.

키미노 오카게데 각까리시따요

너 때문에 실망했어.

Unit 2 걱정·슬픔 3 포기할 때

035 努力<ruby>どりょく</ruby>が無駄<ruby>むだ</ruby>になった。

無駄: 낭비, 허사, 효과 없음

도료쿠가 무다니 낫따

노력이 물거품이 되었다.

036 もうおしまいだ。

우리말로도 쓰는 표현 '시마이'는 일본에서 온 말.

모-오시마이다

이제 끝이야.

037 見込<ruby>みこ</ruby>みなしだ。

見込み: 전망, 예정, 장래성, 가망

미코미나시다

가망이 없어.

038 もう降参<ruby>こうさん</ruby>だ。

降参: 항복, 굴복, 질림, 손듦

모- 코-산다

이제 항복이야.

039 あきらめたよ。

아키라메타요

포기했어.

あきらめる: 포기하다, 단념하다, 체념하다

---

040 どうしようもないよ。

도-시요-모 나이요

し かた
仕方がないよ。

시카타가 나이요

어쩔 도리가 없어.

仕方와 しよう는 거의 같은 말로 '할 방법, 해결책'이란 뜻.

うんめい
041 そういう運命だったんだ。

소-이우 운메-닷딴다

그럴 운명이었어.

運命은 처음부터 정해진 일이란 말.

お
042 もう終わったことだ。

모-오왓따코토다

이제 끝난 일이야.

끝나버려 돌이킬 수 없다는 얘기.

Unit 2 걱정·슬픔 4 슬플 때

043 **みじめだな。**

미지메다나

비참하구먼.

끝에 오는 なる 좀 길게 발음한다.

---

044 **胸がさける思いだった。**
　　むね　　　　　　おも

무네가 사케루 오모이닷따

가슴이 찢어지는 아픔이었어.

さける: 찢어지다
思い: 마음, 심정

---

045 **本当に傷ついた。**
　　ほんとう　きず

혼또-니 키즈쓰이타

정말 상처 받았어.

傷つく: 상처받다
傷つける: 상처를 주다

---

046 **泣きたいわ。**
　　な

나키타이와

울고 싶어요.

泣く: 울다, 눈물 흘리다.
끝에 わ는 여성 어투.

---

047 **何もしたくありません。**
　　なに

나니모 시타쿠 아리마센

아무것도 하고 싶지 않아요.

やりたくない라고도 할 수 있다.

048 **むなしいよ。**

무나시-요

허무해.

한자로는 虚しい라고 쓴
다.

---

049 **私の気持ちは誰も分からないよ。**

와타시노 키모치와 다레모 와카라나이요

내 마음은 아무도 몰라.

気持ち와 気分은 아주 비
슷한 말이지만 이렇게 심
정을 나타낼 때는 気持ち
라고 한다.

Unit 2 걱정 · 슬픔 5 우울할 때

050 **君がいなくて寂しかった。**

키미가 이나쿠테 사비시깟따

네가 없어서 쓸쓸했어.

寂しい : 쓸쓸하다, 허전
하다, 섭섭하다

---

051 **仕事をなくして憂うつだ。**

시고토오 나쿠시테 유-우쓰다

일자리를 잃어서 우울해.

なくす: 잃다, 없애다, 제
거하다

---

052 **どうして憂うつなの?**

도-시테 유-우쓰나노

왜 우울한 거야?

あきらめる: 포기하다, 단
념하다, 체념하다

053

きょう　ゆう
今日は憂うつだ。

쿄-와 유-우쓰다

오늘은 우울해.

우울은 한자로 憂鬱이라고 쓰는데 일상적으로 사용되지 않는 한자는 히라가나로 표기하는 것이 보통이다.

054

はなふだ　　　かね
花札をしてお金をなくした。

하나후다오 시테 오카네오 나꾸시타

화투를 쳐서 돈을 잃었어.

花札: 화투
なくす: 잃다, 분실하다

055

あめ　ふ　　き
雨が降ると気がめいる。

아메가 후루또 키가 메이루

비가 오면 우울해져.

気がめいる: 기가 죽다, 우울해지다

056

なに　　　　き
何もやる気がおきない。

나니모 야루키가 오키나이

아무것도 할 의욕이 생기지 않아.

やる気: 의욕, 할 마음

057

かのじょ　い
彼女が行ってしまった。

카노죠가 잇테 시맛따

여친이 떠나갔어.

彼女는 3인칭 대명사지만 이렇게 여자친구라는 의미로도 사용.

058
しんぱい　む よう
心配はご無用よ。

心配: 걱정, 근심
無用: 필요없음

심빠이와 고무요-요

걱정하실 필요없어요.

059
だれ
誰にだってあることです。

だって: ~도 또한, ~도 역시

다레니닷떼 아루코토데스

누구에게나 있는 일이에요.

060
それはいけませんね。

いけません은 '나쁘다, 금지사항'이라는 뜻도 있지만, 여기에서는 '당신에게 불운이 닥쳐서 안됐네요' 라고 위로하는 표현.

소레와 이케마센네

그거 안됐네요.

061
ざんねん
いやあ、残念ですね。

残念이란 말은 내가 불쾌할 때도 쓰지만 상대를 위로할 때도 쓰는 편리한 말.

이야- 잔넨데스네

이야, 유감이군요.

062
か わいそう
可哀想に！

可哀想는 '불쌍하다, 가엾다'는 뜻.

카와이소-니

가엾어라！

063

ほんとう　　き　どく
本当にお気の毒です。

혼또-니 오키노도쿠데스

정말 안타깝습니다.

気の毒: 가엾음, 불쌍함

064

くよくよするなよ。

쿠요쿠요 스루나요

걱정하지 말아요.

くよくよする는 걱정, 근심으로 '끙끙 앓는다'는 뜻. くよくよ는 의태어.

065

じんせい
人生なんてそんなもんだよ。

진세-난떼 손나몬다요

인생이란 게 그런 거지 뭐.

걱정이나 불운도 알고 보면 동일한 것을 많은 사람들이 겪는 일이다.

Unit 3 분노 · 다툼 1 화가 났을 때

066

あたま　き
頭に来た！

아타마니 키타

열 받네!

頭に来る: 화가 나다, 기분 나빠지다

067

ムカつく！

무까쓰쿠

짜증 나!

ムカつく: 욱하다, 메슥거리다, 화가 나다

068

だま
黙れ！

다마레

닥쳐！

黙る : 침묵하다, 조용히 하다

069

ばかにするな！

바카니 스루나

깔보지 마！

ばかにする: 우습게 보다, 얕보다

070

が まん
もう我慢できない。

모- 가만 데키나이

더는 참을 수 없어.

我慢: 인내, 자제, 용서, 봐줌

071

はら た
ほんと腹が立つ。

혼또 하라가 타쓰

너무 화가 나요.

腹が立つ: 화가 나다
腹を立てる: 화를 내다

072

が まん
我慢するのもほどがあるよ。

가만스루노모 호도가 아루요

참는 것도 한도가 있어요.

ほど: 한계, 한도, 정도, 만큼

073

い わけ
言い訳はやめて。

이이와케와 야메테

변명은 그만해.

言い訳: 변명, 핑계

074

それは本当にうざい!
<ruby>本当<rt>ほんとう</rt></ruby>

소레와 혼또-니 우자이

그건 정말 짜증나!

うざい는 속어 표현으로 젊은 여성이 많이 사용.

075

大きなお世話だよ。
<ruby>大<rt>おお</rt></ruby> <ruby>世話<rt>せ わ</rt></ruby>

오-키나 오세와다요

쓸데없는 참견이야!

여기에서 大きな는 '크다'는 뜻이 아니라 '지나치다'는 뜻.
お世話는 좋은 뜻으로 '배려, 돌봐주기'지만 大きなお世話는 '쓸데없는 참견'이 된다.

040
041

076

言ったじゃないか!
<ruby>言<rt>い</rt></ruby>

잇따쟈 나이까

내가 말했잖아!

전에 얘기했는데 상대가 그걸 잊었을 때.

077

俺に話しかけるんじゃない!
<ruby>俺<rt>おれ</rt></ruby> <ruby>話<rt>はな</rt></ruby>

오레니 하나시 카케룬쟈나이

내게 말 걸지 마!

俺는 자기 과시적인 좀 무례한 1인칭 대명사.
~んじゃない!를 힘주어 말하면 금지 표현이 된다.

078

彼はとても生意気だ。
<ruby>彼<rt>かれ</rt></ruby> <ruby>生意気<rt>なま い き</rt></ruby>

카레와 토테모 나마이키다

그는 아주 건방지다.

生意気: 무례함, 건방짐, 주제넘음

079
ひどい!

히도이 (여성어)

あんまりだ!

암마리다

너무해요!

거친 욕설이 발달하지 않은 언어라서 이렇게 온건하게 표현한다.

080
出て行け!
でい

데테이케

나가!

화가 나면 말이 짧게 동사의 명령형이 사용된다.

081
また嘘をついたら承知しないよ。
うそ　　　　　　　　　しょうち

마따 우소오 쓰이타라 쇼-치시나이요

또 거짓말하면 그냥두지 않을 거야.

承知는 '이해함, 알아들음' 그리고 '용서'라는 의미가 있다.
承知しました。알겠습니다.
承知しない。용서하지 않아.

Unit 3　분노 · 다툼　2 싸울 때의 표현

082
やめろよ!

야메로요

그만해라!

やめる : 그만하다, 중단하다

083
さいてい　やつ
最低の奴!
사이테-노 야쓰

형편없는 놈!

奴 : 놈, 녀석.
일본 드라마를 보면 보통
여성이 잘못을 저지른 남
자를 비난할 때 最低!라
고 함.

084
うそ　　つ
嘘を付け!
우소오 쓰케

뻥치고 있네!

직역하면 '거짓말을 해
라'라고 명령형이지만 뻔
히 보이는 거짓말을 비난
하는 말.
비슷한 표현으로 バカ言
え! 바보 같은 소리 하지
마! / 바보 같은 말하고
있네!

085
なに　　し
何も知らないくせに!
나니모 시라나이 쿠세니

아무것도 모르는 주제에!

くせには 상대의 행동을
비난할 때 응용하기 편리
한 말.

086
ばか　　まね
馬鹿な真似はやめろ!
바카나 마네와 야메로

바보 같은 짓은 그만둬!

真似는 '흉내'라는 뜻으
로 쓰이지만 여기서는
'행동, 짓'을 의미함.

087
とぼけるな!
토보케루나

しらばくれるな!
시라바 쿠레루나

시치미 떼지 마!

동사 기본형에 なる '~하
지 마라'(금지). 뻔히 알
면서 모르는 척 잡아떼는
상대를 비난하는 말.

088 　へ　り　くつ
屁理屈をいうな!

헤리쿠쓰오 이우나

억지 논리 말하지 마!

屁는 방귀라서 '엉터리, 무의미함'을 뜻하고 理屈는 '논리, 이치'라는 뜻이다. 屁理屈는 '억지, 개똥철학, 궤변'을 의미한다.

089 　　　い
どっか行け!

독까이께

꺼져 버려!

どっか는 どこか의 축약형.

090 　　　ころ
ぶっ殺すぞ!

북코로스조

죽인다!

ぶっ殺す : 때려 죽이다

---

091 **うるせえ!**

우루세-

시끄러!

うるさい(시끄럽다, 귀찮다)를 거칠게 발음한 것.

---

092 **くそジジ!**

쿠소지지

개똥 같은 할배!

くそ는 '똥'이란 뜻, 할매는 くそばば라고 함.

093 **てめえ!**

테메-

이 자식!

手前(てまえ)를 거칠게 발음한 것.

094 **この野郎!**
や ろう

코노 야로-

이 녀석!

친한 사이에 장난으로 할 수 있는 말.

095 **デブ!**

데부

뚱보!

못생긴데다가 뚱뚱하면 속어로 デブス라고 함(여자의 경우).

096 **このブス!**

코노 부스

이런 호박!

못생긴 여자에게 하는 욕인데, 장난으로 하는 경우도 많음.

097 **このアホ!**

코노 아호

このばか!

코노 바카

이런 바보!

アホ는 본래 칸사이 사투리지만 TV에서도 흔히 들을 수 있는 말.
애인, 친구 사이에 애정 어린 장난으로도 할 수 있는 말. '빠가'라고 하면 의미가 통하지 않는다.

098

いくじ
意気地なし!

이쿠지나시

찌질이!

용기를 내지 못하는 소심한 사람을 질책하는 말.

099

けち!

케치

구두쇠!

돈이나 재물을 너무 아끼는 사람은 욕을 먹게 된다. 초라한 물건 또는 째째하거나 치사한 행위도 표현한다.
예) けちなお土産 째째한 선물

Unit 3 분노·다툼 4 짜증이 날 때

100

きょう み
まったく興味ないよ。

맛타쿠 쿄-미나이요

전혀 관심 없어.

まったく: 전혀, 아주, 완전히

101

たいくつ し
退屈で死にそう!

타이쿠쓰데 시니소-

지루해 죽겠어!

退屈: 지루함, 따분함, 싫증남
뭐든지 빠르고 신속하게 진행되는 현대인은 지루함을 못 견딘다.

102

あたま へん
頭が変になりそう。

아타마가 헨니나리소-

돌아버리겠어.

우리도 '미칠 것 같다, 미치겠다'라는 말을 하는데 일어로는 좀 완곡하게 표현한다. 직역하면 '머리가 이상해질 것 같아'.

103 **たったそれだけ?**

탓따 소레다께

겨우 그거뿐이야?

---

104 **つまらないな。**

쓰마라나이나

시시해.

つまらない: 하찮다, 재미 없다

---

105 **くだらないよ。**

쿠다라나이요

형편없어.

くだらない: 시시하다, 가치 없다

---

106 **たかが知れてる。**
し

타카가 시레테루

뻔한 일이야.

たかが: 고작해야
たか: 분량, 정도

Unit 3 분노 · 다툼 5 진정시킬 때

107 **落ち着いてね。**
お つ

오치쓰이테네

진정해요.

落ち着く: 진정하다, 안정 되다, 정착하다

108 いい加減_{かげん}にしなさい。

이이카겐니 시나사이

적당히 좀 해.

---

109 もういいじゃないか。

모-이이쟈 나이카

그만하면 됐잖아.

いい는 이렇게 충분하다는 뜻으로도 많이 쓰인다.

---

110 これくらいで幸_{さいわ}いだよ。

코레쿠라이데 사이와이다요

이 정도는 다행이지 뭐.

幸い: 다행, 행복; 다행히

---

111 そんなことで怒_{おこ}ることないよ。

손나코토데 오코루코토 나이요

그런 일로 화낼 거 없어.

ことない 또는 ことはない라고 해서 ~하지 말라고 충고하는 말.

---

112 あんまり怒_{おこ}るなよ。

암마리 오코루나요

너무 화내지 마.

怒る: 화내다, 꾸짖다

---

113 興奮_{こうふん}しないで。

코-훈시나이데

흥분하지 마.

興奮: 흥분, 격한 감정. 흥분하는 쪽이 패배라는 말도 있고 흥분하면 실수를 저지르기 쉽다.

Unit 3 분노 · 다툼 6 화해하기

114
なかなお
仲直りした方がいいよ。

나카나오리 시타 호-가 이-요

화해하는 게 좋아.

和解(わかい)라는 말도 있지만 문어체로 무거운 느낌. 仲直(なかなお)り가 회화에서 쓰는 편한 말이다.

115
わる ぎ
悪気 はなかったよ。

와루기와 나캇따요

악의는 없었어.

우리말로는 '악의(惡意)' 인데 일어로는 悪気로 비슷하지만 다르다.

116
ま
ぼくの負けだ。

보쿠노 마케다

내가 졌어.

負け: 패배
勝(か)ち : 승리, 이김

117
みず なが
水に流そう。

미즈니 나가소-

없던 일로 하자.

영어에서도 없던 일로 하자는 말은 흘러간 강물에 비유하는데 언어가 달라도 비슷한 표현은 많이 있다.

118
なか よ
仲良くしなさい。

나카요쿠 시나사이

사이 좋게 지내거라.

사이 좋은 관계는 仲良し.

119 仲直りしなさい。

なかなお

仲直り: 화해, 관계 되돌리기

나카나오리 시나사이

화해하거라.

---

120 無駄になったよ。

むだ

無駄: 쓸데없음, 헛됨

무다니 낫따요

소용없게 되었어.

---

121 あっ、会社において来た。

かいしゃ　　　　き

置(お)く: 두다, 놓다, 맡기다

앗 카이샤니 오이테 키타

앗, 회사에 두고 왔어.

---

122 くそ! バスに乗りおくれた。

の

우리말에서 욕할 때는 남녀 성기나 개를 들먹이는데 일어에선 대변이 제일 많이 등장한다.

쿠소 바스니 노리오쿠레타

제길! 버스를 놓쳤어.

---

123 もう少しで間にあったのに。

すこ　　　ま

のに가 후회를 나타내는 말.
間に合う: 정해진 시간 내에 도착하다

모-스코시데 마니앗따노니

좀 더 서둘렀으면 탈 수 있었는데.

124 忙<ruby>しすぎるよ。<rt>いそが</rt></ruby>

이소가시스기루요

너무 바빠.

우리말에서 '너무'는 앞에 오는데 비해 일어의 すぎる는 형용사 어간 뒤에 온다.

---

125 あっ、しまった!<ruby>忘<rt>わす</rt></ruby>れた。

앗 시맛따! 와스레타

아차! 잊어버렸어.

しまった: 아차 싶을 때나, 실패하여 분함을 표시, 모르는 사이에 잘못이 저질러진 경우의 감탄사.

---

126 なんて<ruby>時間<rt>じ かん</rt></ruby>の<ruby>無駄<rt>む だ</rt></ruby>なんだ!

난떼 지깐노 무다난다

이 얼마나 시간의 낭비야!

なんて(어쩜, 얼마나)는 구어체로 감탄문을 이끄는 말.

Unit 4 놀라움 · 긴장 · 두려움 1 놀랄 때

127 あ、びっくりした!

아 빅꾸리시타

아, 깜짝이야!

깜짝 놀랐을 때 무의식적으로 나오는 말.

128 びっくりさせないでよ。

빅꾸리사세나이데요

놀라게 하지 마.

びっくり: 깜짝 놀람

129 おっと!

옷또

아이쿠!

비교적 가볍게 놀라는 표현.

---

130 信^{しん}じられない!

신지라레나이

믿을 수 없어!

믿을 수 없을 만큼 놀랍다는 말.

---

131 ショック!

쇽꾸

정말 충격이야!

영어의 shock를 말하는 것인데, 군더더기 없는 표현이 놀람을 표현.

---

132 それは嬉^{うれ}しい驚^{おどろ}きだ!

소레와 우레시- 오도로키다

그거 놀랍지만 즐겁네!

驚き: 놀람, 충격

---

133 そんなバカな!

손나 바까나

그럴 수가!

믿어지지 않을 때의 표현. 여기에선 바보라는 의미는 없음.

---

134 おや、どうして分^わかるの?

오야 도-시테 와카르노

어라! 어떻게 아는 거야?

おや: 어머나! 저런!

135

まさか冗談だろ？

마사카 죠-단다로

설마 농담이지?

차라리 농담이길 바라는 마음.
だろう는 회화체에서 だろ로 짧아진다.

Unit 4 놀라움 · 긴장 · 두려움 2 무서울 때

136

どきっとした。

도킷토시타

가슴이 덜컥했어.

どきっと: (충격, 기대로) 두근두근거림.

052
053

137

鳥肌が立った。

토리하다가 탓따

소름이 끼쳤어.

鳥肌: 닭살, 소름

138

ぞっとした。

좃또시따

간담이 서늘했어.

ぞっとする: 오싹하다, 섬뜩하다

139

腰が抜けた。

코시가 누께따

기겁을 했어.

腰が抜ける: 기겁을 하다, 기력이 꺾이다

140
死ぬかと思った。
し　　　おも

시누까또 오못따

죽는 줄 알았어.

크게 놀라고 무서울 때 하는 말.

141
身の毛がよだった。
み　け

미노케가 요닷따

몸의 털이 곤두설 지경이었어.

よだつ : 소름 끼치다

Unit 4 놀라움 · 긴장 · 두려움 3 난처할 때

142
こんなはずじゃなかったのに。

콘나 하즈쟈 나깟따노니

이럴 리가 없는데.

はず : 예정, ~할 리, 당연히 ~할 터

143
これは困ったな。
こま

코레와 코맛따나

이거 난처하군.

困る : 곤란해지다, 난처해지다, 가난에 시달리다

144
それが悩みの種なんです。
なや　　　たね

소레가 나야미노 타네난데스

그게 걱정거리입니다.

種는 원래 '씨앗'이란 뜻이지만 '재료, ~거리'라는 의미로도 쓰인다.

145
どうすればいいんだろう。

どうすれば: 어떻게 하면

도-스레바 이인다로-

어떡하면 좋을까.

146
どうしよう。

난처할 때의 혼잣말

도-시요-

어떡하지.

147
何と申し上げていいか分かりません。

申し上げる : 말씀 드리다, 여쭙다

난또 모-시아게테 이이카 와카리마센

뭐라고 말씀 드려야 좋을지 모르겠습니다.

148
困ってるようだね。

누군가가 난처해 하는 상황.

코맛떼루요-다네

난처한 것 같군.

149
そこが難しいところだね。

ところ: 장소, 경우, 것

소코가 무즈카시- 토코로다네

그게 어려운 점이군.

150
あな   はい
穴があったら入りたい。

아나가 앗따라 하이리타이

쥐구멍에라도 들어가고 싶네.

穴: 구멍
우리말로는 쥐구멍이라
고 하는데 일어로는 그냥
구멍이다.

151
き
消えてしまいたい。

키에테 시마이타이

사라져 버리고 싶어.

消える: 사라지다, 없어지다

152
は   う あ
恥ずかしがらないで打ち明け
てみて。

하즈카시가라 나이데 우치아케테 미테

부끄러워 말고 속마음을 털어놔 봐.

打ち明ける: 털어놓다, 솔
직히 말하다

153
は
恥ずかしいよ!

하즈카시-요

부끄럽군!

恥ずかしい: 부끄럽다, 창
피하다, 면목 없다

154
はじ
恥をかかせるな!

하지오 카카세루나

창피하게 만들지 마!

恥をかく: 창피를 당하다
恥をかかせる: 체면을 손
상시키다, 굴욕을 주다

155 はじ し
恥を知りなさい!

하지오 시리나사이

부끄러운 줄 알아!

부도덕한 짓을 한 사람에게 꾸짖는 말.

---

156 は
われながら 恥ずかしいな。

와레나가라 하즈카시-나

내가 생각해도 부끄럽다.

われながら: 나로서도, 내가 한 일이지만

Unit 4 　놀라움 · 긴장 · 두려움　5 후회, 아쉬울 때

157 じんせいさいあく
人生最悪のことだ。

진세-사이아쿠노 코토다

인생 최악의 사건이다.

最悪: 최악, 가장 나쁜 일

---

158 ぞこ お
どん底に落ちた。

돈조코니 오치타

완전 바닥까지 떨어졌어.

底(바닥)는 そこ인데 뒤에 와서 탁음화되어 ぞこ가 됨.

159
ばかなことをしてしまった。

바카나코토오 시테시맛따

바보 같은 짓을 하고 말았어.

してしまった: 저지르고 말았다. 짧게 しちゃった라고 할 수도 있다.

160

あんなことをするなんて<ruby>私<rt>わたし</rt></ruby>も
<ruby>軽率<rt>けいそつ</rt></ruby>だった。

なんて: ~하다니, ~이라니, ~라고는, ~따위
軽率: 경솔함

안나코토오 스루난테 와타시모 케-소쓰닷따

그런 짓을 하다니 나도 경솔했어.

161

<ruby>自分<rt>じぶん</rt></ruby>のしたことを<ruby>後悔<rt>こうかい</rt></ruby>してる。

自分: 자기, 자신, 스스로
後悔: 후회

지분노 시타코토오 코-카이시테루

내가 한 일을 후회하고 있어.

162

もっと<ruby>勉強<rt>べんきょう</rt></ruby>しておけばよかった。

しておけば: ~해두면, ~했다면

못또 벵꾜-시테 오케바 요캇따

더 공부했으면 좋았을걸.

163

あんなことは<ruby>言<rt>い</rt></ruby>わなければよかった。

동사 부정형+なければよかった: ~하지 않았으면 좋았을 텐데

안나코토와 이와나케레바 요캇타

저런 말은 하지 않았으면 좋았을걸.

II

기본 인사

基本(きほん)のあいさつ

기본인사 基本(きほん)のあいさつ

Unit 1 기본 인사 | Unit 2 소개하기 | Unit 3 감사 표현
Unit 4 사과 표현 | Unit 5 축하·조의 표현

Unit 1   기본 인사   1 기본 인사

001

おはようございます。

오하요- 고자이마스

안녕하세요! (아침)

친근한 사이라면 おはよう。라고 말한다. 좀 거친 분들은 짧게 おっす。라고 한다.
おは 상대를 존경하는 의미고 はよう는 早(はや)い의 변형이다. 글자대로의 의미는 "이른 시간입니다"가 된다.

002

こんにちは。

콘니찌와

안녕하세요! (점심)

こんにち는 今日로서 '오늘'이란 의미. 하루를 대표하는 인사. 보통은 해가 떠 있는 시간에 사용.

003

こんばんは。

콤방와

안녕하세요! (저녁)

곰보다는 약간 콤에 가깝게 발음한다. こんばん은 今晩으로서 '오늘 저녁'이란 의미. 해가 진 후에 사용.

회화의 시작은 뻔한 인사를 나누는 것이다. 그렇게 사람과 사람이 만나자마자 서로의 어색함을 털어버리는 표현이다. 또 커뮤니케이션은 상대방을 인정하고 배려하는 것에서 발전하므로 언어를 배우는 것도 중요하지만 역시 상대를 배려하는 눈빛이나 표정이 매우 중요하다.

004
行ってきます。
잇떼 키마스

行って参ります。
잇떼 마이리마스

다녀올게요.

> 参る는 '가다, 오다'의 겸손어. '패배하다, 질리다'라는 뜻도 알아 둬야 한다. 전철 승강장에 보이는 전광판에도 '電車がまいります(전철이 옵니다)'라고 안내한다.

060
061

005
ただいま。
타다이마

다녀왔습니다.

> ただいま(只今)는 글자로는 '바로 지금'이란 뜻이지만 외출했다가 돌아왔을 때 하는 인사.

006
お帰りなさい。
오카에리나사이

어서 오세요.

> 친한 사이에는 お帰り!라고 한다.

007
お元気ですか。
오겡끼데스까

안녕하세요!

> 元気(げんき)는 일본인들이 자주 쓰는 말(안녕, 건강, 힘). 자기 얘기일 때는 お를 빼고 말한다.

008 **おやすみなさい！**

오야스미나사이

안녕히 주무세요！

친한 사이에는 おやすみ! 라고 한다.

009 **いい天気ですね。**
　　　てん き

이이 텡끼데스네

날씨 좋네요.

일상회화에선 お天気라 고만 해도 좋은 날씨라는 뜻이 된다.

010 **気分はどうですか。**
　き ぶん

키붕와도-데스까

기분은 어떠세요？

일본어의 気分은 우리말 의 기분과 의미상 통하긴 하지만 몸 컨디션을 가리 키는 경우가 많다. 따라 서 気分が悪い라는 말은 '기분이 나쁘다'가 아니 라 '속이 불편하다'라고 해석해야 한다.

011 **仕事はどう？**
　し ごと

시고또와 도-

일은 어때？

仕事: 일, 업무, 작업

012 **まあまあです。**

마-마-데스

그저 그래요.

あ는 장음을 나타내는데 장음을 제대로 길게 발음 해야 의미가 정확히 전달 된다.

013

おかげさまで元気です。

오카게사마데 겡끼데스

덕분에 잘 지냅니다.

さまを 붙여서 정중한 인사가 된다. さま를 빼도 괜찮은 표현.

014

お変りありませんか。

오카와리 아리마셍까

별고 없으세요?

お変り의 お는 상대에 대한 존경 표현. 変り는 '변화, 바뀐 일'

015

いいえ、別に。

이이에 베쓰니

아뇨, 별로.

別に라는 말은 개인간에 일상적으로 하는 말이지만 성의없이 들릴 수가 있다. 미녀 배우 사와지리 에리카(沢尻エリカ)가 영화를 홍보하는 공적인 자리에서 이 말을 했다가 (특히나 무성의한 표정에 차가운 목소리라서) 엄청난 비난을 받고 오랫동안 쉬게 되는 일이 벌어지고 말았다.

016

忙しそうですね。

이소가시소-데스네

바쁘신 것 같네요.

비슷한 忙しいそうです는 전언으로 '바쁘다고 한다'임.

017
ご家族の皆さんはお元気ですか。

고카조꾸노 미나상와 오겡끼데스까

가족분들은 잘 지내세요?

みなさん은 '여러분', み
んな는 '모두 다' 또는
'여러분(아랫사람들에
게)'이 될 수도 있다.

018
みんな元気です。

민나 겡끼데스

모두 잘 지냅니다.

자기 얘기를 할 땐 元気
에 お를 붙이지 않는다.

019
息子さんはいかがですか。

무스코상와 이까가데스까

아드님은 어떠십니까?

いかがですか는 '이깡아
데스까'라고 발음하는
경우도 많다. どうですか
보다 정중한 표현.

020
彼女は元気で過ごしています。

카노죠와 겡끼데 스고시떼 이마스

그녀는 잘 지냅니다.

자기편 얘기를 남에게 할
때도 元気에 お를 붙이지
않는다.

021
この頃どう過ごされていますか。

코노고로 도-스고사레떼 이마스까

요즘 어떻게 지내십니까?

過ごされて는 過ごして의
존경 표현.

022

元気だった?
げん き

겡끼닷따

잘 지냈어?

だった를 정중하게 말하면 でしたか라고 한다.

Unit 1　기본 인사　4 안부에 답하기

023

元気でやってます。
げん き

겡끼데 얏떼마스

잘 지내고 있어요.

やってる는 '뭔가 하고 있다' 또는 '지내고 있다, 진행하고 있다'라고 해석할 수 있다.

024

おかげさまで元気です。
　　　　　　 げん き

오카게사마데 겡끼데스

덕분에 잘 지냅니다.

おかげさまで는 おかげで보다 정중한 표현.
상대에게 은혜를 입은 바 없어도 인사말로 할 수 있는 표현.

025

同じですよ。
おな

오나지데스요

変わらないよ。
　か

카와라나이요

똑같아.

구어체로는 おんなじ라고도 발음한다. 동갑이라고 할 때는 同(おな)い年(どし)라고 발음이 변형된다.

026 **まあまあだよ。**

마-마-다요

그저 그래.

비슷한 말로 まあね(그렇지 뭐)라고 하면 썩 좋지도 않지만 나쁘지 않다는 뉘앙스.

---

027 **何^{なん}とかやってるわ。**

난또까 얏떼루와

그런대로 지내고 있어.

何とか: 그럭저럭, 그런대로

---

028 **ずっと忙^{いそが}しかった。**

줏또 이소가시깟따

계속 바빴어.

ずっと: 계속, 쭉

---

029 **本^{ほん}当^{とう}に久^{ひさ}しぶりですね。**

혼또-니 히사시부리데스네

정말 오랜만이네요.

久しぶり: 오랜만

---

030 **全^{ぜん}然^{ぜん}変^かわっていないね。**

젠젠 카왓떼이나이네

전혀 달라지지 않았네.

全然은 전혀라는 뜻으로 뒤에 부정어가 오는 말인데, 요즘 일본에선 全然大丈夫です(완전 괜찮습니다)처럼 긍정문에서도 사용되는 경우가 많다. 젊은층의 가벼운 대화에서 그렇다.

031

やあ、久^{ひさ}しぶりだね。その間^{あいだ}
元気^{げんき}だった？

その間: 그간, 그동안

야아 히사시부리다네　소노아이다 겡끼닷따

야, 오랜만이군. 그동안 잘 있었나?

032

またお会^あいできてうれしいです。

お会いする: 만나다
お会いできる: 만날 수 있다
お目にかかる: 만나 뵙다

마따 오아이데끼떼 우레시이데스

またお目^めにかかれてうれしい
です。

마따 오메니카까레떼 우레시이데스

다시 만나뵈어 반갑습니다.

033

相変^{あいか}わらずですね。

相変わらず: 변함없음, 여
전함. 부사로서 '여전히'
라는 의미도 된다.

아이카와라즈데스네

여전하시군요.

034

その後^ごどうでしたか。

その後: 그 뒤, 이후

소노고 도-데시따까

그 후 어떠셨습니까?

035

お<ruby>会<rt>あ</rt></ruby>いしたかったんです。

오아이시따깟딴데스

뵙고 싶었습니다.

お会(あ)いする: 만나 뵙다
したかった는 したい의 과
거형.

036

お<ruby>変<rt>かわ</rt></ruby>りありませんでしたか。

오카와리 아리마셍데시따까

별고 없으셨습니까?

お変り: 별고, 달라진 것

037

<ruby>何<rt>なん</rt></ruby><ruby>ヶ月<rt>かげつ</rt></ruby>ぶりでしょう？

낭까게쓰 부리데쇼-

몇 달만인가요?

何ヶ月는 なんかげつ라고
읽는다.

038

ご<ruby>無沙汰<rt>ぶ さ た</rt></ruby>しました。

고부사타 시마시따

오랫동안 소식을 못 드렸습니다.

ご無沙汰: 오랫동안 격조
함, 무소식

039

<ruby>時間<rt>じ かん</rt></ruby>が<ruby>経<rt>た</rt></ruby>つのは<ruby>早<rt>はや</rt></ruby>いですね。

지캉가 타쓰노와 하야이데스네

세월 참 빠르네요.

経つ: (시간이) 흐르다,
지나다, 경과하다
속담으로는 光陰(こう
いん)矢(や)のごとし(세월은
화살과 같다)라고 한다.

040
またいつか会いましょう。
마따 이쓰카 아이마쇼-

언젠가 다음에 또 봐요.

우리말로는 '보다'라고 하니까 見る라고 하면 안 되고, 만나다라고 의역을 할 필요가 있다.

041
あなたと知り合えてよかったです。
아나타또 시리아에테 요캇따데스

당신을 알게 되어 좋았습니다.

知り合う: 서로 알게 되다

042
連絡は取り合っています。
렌라쿠와 토리앗떼이마스

연락은 하고 지내요.

連絡: 연락, 접촉
取り合う: 맞잡다, 쟁탈하다, 상관하다

043
来年会いましょう。
라이넨 아이마쇼-

내년에 만나요.

再来年: 내후년
再来週: 다다음주
再来月: 내훗달

044
幸運を祈ります。
코-운오 이노리마스

행운을 빕니다.

幸運: 행운
祈る: 빌다, 기도하다

045

お別れの挨拶に来ました。

わか　　　　　　　　　あいさつ　　き

오와카레노 아이사쓰니 키마시타

작별 인사하러 왔습니다.

別れ: 작별, 이별, 헤어짐
挨拶: 인사
に: 명사에 조사 に를 붙이면 목적을 나타냄.

Unit 1　기본 인사　7 우연히 만났을 때

046

ご無沙汰しております。

ぶ さた

고부사타시테 오리마스

오랜만입니다.

격식을 갖춘 정중한 표현.
ご無沙汰: 오랫동안 격조함, 무소식

047

前に会ったのはいつだっけ?

まえ　　あ

마에니 앗타노와 이츠닥케

전에 만난 게 언제였더라?

だっけ(~였던가? ~였지)는 회상하며 얘기하는 표현. 반쯤 혼잣말이고 반쯤 질문.

048

以前はお世話になりました。

い ぜん　　　　　　せ わ

이젠와 오세와니 나리마시타

전엔 신세를 져 감사했습니다.

お世話になる: 신세를 지다, 보살핌을 받다

049

お元気のようで、なによりです。

げん き

오겡끼노요-데 나니요리데스

잘 지내는 거 같아 좋네요.

なにより는 회화에서 많이 쓰는데, 직역하면 '무엇보다'이다. 의역하면 '무엇보다 좋은 것, 가장 다행인 것' 즉 뒷말이 생략된 관용어.

050 こんなとこで会うなんて意外だね！

とこは ところ의 생략형. な んて는 '~라니, ~하다 니, ~있다니'라고 해석하 며, 앞의 얘기가 뜻밖이 라는 의미를 표현한다. 그래서 여기에선 意外だ ね를 빼도 좋다.

콘나토코데 아우난떼 이가이다네

여기서 만나다니 뜻밖이에요!

051 そうじゃなくても君に会いたかった。

そうじゃなくても는 우리말 과 정확하게 대응하는 표 현. '안 그래도, 그렇잖아 도'라고 한다.

소-쟈나꿋떼모 키미니 아이타깟따

안 그래도 널 보고 싶었어.

Unit 2 소개하기 1 자기소개 하기

052 ちょっと自己紹介させてください。

します보다는 させてくださ い가 더욱 정중한 표현.

촛토 지코쇼-카이 사세테 쿠다사이

제 소개를 하겠습니다.

053 私の名刺をさしあげましょう。

名刺: 명함
あげる보다는 さしあげる 라고 하는 것이 정중한 표현. 업무상 만나는 상대에겐 반드시 명함을 주는 것이 예의이다.

와타시노 메-시오 사시아게마쇼-

제 명함을 드리겠습니다.

054
私は坂本竜馬、土佐から来ました。

わたし　さかもとりょうま　　と　さ　　　き

와타시와 사카모토 료마 토사까라 키마시따

저는 사카모토 료마, 도사에서 왔습니다.

사카모토 료마는 메이지 유신의 숨은 공로자로서 유명함. 도사는 투견종인 도사견의 본고장.

055
野山です。あなたのお名前は?

の　やま　　　　　　　　　　　　な　まえ

노야마데스　아나타노 오나마에와

노야마입니다. 당신 이름은요?

상대를 호칭할 때는 직함을 부르는 게 좋지만, 아나타라는 호칭은 우리말의 당신처럼 미묘하여 함부로 쓰면 좋지 않다.

056
どこかでお目にかかりましたね。

め

도코카데 오메니 카까리마시따네

어딘가에서 뵈었지요?

どこかは 회화체로 どっか로 줄여서 말한다. 이것은 친근한 사이에서 쓰는 게 바람직하다.

057
私のこと覚えています?

わたし　　　　　おぼ

와타시노코토 오보에테 이마스

저를 기억하세요?

~のことは 일본적인 표현. 일본어 특유의 표현으로 그대로 외워둬야 한다.

058
私は鶴岡です。ニックネームはシンデレラです。

わたし つるおか

와타시와 쓰루오카데스　닉쿠네-무와 신데레라데스

저는 쓰루오카입니다. 별명은 신데렐라입니다.

ニックネーム: 닉네임(nick-name), 별명
*약 3백 개에 불과한 한국의 성씨에 비해 일본의 성씨는 30만 개 이상이다. 그래서 같은 성씨를 만나기도 쉽지 않아 보통 성으로만 부르는 일이 많다. 주택가를 가봐도 문패에 성만 적혀 있는 집이 더 많다.

059
証券会社で勤める会社員です。

しょうけんがいしゃ　つと　　かいしゃいん

쇼-켄가이샤테 쓰토메루 카이샤잉데스

증권회사에서 일하는 회사원입니다.

勤める는 勤務する, く라고 말할 수도 있다.

060
お会いできてうれしいです。

あ

오아이데키테 우레시-데스

만나뵈어 반갑습니다.

お会い는 会う 동사를 명사형으로 바꾼 것.

072
073

061
お名前は存じております。

な まえ　　ぞん

오나마에와 존지테오리마스

성함은 알고 있었습니다.

存ずる: 알다, 생각하다의 겸손어. する 동사와 같이 활용된다.
예) 存じません。모릅니다.

062
私が部長の佐々木です。

わたし　ぶ ちょう　さ さ き

와타시가 부쵸-노 사사키데스

제가 부장인 사사키입니다.

우리나라는 직함에 '님'을 붙이는데(과장님, 부장님) 일어는 직함만으로 존칭이 될 수도 있다. 이름 뒤에 붙이면 존칭이 되므로 자기소개할 때는 이렇게 이름 앞에 말한다.

063
ゆうじん くに い しょうかい
友人の国井さんを紹介します。

유-진노 쿠니이상오 쇼-카이시마스

친구인 쿠니이 씨를 소개합니다.

友人은 그냥 친구를 말함. 절친이라고 하려면 親友(しんゆう).

064
イ いもうと ゆ き
李さん、こちらは妹の由紀です。

이상 코치라와 이모-또노 유키데스

이 선생, 이쪽은 제 여동생 유키입니다.

こちら는 장소나 사람을 정중하게 일컫는 표현. 자기 가족을 남에게 소개할 때는 さん을 붙이지 않는다.

065
しょうかい す
あなたたち、ご紹介は済んだ?

아나따타치 고쇼-카이와 슨다

너희들 자기소개는 끝났니?

済む: 완료되다, 끝나다, 해결되다, 변명이 되다
済가 '해결되다, 끝나다'라는 뜻을 알면 우리말 '미결제(未決濟), 미제(未濟) 사건'이란 말도 이해가 된다.

066
ゆうじんキム
こちらは友人金さんです。
に ほん つ
日本に着いたばかりです。

코치라와 유-진 키무상데스 니혼니 쓰이타바카리데스

이쪽은 친구 김입니다. 일본에 막 도착했습니다.

着く: 도착하다, 도달하다.
着いた는 到着した라고 할 수 있다.

067
金さん、同僚の新垣さんを
紹介します。

동료는 仲間(なかま)라고
도 한다.

키무상 도-료-노 아라가키 상오 쇼-카이시마스

김 선생, 동료 아라가키 씨를 소개하겠습니다.

068
オバマさんに紹介してもらえ
ますか。

~てもらう는 남이 내게 뭔
가 해 주는 것.

오바마상니 쇼-카이시테 모라에마스까

오바마 씨에게 저를 소개시켜 주시겠습니까?

069
金さん、加藤さんに会うのは
初めてですね。

처음 만나는 것을 初対面
(しょたいめん)이라고 한다.

074
075

키무상 카토-상니 아우노와 하지메테데스네

김 선생, 가토 씨와 만나는 건 처음이시죠?

Unit 2   소개하기   3 개인적인 질문

070
こちらの生活はどうですか。

こちら는 ここ보다 정중한
표현.

코치라노 세-카쓰와 도-데스까

이곳 생활은 어떠십니까?

071

どちらへお勤めですか。

どちらへお勤（つと）めですか。

도치라에 오쓰토메데스까

어디에서 근무하십니까?

勤め: 근무, 근무함
勤めていますか라고 할
수도 있다.

072

どこの大学を出ましたか。

どこの大学（だいがく）を出（で）ましたか。

도코노 다이가쿠오 데마시따까

어느 대학을 나오셨나요?

우리말로는 '대학교'라고
하는데 일어로는 大学라
고 한다.

073

ご関心ごとは何ですか。

ご関心（かんしん）ごとは何（なん）ですか。

고칸신고토와 난데스까

관심사는 무엇입니까?

こと가 뒤에 와서 탁음이
붙음. '~하는 것, 사항'이
란 뜻.

074

子供は二人います。

子供（こども）は二人（ふたり）います。

코도모와 후타리이마스

아이는 둘 있습니다.

상대의 자녀를 말할 때는
お子さん, お子様라고
하는 것이 정중하다.

075

ボーリングに興味がありますか。

ボーリングに興味（きょうみ）がありますか。

보-링구니 쿄-미가 아리마스까

볼링에 관심이 있습니까?

興味는 우리말의 '흥미'와
는 뉘앙스 차이가 있다.
이런 점이 모국어와 비슷
한 외국어를 공부할 때 부
딪치는 어려운 점이다.

076

韓国語が話せますか。

韓国語（かんこくご）が話（はな）せますか。

캉코쿠고가 하나세마스까

한국어 할 줄 아세요?

話せますか는 出来ますか
라고 할 수도 있다.

077

日本のどこの生まれですか。

生まれ: 출생, 태생, 출신

니혼노 도코노 우마레데스까

일본 어디 태생이세요?

078

ご家族は何人ですか。

사람을 셀 때는 何人이나 何名(なんめい)라고 한다.

고카조쿠와 난닝데스까

가족은 몇 분입니까?

079

どうしたら連絡がつきますか。

連絡がつく: 연락이 되다

도-시타라 렌라쿠가 쓰키마스까

어떻게 하면 연락이 됩니까?

080

東京の生活にはもう慣れましたか。

慣れる: 익숙해지다, 적응하다

토-쿄-노 세-카쓰니와 모- 나레마시따까

도쿄 생활에는 이제 익숙해지셨습니까?

081

ここへは仕事で来ていますか。

来ていますか를 조금 강조하면 来ているのですか라고 말한다.

코꼬에와 시고토데 키테이마스까

여기는 업무로 오신 겁니까?

082 # はじめまして。

하지메마시테

처음 뵙겠습니다.

초면에 거의 무조건 건네는 기본 인사.

---

083 # お会いできて、うれしいです。

오아이데키테 우레시-데스

만나서 반갑습니다.

겸손하게 상대를 추켜세우는 표현.

---

084 # お目にかかれて光栄です。

오메니 카카레테 코-에-데스

만나 뵈어 영광입니다. (정중 표현)

우리말은 '영광'이지만 일본어는 거꾸로 말한다.

---

085 # ずっとお会いしたかったです。

줏또 오아이시타깟타데스

줄곧 뵙고 싶었습니다.

お会いする: 만나다

---

086 # よろしくお願いします。

요로시쿠 오네가이 시마스

잘 부탁드립니다.

어떤 사이든 상관없이 겸손하게 건네는 인사말.

087 お名前は知っております。

なまえ し

오나마에와 싯테오리마스

성함은 알고 있었습니다.

---

088 愛子と呼んでください。

あいこ よ

아이코토 욘데 쿠다사이

아이코라고 불러주세요.

서양인이나 일본인은 처
음 만나도 친근감을 표하
려고 성을 뺀 이름으로 불
러달라고 하는 경우가 있
다. 여자에겐 ちゃん을 붙
이는데 愛子는 애칭으로
愛ちゃん이라고 부른다.

Unit 3   감사 표현   1 감사의 말

089 ありがとう。

아리가또-

고마워요.

친한 경우에 짧게 말하는
표현.

---

090 どうもありがとうございます。

도-모 아리가또- 고자이마스

매우 감사합니다.

どうも는 강조 표현. 아주
일반적이지만 무난한 인
사.

091

何はともあれ、ありがとう。

なに

나니와 토모아레 아리가또-

어쨌든 고마워.

092

感謝しています。

かんしゃ

칸샤시테이마스

감사합니다.

감사한 마음을 품고 있다는 뜻. 그냥 感謝します라고도 한다.

093

色々お世話になりました。

いろいろ　せ わ

이로이로 오세와니 나리마시따

여러모로 신세를 졌습니다.

미안함을 말하여 감사함을 표현하는 것은 일본어 특유의 표현이다. すみません도 그런 경우다.

094

ご面倒をおかけしました。

めんどう

고멘도-오 오카케시마시따

폐를 끼쳐 드렸습니다.

일본인이 가장 중요하게 생각하는 것이 남에게 폐를 끼치면 안 된다는 생각이다. 미안함과 감사함을 동시에 표현함.

Unit 3 　감사 표현 　2 행위에 감사할 때

095

とても助かりました。

たす

토테모 타스까리마시따

무척 도움이 되었습니다.

助かる: 도움이 되다, 재난을 모면하다, 살아남다

096
お手伝いありがとう。

오테쓰다이 아리가또-

도와줘서 고마워요.

편한 사이에는 감사 표현도 짧게 할 수 있다. 더 짧게는 どうも라고 한다.

097
会いに来てくれてありがとう。

아이니 키테쿠레테 아리가또-

만나러 와 줘서 고마워.

도와준 행위를 동사로 써서 ~てくれて로 표현하면 편리하다.

098
書類をチェックしてくれてありがとう。

쇼루이오 첵쿠시테 쿠레테 아리가또-

서류를 체크해 줘서 고마워요.

ありがとう 외에 感謝しています라고도 표현.

099
コンサートの切符、ありがとうございました。

콘사토노 킵뿌 아리가또- 고자이마시따

콘서트 표, 고마웠습니다.

コンサート: 콘서트(concert).
조금 지난 일에 감사를 표할 때는 과거형인 ありがとうございました라고 말한다.

100
これはどうもありがとう。

코레와 도-모 아리가또-

이거 무척 감사합니다.

이것은 선물이 될 수도 있고 행위가 될 수도 있다.

101
まこと
真にありがとうございます。

진심이 느껴지는 감사인사.
真には 誠にとも 쓴다.

마코토니 아리가또- 고자이마스

진심으로 감사합니다.

102
どういたしまして。

'천만에요' '별말씀을'에
해당하는 말이다. 기본
인사말이다.

도-이타시마시테

천만에요.

103
やく た
お役に立ててうれしいです。

役に立つ: 도움이 되다
役に立てる: 도움이 되게
하다

오야쿠니 타테테 우레시이데스

도움이 되어 기뻐요.

104
よろこ
どういたしまして。喜んでお
て つだ
手伝いします。

喜んで: 기꺼이, 즐거이

도-이타시마시테　요로콘데 오테쓰다이 시마스

천만에요. 기꺼이 도와드리겠어요.

105
き い   うれ
気に入ってもらえて嬉しいです。

気に入る: 마음에 들다
気に入ってもらう는 상대가
나 혹은 내 행동을 마음
에 들어하다

키니잇테 모라에테 우레시이데스

마음에 드신다니 기쁩니다.

106
また遠慮なく言ってね。
마타 엔료나쿠 잇테네

또 주저 말고 얘기해.

遠慮: 사양, 겸손, 꺼림, 조심함.
또 부탁해도 괜찮다는 얘기.

107
お安いご用ですよ。
오야스이 고요-데스

별거 아닙니다.

お安いご用: 쉬운 일, 별거 아닌 일

108
お礼にはおよびません。
오레-니와 오요비마센

인사까지 하지 않으셔도 됩니다.

におよぶ: ~에 해당하다, ~할 필요가 있다

Unit 4   사과 표현   1 양해 구하기

109
すみません。
스미마셍

失礼します。
시쓰레-시마스

실례합니다.

자리를 떠나거나 길을 묻거나 잠시 불편을 주거나 여러 가지 상황에서 쓰는 표현.

110 ちょっと失礼します。すぐ戻ります。

촛토 시쓰레-시마스　스구 모도리마스

잠시 실례하겠습니다. 곧 돌아오겠습니다.

현재형이 미래형을 대신하는 것은 공부하기에 편리하다.

---

111 失礼ですが、日本の方ですか。

시쓰레-데스가 니혼노카타데스까

실례지만 일본분입니까?

失礼(しつれい)ですが는 상대에 대해 양해를 구하는 말이며, 뭔가 질문을 하고 싶다는 예고가 된다.

---

112 失礼ですが、お名前をうかがってもよろしいですか。

시쓰레-데스가 오나마에오 우캉앗테모 요로시이데스까

실례지만 성함을 여쭤봐도 되겠습니까?

うかがう : (겸손어) 묻다, 듣다, 방문하다.
失礼ですが는 すみませんが로 바꿔 말해도 된다.

---

113 お話中、すみません。

오하나시츄- 스미마셍

말씀하시는 중에 죄송합니다.

상대가 얘기하는 중에 질문을 하거나 본인의 사정을 얘기하는 경우이다.

114 **ごめんなさい。**

고멘나사이

미안해요.

자기가 잘못이 있거나 폐를 끼쳤을 때 쓰는 말.

---

115 **こんなに遅くなってごめん。**
ずいぶん待った?

콘나니 오소쿠낫떼 고멘　즈이분 맛타

이렇게 늦어서 미안해. 많이 기다렸어?

ごめんなさい를 줄이면 ごめん이라고 한다. 친근한 사이에서 쓰는 말.
待った는 '기다렸다'는 뜻이지만 회화체에선 이렇게 얘기하는 경우가 많다.

---

116 **お詫び申し上げます。**

오와비 모-시아게마스

사과드립니다.

お詫(わ)び: 사죄, 사과.
정중한 표현이다.

---

117 **遅ればせながら, お詫びします。**

오쿠레바세나가라 오와비 시마스

늦었지만 사과드립니다.

遅ればせながらは 어떤 경우든 시기적으로 늦었음을 가볍게 사과하면서 얘기를 꺼내는 표현.

---

118 **申し訳ございません。**

모-시와케 고자이마셍

정말 죄송합니다.

상당히 정중한 사과이다.
ある보다는 ございます가 더욱 정중한 표현.

119

ご迷惑をおかけして申し訳ありません。

고메-와쿠오 오카케시테 모-시와케 아리마센

폐를 끼쳐드려서 죄송합니다.

迷惑をかける: 폐를 끼치다. 申し訳ございません이라고 하면 더욱 정중한 표현이 된다.

120

お待たせして、すみませんでした。

오마타세시테 스미마센데시따

기다리게 해드려 죄송했습니다.

이 경우 お待たせしました라고 말할 수도 있다. 친한 사이에는 お待たせ!라고 말한다.

121

私がいけなかったです。

와타시가 이케나캇타데스

제가 잘못했습니다.

여기에서 いけない는 悪い와 거의 같은 의미가 된다.

122

本当にすみません。うっかりしました。

혼또-니 스미마셍 욱카리시마시따

정말 죄송합니다. 깜빡했습니다.

아주 정중하게 사과하는 경우엔 誠まことに申し訳ございません이라고 한다.

123 **すみません。そんなつもりじゃなかったんです。**

스미마셍 손나 쓰모리쟈 나캇딴데스

죄송합니다. 그럴 생각이 아니었습니다.

つもり: 의도, 예정, 생각.
고의가 아니었다고 사과하는 표현.

---

124 **今後は気をつけます。**
こん ご　　　き

콩고와 키오쓰케마스

앞으로 주의하겠습니다.

気をつける: 조심하다, 정신차리다, 주의하다

---

125 **どうか許してください。**
　　　　ゆる

도-까 유루시테 쿠다사이

부디 용서해 주십시오.

どうか: 제발, 부디, 아무쪼록

---

126 **何とお詫びしてよいか、わかりません。**
なん　　　わ

난토 오와비시테 요이카 와카리마셍

뭐라고 사죄 드려야 할지 모르겠습니다.

お詫び: 사죄, 사과.
이렇게 말하는 것도 훌륭한 사죄가 된다.

127
いいんですよ。
이인데스요

かまいませんよ。
카마이마셍요

괜찮아요.

128
いいえ、そんなことないです。
이-에 손나코토 나이데스

아니에요, 괜찮아요.

겸손한 표현이다. 글자만 보면 '그런 일이 없습니다'지만 사실은 '그렇게 생각하지 않습니다'이고 사죄나 칭찬하는 상대의 말을 겸손하게 부정하는 말이다.

129
いや、君のせいではないよ。
이야 키미노 세-데와 나이요

아냐, 너 때문은 아냐.

せい: 이유, 탓, 때문
人のせいにする 남의 탓으로 돌리다

130
大丈夫です。何でもありませんよ。
다이죠-부데스   난데모 아리마셍요

괜찮아요. 아무것도 아닙니다.

大丈夫는 다양한 상황에서 괜찮다고 하는 표현.

131
ご心配なく。
しんぱい

고심빠이나쿠

걱정하지 마세요.

좀 정중하게 말하는 표현. 명사 앞에 붙는 말로 お와 ご가 있지만 ご를 붙이는 말이 적은 편인데 이를 구분해서 기억해 둬야 한다.

132
気にしないでください。
き

키니시나이데 쿠다사이

신경쓰지 마세요.

気にする: 신경 쓰다, 걱정하다
気になる: 걱정되다, 신경 쓰이다

133
私の方こそごめんなさい。
わたし ほう

와타시노 호-코소 고멘나사이

저야말로 죄송합니다.

こちらこそ라는 표현과 같은 말.

134
仕方ないことだよ。
し かた

시카타나이 코토다요

어쩔 수 없는 일이야.

다른 선택 여지가 없었다고 위로해 주는 말.

Unit 5   축하 · 조의 표현   1 축하할 때

135
おめでとう!

오메데또-

축하해요!

친근한 사이에 직접 축하를 전하는 말.

136
ご結婚おめでとうございます！

けっこん

고켁꼰 오메데또- 고자이마스

결혼을 축하합니다!

ございます를 붙이면 한 층 정중해진다.

137
乾杯しよう！

かんぱい

캄빠이시요-

건배하자!

乾杯: 건배, 잔에 든 것을 전부 마시는 일

138
合格おめでとう！

ごうかく

고-카쿠 오메데또-

합격을 축하합니다!

축하할 이유를 앞에 말하는 표현.

139
おめでとう。よかったですね。

오메데또-   요캇따데스네

축하해요. 다행이네요.

상대에게 다행스러운 일이라는 표현. 자기에게 다행스러운 일은 よかった라고 한다.

140
お祝いしよう！

いわ

오이와이시요-

축하하자!

기념일이나 함께 축하를 할만한 일에 쓰는 말.

141
お誕生日おめでとう。

たんじょう び

오탄죠-비 오메데또-

생일 축하해요.

誕生日: 생일, 출생일. 상대의 생일이라서 앞에 お를 붙인다.

142
しあわ いの
幸せを祈ります。

시아와세오 이노리마스

행복을 빕니다.

幸せ: 행복, 행운, 운수,
幸運과 비슷한 말.

143
あ
明けましておめでとうございます。

아케마시테 오메데또- 고자이마스

새해 복 많이 받으세요.

앞에 新年(しんねん)을 붙
여도 된다.
明ける: 새해가 되다, (날
이) 새다

144
しあわ
どうぞお幸せに。

도-조 오시아와세니

부디 행복하세요.

どうぞ: 부디, 아무쪼록,
어떡하든

Unit 5 축하 · 조의 표현 **2 환영할 때**

145
いらっしゃいませ。

이랏샤이마세

어서 오십시오.

업소에서 손님을 맞이하
는 인사.

146
にゅうしゃ かんげい
入社を歓迎します。

뉴-샤오 캉게-시마스

입사를 환영합니다.

신입을 맞이할 때는 환영
회, 퇴직자에겐 송별회로
위로해 준다.

147

たつみ こころ かんげい
巽さん、心より歓迎いたします。

타츠미상 코꼬로요리 캉게-이타시마스

타츠미 씨, 진심으로 환영합니다.

します보다는 いたします가 겸손하고 정중한 표현.

148

おんな こ だいかんげい
女の子なら大歓迎だ。

온나노코나라 다이캉게-다

여자라면 대환영이야.

大를 붙이면 강조하는 의미로 말한다.
예) 大歓迎 대환영
大好(だいす)き 무척 좋아함.
大成功(だいせいこう) 대성공

149

に ほん
ようこそ日本へ。

요-코소 니홍에

일본에 오신 것을 환영합니다.

ようこそ 뒤에는 지명만 바꿔서 응용하기 쉬운 표현.

150

や
わが家へようこそ!

와가야에 요-코소

저희 집에 오신 걸 환영합니다!

ようこそ를 이렇게 문장 뒤에 두어도 괜찮음.

Unit 5 축하 · 조의 표현 3 조의 표하기

151

しゅうしょうさま
ご愁傷様です。

고슈-쇼-사마데스

조의를 표합니다.

조의를 표하는 표준적인 표현.

152

お気遣いありがとうございます。

気遣い: 마음을 씀, 걱정함

오키즈카이 아리가또-고자이마스

마음 써주셔서 감사합니다.

153

お忙しい中お越しいただきまして、ありがとうございます。

お越し: 가심, 오심, 왕림. 찾아온 손님에게 최상급의 정중한 표현.

오이소가시-나까 오코시이타다끼마시떼 아리가또- 고자이마스

바쁘신데 와 주셔서 감사드립니다.

154

心からお悔やみ申し上げます。

悔やみ: 문상, 조문, 후회. 별세하신 분께 애석함을 나타내는 인사.

코꼬로까라 오쿠야미 모-시아게마스

092
093

진심으로 애도를 표합니다.

155

本当に残念です。

조문뿐 아니라 여러 가지 경우에 쓸 수 있는 표현.

혼토-니 잔넹데스

정말 안타깝습니다.

156

言葉が見つかりません。

見つかる: 발견되다, 찾게 되다

코토바가 미쓰카리마셍

뭐라 드릴 말씀이 없습니다.

157 惜しい人を亡くしました。

亡くす : 여의다, 사별하다

오시-히토오 나꾸시마시따

아까운 분을 잃고 말았습니다.

---

158 どうぞ気を落とさないでください。

気を落とす: 낙심하다, 실망하다

도-조 키오 오토사나이데 쿠다사이

부디 낙심하지 마십시오.

---

159 この度は大変でしたね。

度: 횟수, 번, 때

코노 타비와 타이헨데시따네

이번에 큰일을 당하셨군요.

---

160 心からお悔やみ申し上げます。

悔やみ: 조문, 문상, 후회
申し上げる: 말씀드리다

코꼬로까라 오쿠야미 모-시아게마스

진심으로 위로의 말씀을 올립니다.

III

사교

社交(しゃこう)

chapter 3

사교 社交(しゃこう)

Unit 1 초대하기 | Unit 2 방문 | Unit 3 사랑·결혼

Unit 1　초대하기　1 초대 제안

001
わたし うち き
私の家に来ませんか。

와타시노 우치니 키마셍까

우리 집에 오시겠습니까?

> 私の를 생략해도 괜찮다.

002
こんしゅうまつ ゆうがた しょくじ
今週末の夕方、お食事にいらっ
しゃいませんか。

콘슈-마쓰노 유-가타 오쇼쿠지니 이랏샤이마셍까

이번 주말 저녁 식사하러 오시지 않겠습니까?

> いらっしゃる 동사는 '계시다, 가시다, 오시다'라는 세 가지 의미가 있다.

003
うち まね
あなたを家にお招きしたいの
ですが。

아나타오 우치니 오마네키 시타이노데스가

당신을 저희 집에 초대하고 싶습니다.

> お招き는 동사 招く를 명사화시킨 것. 우리나라 가게에서도 볼 수 있게 된 손짓하는 고양이 인형을 招(まね)き猫(ねこ)라고 한다.

사교는 타인과 어떤 관계를 맺고 유지하는 것이다. 외국어를 빨리 마스터하는 첫 번째 방법은 그나라에 가서 사는 것이고, 두 번째는 그 나라 사람과 연애나 우정을 맺는 것이다. 연애 상대가 지금 없다면 드라마나 영화를 관심 있게 보면서 미리 대비를 해두자. 드라마는 문화나 습성 등을 알 수 있는 좋은 교재가 될 것이다. 음악도 좋은 교재가 된다.

004
駅まで迎えに行きます。

迎えに(마중하러)의 반대 말은 送りに(배웅하러).

에키마데 무카에니 이키마스

역까지 마중나가겠습니다.

005
ご都合をお知らせください。

お知らせください 는 知らせて ください 보다 정중한 표현.

고쓰고-오 오시라세쿠다사이

사정을 알려주세요.

006
今晩、わたしと食事はどう?

今晩은 今夜(こんや)라고 할 수도 있다.

곰방 와타시토 쇼쿠지와 도-

오늘 밤 나와 식사는 어때?

007
野田さんも誘っているんだ。

誘っている는 초대한 상황 이란 얘기.

노다상모 사솟테 이룬다

노다 씨도 초대했어.

008
日にちはいつがいいですか。

히니치와 이쓰가 이-데스까

날짜는 언제가 좋으세요?

날짜는 日付(ひづけ), 日取(ひどり)라는 표현도 있다.

009
来週のうちにお目にかかれますか。

라이슈-노 우치니 오메니 카까레마스까

다음주 중에 뵐 수 있을까요?

お目にかかれる는 お目にかかる(뵙다)의 가능형 표현.

010
来週ならいいです。

라이슈-나라 이-데스

다음주라면 괜찮습니다.

승낙하는 표현으로는 大丈夫, かまいません, オーケー라고 해도 된다.

011
いつでもいいです。

이쓰데모 이-데스

언제라도 좋습니다.

いつでも는 何時でも라고 써도 된다.

012
早ければ早いほどいいです。

하야케레바 하야이호도 이-데스

이르면 이를수록 좋습니다.

형용사+ければ 형용사+ほど=~하면 ~할수록
예문) 安ければ安いほどいいです。 싸면 쌀수록 좋습니다.

013
6時30分がよろしいですか。
ろく じ さんじゅっぷん

로쿠지 산줍푼가 요로시-데스까

6시 30분이 괜찮습니까?

よろしいですか는 いいで
すか보다 정중한 표현.

014
どこで会いましょうか。
あ

도코데 아이마쇼-까

어디서 만날까요?

약속하여 만나는 장소는
待(ま)ち合(あ)わせ場所
(ばしょ)라고 한다.

015
どこが一番都合がいいですか。
いちばん つ ごう

도코가 이치방 쓰고-가 이-데스까

어디가 제일 좋은 장소일까요?

都合: 여건, 사정, 조건,
상황

016
あの喫茶店はどうですか。
きっ さ てん

아노킷사텐와 도-데스까

저 커피숍은 어떻습니까?

스타벅스(スターバックス)는
보통 スタバ 라고 부른다.

Unit 1   초대하기   3 초대에 승낙

017
喜んでうかがいます。
よろこ

요로콘데 우카가이마스

기꺼이 가겠습니다.

うかがう는 겸손한 표현으
로서 '찾아뵙다, 묻다, 듣
다'라는 의미.

018 もちろん行くよ。

모치론 이쿠요

물론 가야지.

일어에선 현재형이 미래 시제를 대신한다.

---

019 いいですとも。

이-데스토모

좋고말고요.

とも는 의심이나 반대의 여지가 없음을 표현한다.

---

020 いいですよ。 じゃ、その時に 会いましょう。

이-데스요 쟈 소노토키니 아이마쇼-

좋아요. 그럼 그때 만납시다.

あの도 '그'라고 해석되지만 과거의 의미가 있다. あの時는 과거의 '그 때'.

---

021 私もそれで都合がいいです。

와타시모 소레데 쓰고-가 이-데스

저도 그때가 좋겠습니다.

それで는 '그런 조건일 경우에'라는 뜻이다.

---

022 いつでもお好きな時にどうぞ。

이쓰데모 오스키나 토키니 도-조

언제든지 좋으실 때 하십시오.

どうぞ는 뭔가 권유나 승낙할 때 쓰는 말.

023 その時、お目にかかるのを楽しみにしています。

お目にかかるは 会うの 겸손어.

소노토키 오메니 카카루노오 타노시미니 시테 이마스

그때 뵙기를 기대하겠습니다.

Unit 1 초대하기 4 초대 거절

024 すまないけど、その日はだめです。

すまないは すみません만큼 정중하지 않다. 거의 반말이다.

스마나이케도 소노히와 다메데스

미안하지만 그날은 안 됩니다.

---

025 その日は先約がありますので。

ありますのでは ありまして 라고도 말한다. 그런대로 정중한 말씨다.

소노히와 센야쿠가 아리마스노데

그날은 선약이 있어서요.

---

026 ありがたいけど、今のところ手が離せないんだ。

어떤 일을 손에 붙잡고 있기 때문에 手が離せない(손을 뗄 수가 없다).

아리가타이케도 이마노토코로 테가 하나세나인다

고맙지만 지금은 너무 바빠서 말이야.

また誘(さそ)ってください。

마타 사솟테 쿠다사이

다시 권유해 주세요.

가기 싫어서 핑계를 대는 것이 아니니까 여건이 좋을 때 다시 권유해 달라는 얘기.

昼(ひる)はお客(きゃく)が見(み)えるんです。

夕方(ゆうがた)はどうですか。

히루와 오캬쿠가 미에룬데스   유-가타와 도-데스까

낮엔 손님이 오기로 돼 있어요. 저녁엔 어때요?

見える는 '보이다'라는 뜻도 있지만 여기에선 존경어로 '오시다'라는 말.

今日(きょう)はまずいけど、明日(あした)はどうです？

쿄-와 마즈이케도 아시타와 도-데스

오늘은 곤란한데 내일은 어때요?

まずい는 음식이 '맛없다' 또는 속어로 '재미없다'라는 뜻.

別(べつ)の日(ひ)にしていただけないでしょうか。

베쓰노히니시테 이타다케나이데쇼-까

다른 날로 해 주시면 안 될까요?

していただく는 겸손한 표현인데 상대가 나를 위해 해주는 것을 말한다.

Unit 2　방문 　1 손님맞이

031
本木さんのお宅はこちらでしょうか。

모토키상노 오타쿠와 코치라데쇼-까

모토키 씨댁이 여기입니까?

우리말도 상대를 부를 때 댁(お宅)이라 하고 또 집을 가리키기도 하는데 일어도 똑같다. 또한 특정 분야의 마니아를 가리키는 말 오타쿠도 여기에서 나온 말.

032
崔です。山崎さんにお目にかかりたいんですが。

체데스　야마자키상니 오메니카카리타인데스가

최입니다. 야마자키 씨를 뵙고 싶습니다.

일본인뿐만 아니라 서양인들도 처음엔 성으로 부른다. 친해지면 성을 빼 이름으로 부른다. 남에겐 존칭인 さん을 붙이지만 자기를 소개할 땐 さん을 붙일 수 없다.

033
私が来たとお伝えください。

와타시가 키타토 오쓰타에 쿠다사이

제가 왔다고 전해 주십시오.

お伝えください는 伝えてください보다 정중한 표현.

034
お邪魔します。

오쟈마시마스

실례합니다.

남의 집이나 공간에 들어갈 때 꼭 하는 인사.
邪魔는 '방해, 폐'라는 뜻.

035 いらっしゃい、どうぞ。

이랏샤이 도-조

어서 들어오십시오.

いらっしゃいは いらっしゃいませの 줄임말.

---

036 上着はここにかけてください。

うわぎ

우와기와 코꼬니 카케테 쿠다사이

윗도리는 여기 거세요.

上着는 '윗도리, 점퍼, 코트'를 의미하지만 下着는 '속옷(내복, 팬티)'을 의미.

---

037 お招きありがとうございます。

まね

오마네키 아리가또- 고자이마스

초대해 주셔서 기쁩니다.

お招き를 길게 표현하면 招いてくださって라고 할 수 있다.

---

038 お座りください。

すわ

오스와리 쿠다사이

앉으시죠.

손님에게 꼭 하는 말이다. 친하면 짧게 お座り라고 한다.

---

039 どうぞ、あちらにおかけになってください。

도-조, 아치라니 오카케니 낫테 쿠다사이

들어오셔서 저쪽에 앉으세요.

かける는 의자나 소파에 앉는 것만 가리킨다. すわる는 바닥이나 의자 상관없이 쓰인다.

040
明るくて素敵なお住いですね。

아카루쿠테 스테키나 오스마이데스네

밝고 멋진 집이군요.

お住いは '거처, 집'이란 뜻인데 때로는 주소를 뜻하기도 한다.

041
この部屋は居心地がいいですね。

코노 헤야와 이고코치가 이이데스네

이 방은 아늑하군요.

心地는 '마음, 기분'이란 뜻인데 동사연용형에 붙는 경우가 많다.
座り心地 앉은 느낌

042
ここはなかなか住み心地がよさそうです。

코꼬와 나카나카 스미고코치가 요사소-데스

여기는 상당히 살기 좋아 보이는군요.

住み心地: 거주하는 느낌
なかなか(상당히, 좀처럼)는 긍정이나 부정문에 다 쓰인다.

104
105

043
失礼ですが、お手洗いは?

시쓰레-데스가 오테아라이와

실례지만 화장실은요?

トイレ보다는 お手洗い가 더 점잖은 표현이다. トイレ는 장소가 더 좁은 곳을 의미하기도 한다.

Unit 2 방문 2 주인의 인사

044
どちら様でしょうか。

도치라사마데쇼-까

누구십니까?

どちら様는 誰보다 훨씬 정중한 표현.

045

しょうしょう　ま
少々お待ちください。

쇼-쇼- 오마치쿠다사이

잠깐 기다려 주세요.

흔히 쓰는 말은 ちょっと待ってください인데 그보다 한층 정중하고 격식을 차린 표현.

046

い はらしゃちょう　　まい
井原社長はすぐ参ります。

이하라 샤쵸-와 스구 마이리마스

이하라 사장님은 곧 옵니다.

参ります는 낮추어 말하는 겸양 표현이다. 자기 회사 사장님이라도 외부인에게 말할 땐 이렇게 낮추어 말한다. 가족이나 집단이나 자기가 속한 곳의 사람은 겸손하게 말한다.

047

もう　　　わけ
申し訳ありませんが、ただいま外出中でございます。
がいしゅつちゅう

모-시와케아리마셍가 타다이마 가이슈쓰츄-데 고자이마스

죄송하오나 지금은 외출 중입니다.

ただいま는 '바로 지금'이란 뜻인데 외출했다가 돌아왔을 때 인사말이 되기도 한다.

048

でんごん
伝言がございますか。

뎅공가 고자이마스까

전하실 말씀은 없습니까?

伝言은 전하고 싶은 말. 가족끼리 짧게 남긴 종이 메모도 해당된다.

049

ようこそいらっしゃいました。

요-코소 이랏샤이마시따

잘 오셨습니다.

ようこそ는 환영할 때 하는 말. 관광지에서도 흔히 볼 수 있는 문구.
예) ようこそ横浜へ! 어서 오세요! 요코하마입니다.

050 まあ、木村<ruby>木<rt>き</rt>村<rt>むら</rt></ruby>さん! しばらくで
すね。

まあは 여성의 말투.
しばらく: 잠깐, 오랫동안,
오래간만

마- 키무라상　시바라쿠데스네

어머, 기무라 씨. 오랜만이에요.

Unit 2　방문　3 선물 증정

051 これをどうぞ。

どうぞ는 수많은 상황에
서 쓸 수 있는 말인데 여
기에선 선물을 받아달라
는 얘기.

코레오 도-조

이거 받으세요. (선물 주기)

---

052 これ、お土産<ruby>土<rt>み</rt>産<rt>やげ</rt></ruby>です。

방문할 때 들고 가는 선
물을 가리켜 특별히 手土
産(てみやげ)라고 부른다.

코레 오미야게데스

이거 선물입니다.

---

053 そんなことなさらなくてもよ
かったのに。ありがとう。

일본인은 한국인보다 격
식이나 인사를 중요시하
기 때문에 초대를 받아
방문할 때는 반드시 비싸
지 않은 작은 것이라도
선물을 준비하도록 해야
한다.

손나코토 나사라나쿠테모 요캇타노니　아리가또-

이런 건 갖고 오시지 않아도 되는데. 고마워요.

054 プレゼントをどうもありがとう。

푸레젠토오 도-모아리가또-

선물, 무척 고마워요.

선물을 가져온 성의를 봐서라도 고맙다는 인사는 꼭 해야 한다.

---

055 私にくださるのですか。どうもありがとう。

와타시니 쿠다사루노데스까　도-모아리가또-

저한테 주시는 겁니까? 감사합니다.

くださる는 くれる의 존경어.

---

056 うわあ、うれしい! 本当にありがとう。

우와- 우레시-　혼또-니 아리가또-

우와, 기뻐요! 정말 고마워요.

한국인은 선물을 받을 때 감정 표현을 잘 못하는 편인데 일본인은 선물을 받고 기뻐하는 감정을 표현하는 것을 예의 있다고 생각한다.

---

057 こんなの、ほしいと思っていたんです。

콘나노 호시-토 오못테 이탄데스

이런 거 제가 갖고 싶었던 거예요.

こんなの는 こんなもの의 축약형.
欲しい: 갖고 싶다, 탐나다

058
居間の方へどうぞ。
い ま　ほう

이마노호-에 도-조

거실로 가시지요.

居間는 応接間(おうせつ
ま) 또는 応接室(おうせつ
しつ)라고도 한다.

059
こちらへおかけください。

코치라에 오카케 쿠다사이

이쪽으로 앉으십시오.

かける는 의자나 소파에
앉는 것만 가리킴. すわる
는 바닥이나 의자 상관없
이 쓰인다.

060
どうぞごゆっくり。

도-조 고육쿠리

자 편히 계십시오.

호텔 종업원도 흔히 하는 말.

061
コーヒーをいかがですか。

코-히-오 이캉아데스까

커피를 드시겠습니까?

기내에서 스튜어디스에게
도 들을 수 있는 말이다.

062
夕食が出来ました。
ゆうしょく　で き

유-쇼쿠가 데키마시따

저녁 식사가 준비되었습니다.

出来る는 '가능하다, 완
성되다, 생기다' 등 여러
의미를 가진다.

063 どうぞご自由に召し上がって
ください。

召し上がるは 飲む, 食べる의 존경어.

도-조 고지유-니 메시앙앗테 쿠다사이

마음껏 드십시오.

---

064 とても美味しい食事でした。

여성은 美味しい라고 하는데 남성은 美味(うま)い라고 말한다. 꼭 그렇게 말해야 하는 것은 아니지만, 남녀간 언어 차이가 우리말보다는 뚜렷하다.

토테모 오이시- 쇼쿠지데시따

매우 맛있는 식사였습니다.

Unit 2　　방문　　5 헤어질 때 인사

065 つい長居をしてしまいました。

つい: 나도 모르게, 그만
長居: 오래 머무름

쓰이 나가이오 시떼시마이마시따

그만 너무 오래 있었습니다.

---

066 そろそろおいとまします。

いとまは '작별, 해고, 휴가, 쉼, 짬, 물러감'이란 의미가 있다.

소로소로 오이토마시마스

슬슬 가봐야겠어요.

067

残念ですが、これ以上お邪魔していられません。

잔넨데스가 코레이죠- 오쟈마시테 이라레마셍

아쉽지만 더 폐를 끼칠 수는 없습니다.

残念ですが는 '아쉽다, 안타깝다, 불만이다' 등의 의미가 있다.

Chapter 3 사교 社交

068

もっといたいのですが、用事がありますので。

못토 이타이노데스가 요-지가 아리마스노데

더 있고 싶습니다만, 볼일이 있어서요.

用事: 볼일, 용건, 대소변 해결

069

本当に楽しくお話できました。

혼또-니 타노시쿠 오하나시 데키마시따

정말로 즐겁게 말씀 나누었습니다.

말합니다는 話します지만 말씀은 話라고 표기한다.

070

今日は会えて嬉しかったです。

쿄-와 아에테 우레시캇따데스

오늘은 만나서 즐거웠습니다.

会えて는 会う의 가능형

071

親切なおもてなしをありがとうございました。

신세쓰나 오모테나시오 아리가또- 고자이마시따

친절한 대접을 해주셔서 감사합니다.

もてなし: 대접, 환대

072 来ていただいて、こちらこそ
楽しかったです。

私보다 こちら라고 하는
게 더 정중하다.

키테이타다이테 코치라코소 타노시캇타데스

와 주셔서 저야말로 즐거웠습니다.

---

073 それじゃ、お引き留めはいた
しません。

引き留め: 붙잡음, 만류

소레쟈 오히키토메와 이타시마센

그러면 더 붙잡지는 않겠습니다.

Unit 3 　사랑 · 결혼　1 이성 교제

074 小林さんはボーイフレンドが
いますか。

남친은 보통 彼氏(かれし)
라고 부른다. 여친은 彼
女(かのじょ)라고 한다.

코바야시상와 보-이후렌도가 이마스까

코바야시 씨는 남친이 있습니까?

---

075 誰かと付き合っていますか。

付き合う: 사귀다, 잠시
행동을 함께 하다

다레카토 쓰키앗테 이마스까

누군가와 사귀고 있습니까?

076
今度の日曜に彼女とデートします。

콘도노 니치요-니 카노죠토 데-또 시마스

이번 일요일에 그녀와 데이트합니다.

彼女는 그냥 3인칭으로 '그녀'란 뜻도 있지만 여기에선 '여자 친구'라는 뜻이다.

077
彼女と恋愛中です。

카노죠토 렝아이츄-데스

그녀와 연애 중입니다.

彼女는 여친이란 뜻도 되는데 예전 여친이라고 할 때는 もとかの라고 하고 예전 남친은 元彼(もとかれ)라고 한다.

078
お似合いのカップルだ。

오니아이노 캅푸루다

어울리는 커플이야.

お似合い는 '어울리는 것'이란 뜻인데 사람이나 사물에도 쓸 수 있다.

079
私たちはうまく行っています。

와타시타치와 우마쿠 잇테 이마스

우리는 사이좋게 지내고 있습니다.

うまく行く: (타인과) 잘 지내다, (업무가) 순조롭게 진행되다

080

目が大きくて髪の長い女性が
好きです。

め　おお　　　　かみ　なが　じょせい
す

메가오-키쿠테 카미노 나가이 죠세-가 스키데스

눈이 크고 머리가 긴 여성이 좋습니다.

일어에선 특정한 여자를 말할 때 女性이라고 해야 제대로 대접하는 느낌이 든다. 女子는 문어체적이고 女는 약간 저속한 표현.

081

女らしい人がいいです。

おんな　　　　ひと

온나라시-히토가　이이데스

여자다운 여자가 좋아요.

女らしい: 여자답다, 여성스럽다

082

背が高くてハンサムな人がいいわ。

せ　たか　　　　　　　　ひと

세가타카쿠테 한사무나 히토가 이이와

키가 크고 잘생긴 사람이 좋아요.

한 세대 전엔 3고(高)라고 해서 키, 학력, 수입 이 세 가지가 높은 남자가 여성들에게 인기 있었다.

083

清潔感がある男性がいいです。

せいけつかん　　　　だんせい

세-케쓰칸가 아루 단세-가 이-데스

깔끔한 남자가 좋아요.

잘생겼어도 악취를 풍기는 남자는 여자가 받아들이기 어렵다고 한다.

084
運転が上手くて面白い人がいいです。

上手い: 능숙하다, 잘하다
旨い 는 발음은 같으나
'맛있다'는 뜻.

운텐가 우마쿠테 오모시로이 히토가 이-데스

운전을 잘하고 재미있는 사람이 좋아요.

085
価値観が合って真面目な人が理想の相手です。

真面目: 진지함, 성실함
相手 : 상대, 대상, 파트너

카치칸가 앗테 마지메나 히토가 리소-노 아이테데스

가치관이 맞고 성실한 사람이 이상형입니다.

086
はげじゃなければいいです。

はげ: 대머리   じゃ＝では

하게쟈나케레바 이-데스

대머리만 아니라면 괜찮아요.

087
美人ならいいでしょう。

대부분의 남자들은 미인을 좋아하는데 別嬪(べっぴん)이라고도 한다.

비진나라 이-데쇼-

미인이라면 괜찮지요.

088
スポーツ好きで私を守ってくれる男性が好きです。

すき 앞에 スポーツ가 붙어 ずき로 탁음화 되었다.

스포-쓰즈키데 와타시오 마못테쿠레루 단세-가 스키데스

스포츠를 좋아하고 나를 지켜줄 남자가 좋아요.

089

美女に出会って大恋愛をして
みたいです。

美女: 미녀, 美人(びじん)과 비슷한 말. 大가 붙으면 규모가 크거나 심하거나 거창한 것을 의미.

비죠니 데앗떼 다이렝아이오 시떼미타이데스

미녀를 만나 엄청난 연애를 하고 싶어요.

090

彼女に一目ぼれしてしまいま
した。

一目ぼれ: 첫눈에 반함

카노죠니 히토메보레시테 시마이마시따

그녀에게 첫눈에 반해 버렸어요.

091

声が可愛くてほれてしまいま
した。

惚(ほ)れる는 남자가 여자에게 반할 때 쓰는 말이고, 여자가 남자에게 반할 때는 恋(こい)에 落(お)ちる라고 한다.

코에가 카와이쿠테 호레테시마이마시따

목소리가 귀여워서 반해 버렸어요.

092

彼は金持ちだから安心できます。

金持ち는 돈 가진 사람이니 부자. 力持ち는 힘 있는 사람이니 장사.

카레와 카네모치다카라 안신데키마스

그는 부자니까 마음이 놓여요.

093

手が奇麗で肌も白いからいいです。

テガ キレ-데 하다모 시로이카라 이-데스

손이 예쁘고 피부도 희니까 좋습니다.

色白(いろじろ)は七難(しちなん)隠(かく)す(여러 가지 단점이 있어도 여자는 흰 피부가 그것을 감춰준다)라는 속담도 있다.

094

彼女を口説きたいです。

카노죠오 쿠도키타이데스

그녀를 꼬시고 싶어요.

口説く: 꼬시다, 구애하다, 설득하다

095

こんな気持ちは初めてです。

콘나키모치와 하지메테데스

이런 기분은 처음입니다.

'처음'은 初め、'시작하다'는 始(はじ)める로 구분해서 한자를 사용.

096

真面目で正直なところが大好きです。

마지메데 쇼-지키나 토코로가 다이스키데스

성실하고 정직한 점이 아주 좋습니다.

真面目: 진심, 진지함, 성실함
正直: 정직, 솔직

097
付き合ってる人はいますか。

쓰키앗테루 히토와 이마스까

사귀는 사람이 있으세요?

'사귀는'은 付き合う라고 하면 안 되고 付き合っている라고 해야 한다.

098
誘ってくれてありがとう。

사솟테 쿠레테 아리가또-

말씀(데이트 신청)해 주셔서 고마워요.

誘う는 남녀간뿐 아니라 그냥 권유할 때도 쓰는 말.

099
あなたの手を繋いでもいいですか。

아나따노 테오 쓰나이데모 이-데스까

당신 손을 잡아도 될까요?

이성간에 '손을 잡다'는 手を繋ぐ라고 한다.

100
ごめん、私遅かったね。

고멘 와타시 오소캇따네

미안해, 내가 늦었지.

사귀는 사이라면 대개 반말을 하니까 ごめん이라고 한다. 또한 장난스럽게 거꾸로 めんご, めんご라고 하기도 한다.

101
私を女としてどう思いますか。

와타시오 온나토시테 도-오모이마스까

나를 여자로서 어떻게 생각해요?

女라는 말은 남을 가리켜 말하면 곤란하지만 자기를 이렇게 말하면 겸손한 표현이 된다.

102

金さんと付き合いたいです。
キム　　　　　 つ　あ

키무상토 쓰키아이타이데스

김 씨와 사귀고 싶어요.

우리는 성으로 부르는 일이 없지만 일어로는 당연한 일. 처음엔 성씨에 さん을 붙여 부르고 친해지면 이름(성을 뺀 뒷이름 下の名前)을 부른다. 그리고 더 친해지면 이름의 일부를 딴 애칭으로 부른다.
(남자) かずよし→かず君(くん),
(여자) さちこ→さっちゃん

103

美味しい焼肉をおごってあげます。
おい　やきにく

오이시- 야키쿠오 오곳테 아게마스

맛있는 불고기 사드릴게요.

奢(おご)る: 한턱내다, 지불하다

118
119

104

二人だけで会いたいんです。
ふたり　　あ

후타리다케데 아이타인데스

둘이서만 만나고 싶어요.

'단둘이'라고 할 때 二人きり 라고도 한다.

Unit 3 사랑 · 결혼 **5 사랑 고백**

105

好きです。
す

스키데스

좋아해요.

완곡하지만 훌륭한 사랑 고백이다. 일본인들은 개인차도 많지만 사랑한다는 표현을 꺼리는 경우가 많다. 우리나라도 예전엔 사랑한다는 표현을 쑥스러워서 못했는데 그와 비슷하다고 보면 된다.

106

あい
愛しています。

아이시테 이마스

사랑해요.

직접적이고 명확한 사랑
고백.

107

あなたなしでは生きていけない。

아나따나시데와 이키테이케나이

당신 없이는 살아갈 수 없어.

あなたがいなければ라고
할 수도 있다.

108

しあわ　　　　　　ぼく　つ　あ
幸せにするから僕と付き合っ
てください。

시아와세니 스루까라 보쿠또 츠키앗떼 쿠다사이

행복하게 해줄 테니까 나와 사귀어 주세요.

幸せにする: 행복하게 해
주다

109

けっこん
結婚 してくれますか。

켁꼰시떼 쿠레마스까

결혼해 주실래요?

~てくれる는 내게 유리한
행위를 상대가 해주는 것
을 의미.

110

ぼく　　かのじょ
僕の彼女になってください。

보쿠노 카노죠니 낫떼 쿠다사이

내 여친이 되어 주세요.

彼女를 恋人(こいびと)라
고 해도 좋다.

111 こんな感じは初めてです。

콘나칸지와 하지메떼데스

이런 느낌은 처음이에요.

우리도 간지라는 말을 쓰고 있는데 일어 感じ는 그냥 '느낌'이라는 뜻일 뿐이다.

---

112 僕はいつもあなたのことばかり思っています。

보쿠와 이쓰모 아나따노 코토바카리 오못떼 이마스

저는 밤낮 당신 생각만 해요.

일본인 중에도 이런 정열적인 고백을 좋아하는 사람도 있고 거북하게 생각하는 사람도 있다. 상대에게 맞는 고백 멘트가 중요하다.
僕는 대개 남자가 사용하는 표현.

---

113 恋に落ちました。

코이니 오치마시따

사랑에 빠졌어요.

落ちる: 떨어지다, 빠지다, (유혹, 속임수에) 넘어가다

120
121

---

114 君が欲しい。

키미가 호시-

널 갖고 싶어.

欲しい: 탐나다, 갖고 싶다

---

115 ずっと私のそばにいてほしい。

즛토 와타시노 소바니 이테호시-

쭉 내 옆에 있어 주길 바라요.

~てほしい는 1인칭의 소망을 말하는 표현.

116 あなたのためなら何^{なん}でもします。

116 あなたのためなら何でもします。

何でも: 뭐든지, 무엇이든지

아나따노타메나라 난데모 시마스

당신을 위해서라면 뭐든지 할게요.

---

117 人^{ひと}をこんなに愛^{いと}しく思^{おも}えたのは、仁美^{ひとみ}さんが初^{はじ}めてです。

愛しい: 사랑스럽다, 매우 귀엽다
思える: 생각되다, 느껴지다
일본인 이름은 발음만 듣고 어떤 한자를 쓰는지 알 수 없다. 히토미는 瞳, 仁美, 一美, ひとみ 마유미는 真由美真弓, 麻由美 쿄코는 恭子, 京子, 今日子, 響子 등 여러 가지가 있다. 또 이름의 일부만 히라가나로 쓰는 사람도 있다.

히토오 콘나니 이토시쿠 오모에타노와 히토미상가 하지메테데스

남이 이렇게 사랑스럽게 느껴진 것은 히토미 씨가 처음입니다.

Unit 3 사랑 · 결혼 **6 사랑이 잘 안 될 때**

118 私^{わたし}たちの仲^{なか}もこれで終^{おわ}りね。

발음은 같은데 의미는 다른 한자가 많은데 그중 中는 우리말과 용법이 비슷하고 仲는 사람과 사람의 사이, 관계를 뜻한다.

와타시타치노 나카모 코레데 오와리네

우리 사이도 이걸로 끝이군.

---

119 あの人^{ひと}とは縁^{えん}を切^きりました。

일어 因縁(いんねん)도 '인연, 관계, 숙명, 유래' 등의 의미가 있지만 다소 부정적인 뉘앙스를 포함하기 때문에 보통은 縁이라고 말한다.

아노히토또와 엔오키리마시따

그 사람과는 인연을 끊었어요.

120

木村と別れたって、ほんと?

<ruby>木<rt>き</rt></ruby><ruby>村<rt>むら</rt></ruby>と<ruby>別<rt>わか</rt></ruby>れたって、ほんと?

키무라또 와카레탓떼 혼또

기무라와 헤어졌다니 정말이야?

本当는 원래 ほんとう지만 회화에선 ほんと라고 편하게 말하는 경우가 많다.

121

一人でゆっくり考えたいから、距離を置きたい。

<ruby>一<rt>ひと</rt></ruby><ruby>人<rt>り</rt></ruby>でゆっくり<ruby>考<rt>かんが</rt></ruby>えたいから、<ruby>距<rt>きょ</rt></ruby><ruby>離<rt>り</rt></ruby>を<ruby>置<rt>お</rt></ruby>きたい。

히토리데 육쿠리 캉가에타이까라 쿄리오 오키타이

혼자서 천천히 생각하고 싶으니까 거리를 두고 싶어.

ゆっくり: 천천히, 편하게
距離を置く: 거리를 두다

122

彼女、君にはまったく気がありませんよ。

<ruby>彼<rt>かの</rt></ruby><ruby>女<rt>じょ</rt></ruby>、<ruby>君<rt>きみ</rt></ruby>にはまったく<ruby>気<rt>き</rt></ruby>がありませんよ。

카노죠 키미니와 맛따쿠 키가 아리마센요

그녀는 너에게 전혀 관심이 없어.

気がある: 마음이 있다, 관심이 있다

122
123

123

頭を冷やしたいから、距離を置かせて。

<ruby>頭<rt>あたま</rt></ruby>を<ruby>冷<rt>ひ</rt></ruby>やしたいから、<ruby>距<rt>きょ</rt></ruby><ruby>離<rt>り</rt></ruby>を<ruby>置<rt>お</rt></ruby>かせて。

아타마오 히야시타이까라 쿄리오 오카세테

머리를 식히고 싶으니까 거리를 둘게.

置かせて는 사역형이지만 置かせてもらう의 간략형으로 자신의 의지를 겸손하게 나타내는 표현.

124

我々はおしまいだ。

<ruby>我々<rt>われわれ</rt></ruby>はおしまいだ。

와레와레와 오시마이다

우린 끝났어.

우리도 보통 끝내는 것을 시마이한다고 하는데 그 시마이에 お를 붙인 형태.

125

このままだと嫌いになっちゃ
いそうだ。

코노마마다토 키라이니낫쨔이소-다

이대로라면 싫어지게 될 것 같아.

126

うちらはあまりにも違う。

우치라와 아마리니모 치가우

우린 너무나 달라.

127

あなたに失望しました。

아나따니 시쓰보-시마시따

당신에게 실망했습니다.

128

あなたなら、きっと私よりも
いい人と出会えるよ。

아나타나라 킷토 와타시요리모 이-히토또데아에루요

당신이라면 틀림없이 나보다 좋은 사람을 만날
수 있어.

129

関係を終えたいです。

캉케-오 오에타이데스

관계를 끝내고 싶어요.

130
とうぶん あいだ ひとり りょこう い
当分の間、一人で旅行でも行
きたい。

当分の間: 당분간, 한동
안(＝しばらくの間)

토-분노 아이다 히토리데 료코-데모 이키타이

당분간 혼자 여행이라도 가고 싶어.

Unit 3 사랑 · 결혼 7 결혼 생활

131
けっこん どくしん
結婚 してますか、独身ですか。

結婚している는 결혼생활
을 하고 있다는 의미.

켁꼰시테마스까 도쿠신데스까

결혼하셨습니까? 독신입니까?

132
いもうと せんしゅう どよう けっこん
妹は先週の土曜、結婚しました。

結婚しました는 결혼식을
올렸다는 의미.

이모-또와 센슈-노도요- 켁꼰시마시따

여동생은 지난 토요일에 결혼했습니다.

133
けっこん おも
いくつで結婚したいと思いま
すか。

나이를 묻는 말은 いくつで
すか 또는 何歳(なんさい)
ですか라고 할 수 있다.

이쿠쓰데 켁꼰시타이토 오모이마스까

몇 살에 결혼하고 싶어요?

Chapter 3 사고 ｜ 社交

124
125

134

新婚さんですね。
<ruby>新婚<rt>しんこん</rt></ruby>さんですね。

싱콘상데스네

신혼부부이시군요.

さん은 보통은 사람에게 붙이는 말이지만 사람 이외의 대상에도 붙인다. 심지어 인사말에도 붙인다. 예) おはようさん。

135

素敵な人を見つけて、その気になったら結婚します。

스테키나 히토오 미쓰케테 소노키니 낫타라 켁꼰시마스

멋진 사람을 찾아서 내키면 결혼하겠습니다.

その気になる: 그럴 기분이 되다, 그런 생각이 들다

136

末永くお幸せに!

스에나가꾸 오시아와세니

영원히 행복하시길!

末永く: 영원히, 언제까지나

137

見合い結婚は仲人さんが整えます。

미아이켁꼰와 나코우도상가 토또노에마스

중매결혼은 중매쟁이가 주선합니다.

見合い: 맞선
仲人: 중매쟁이
整える: 조정하다, 정돈하다

138

幸せな家庭を築いてください。

시아와세나 카테-오 키즈이테쿠다사이

행복한 가정을 꾸려 주세요.

築く: 짓다, 이루다, 쌓다

139
神式の結婚式をやります。
しんしき　けっこんしき

신시키노 켁콘시키오 야리마스

신도식(일본전통식) 결혼식을 합니다.

일본에서는 人前式(じんぜんしき)라고 하여 종교적 색채나 영원한 사랑의 맹세를 배제하고 하객들이 결혼의 증인이 되며 자유로운 분위기의 식을 치르는 커플이 많다.

140
披露宴はホテルでやりますか。
ひ ろうえん

히로-엔와 호테루데 야리마스까

피로연은 호텔에서 합니까?

일본에서 결혼 피로연은 보통 3시간 가까이 진행되며 결혼식 자체도 아주 가까운 사람만 초대한다.

141
花嫁さん花婿さんにカンパーイ!
はなよめ　　はなむこ

하나요메상 하나무코상니 캄빠-이

신부 신랑에게 건배!

花嫁: 신부
花婿: 신랑　嫁는 '아내, 며느리'라는 두 가지 뜻이 있다.

Unit 3　사랑 · 결혼　8 출산 이야기

142
妻が近い内に子供を生みます。
つま　ちか　うち　こども　う

쓰마가 치카이우치니 코도모오 우미마스

아내가 곧 아이를 낳습니다.

子供는 보통 어린이를 가리키는데 아기를 말하기도 한다.

143
予定日はいつですか。
よ ていび

요테-비와 이쓰데스까

예정일은 언제입니까?

予定日: 출산 예정일

144

彼女は妊娠３ヶ月です。
<small>かのじょ　にんしんさんかげつ</small>

妊娠: 임신

카노죠와 닌싱상카게쓰데스

그녀는 임신 3개월입니다.

145

おめでただそうですね。

おめでた: 결혼, 임신, 출산 등의 경사

오메데타다 소-데스네

축하할 일이 생겼다면서요?

146

お子さんは何人ほしいですか。
<small>こ　　　なんにん</small>

상대의 자녀를 물을 때는 お子さん이라고 한다.

오코상와 난닝호시-데스까

자녀는 몇 명 갖고 싶으세요?

147

妻と私で赤ちゃんの誕生祝い
をします。
<small>つま　わたし　あか　　　　　　　たんじょういわ</small>

우리말로 '탄생'이라고 하면 위대한 인물에 한해 말하지만 일본선 그냥 '생일'을 誕生日(たんじょうび)라고 한다.

쓰마토 와타시데 아까짱노 탄죠-이와이오 시마스

아내와 함께 아기 출생을 축하합니다.

148

ここんとこ、うちらはよくけん
かする。

ここんとこ: 요즘 들어(회화체). 부부싸움은 夫婦喧嘩(ふうふげんか)라고 한다.

코콘토코 우치라와 요쿠 켕까스루

요즘 우린 자주 싸워.

149
<ruby>僕<rt>ぼく</rt></ruby>の<ruby>妻<rt>つま</rt></ruby>は<ruby>浮気<rt>うわき</rt></ruby>しているんだ。

浮気: 바람기, 외도, 불륜

보쿠노 쓰마와 우와키시테이룬다

마누라가 바람을 피워.

150
<ruby>僕<rt>ぼく</rt></ruby>らは<ruby>仲<rt>なか</rt></ruby>たがいし<ruby>始<rt>はじ</rt></ruby>めた。

仲たがい: 사이가 나빠짐, 불화

보쿠라와 나카타가이 시하지메타

우리 사이는 틀어지기 시작했어.

151
<ruby>離婚<rt>りこん</rt></ruby>したら<ruby>気持<rt>きも</rt></ruby>ちが<ruby>清々<rt>せいせい</rt></ruby>しました。

清々: 시원하고 후련한 모양

리콘시타라 키모치가 세-세-시마시따

이혼하니 기분이 후련했습니다.

152
<ruby>彼<rt>かれ</rt></ruby>は<ruby>最近再婚<rt>さいきんさいこん</rt></ruby>しました。

離婚, 再婚 등 우리말과 한자 구성이 같아서 이해하기 쉽다.

카레와 사이킨 사이콘시마시따

그는 최근에 재혼했습니다.

153
やっぱり<ruby>離婚<rt>りこん</rt></ruby>は<ruby>辛<rt>つら</rt></ruby>いです。

辛い는 つらい(괴롭다) 와からい(맵다), 두 가지로 읽는다.

얍빠리 리콘와 쓰라이데스

역시 이혼은 괴롭습니다.

IV

화술 표현
話術(わじゅつ)の表現(ひょうげん)

chapter 4

화술 표현 話術(わじゅつ)の 表現(ひょうげん)

Unit 1 칭찬하기 | Unit 2 충고 | Unit 3 질문하기 | Unit 4 대답하기
Unit 5 제안·부탁 | Unit 6 자기 표현 | Unit 7 대화의 기술

Unit 1 칭찬하기 1 칭찬하기

001
お見事（みごと）です。

오미고토데스

훌륭합니다.

見事: 훌륭함, 뛰어남

002
とても似合（にあ）いますよ。

토테모 니아이마스요

잘 어울려요.

似合う: 어울리다
お似合いですねラ라고도 말
한다.

003
彼（かれ）に拍手（はくしゅ）を送（おく）りましょう。

카레니 하쿠슈오 오쿠리마쇼-

그에게 박수를 보냅시다.

拍手を送る: 박수를 보내다

004
よくやった!

요쿠 얏따

용케 해냈군!

やる는 する와 비슷하게
'하다'라는 뜻인데, 그 외
에도 '보내다, 주다'라는
뜻도 기억해야 한다.

화술의 목적은 타인을 내 의도에 맞춰 설득시키는 작업이다. 그러기 위해서는 상대의 얘기도 잘 들어줘야 하고 또 상대의 유익한 것은 배워야 한다. 또 상대의 논리를 반박해야 할 경우도 있다. 그렇게 대화를 펼치다 보면 지적, 인격적 수준이 드러나기도 한다.

005 **すごいね!**

스고이네

대단하군!

> すごい: 굉장하다, 대단하다, 무섭다

---

006 **頼^{たよ}りになるね。**

타요리니 나루네

믿음직하네.

> 頼りになる: 의지가 되다

---

007 **何^{なん}で英語^{えいご}がそんなにお上手^{じょうず}ですか。**

난데 에-고가 손나니 오죠-즈데스까

어떻게 그렇게 영어를 잘하세요?

> 상대방을 높일 때는 お上手라고 말한다.

---

008 **さすがだね!**

사스가다네

역시 대단하군!

> さすが(역시나!)는 우리나라 네티즌도 많이 쓰는 일단어.

009

素晴らしい!
<ruby>素<rt>す</rt></ruby><ruby>晴<rt>ば</rt></ruby>らしい!

스바라시-

뛰어나군!

감탄이나 칭찬할 때 편리한 표현.

010

記憶力がすごいですね。
<ruby>記<rt>き</rt></ruby><ruby>憶<rt>おく</rt></ruby><ruby>力<rt>りょく</rt></ruby>がすごいですね。

키오쿠료쿠가 스고이데스네

기억력이 좋으시네요.

記憶力: 기억력

011

おしゃれなシャツですね。

오샤레나 샤쓰데스네

셔츠가 멋지네요.

おしゃれ는 '멋쟁이(사람)'라는 뜻도 있다.

Unit 1 칭찬하기 2 격려하기

012

元気を出して!
<ruby>元<rt>げん</rt></ruby><ruby>気<rt>き</rt></ruby>を<ruby>出<rt>だ</rt></ruby>して!

겡키오 다시테

힘내라구!

元気を出す: 기운을 내다, 분발하다

013

頑張れ!
<ruby>頑<rt>がん</rt></ruby><ruby>張<rt>ば</rt></ruby>れ!

감바레

파이팅!

頑張って라고도 말하는데 일반적으로 이 말을 너무 많이 쓰니까 도리어 듣는 이에게 부담이 되므로 적당히 쓰자는 얘기도 나오고 있다.

014

気を落さないで頇張って!

キオ 오토사나이데 감밧테

낙심하지 말고 힘내!

気を落とす: 낙심하다, 좌절하다

015

幸運を祈ってるよ。

코-운오 이놋테루요

행운을 빌고 있어.

幸運: 행운
祈る: 기도하다, 빌다

016

一か八かやってみなさい!

이치카 바치카 얏테미나사이

운에 맡기고 해 봐!

一か八か: 운에 맡기고, 흥하든 망하든

017

きっとうまく行くよ。

킷토우마쿠 이쿠요

분명히 잘될 거야.

うまく行く: 잘 되다, 순조롭게 진행되다

018

その意気だよ!

소노이키다요

바로 그런 기세야!

잘하고 있을 때 하는 말.

019
褒めてくださって、ありがと
うございます。

くださっては くれて보다 정중한 표현.

호메테 쿠다삿떼 아리가또- 고자이마스

칭찬해 주시니 감사합니다.

020
身に余るお言葉です。

余る: 남다, 지나치다, 벅차다
目に余る: 눈꼴시다, 꼴사납다, 눈에 거슬리다

미니 아마루 오코토바데스

분에 넘치는 과찬입니다.

021
先生のおかげです。

おかげ라는 말을 들으면 누구나 흐뭇합니다.

센세-노 오카게데스

선생님 덕분입니다.

022
恥ずかしいです。

恥ずかしい: 부끄럽다, 창피하다, 면목 없다

하즈카시-데스

부끄럽습니다.

023
あ、本当ですか? 嬉しいです。

本当: 정말, 진실, 정상

아 혼또-데스까　우레시-데스

아, 정말입니까? 기쁩니다.

024
いいえ、とんでもないです。

이-에 톤데모나이데스

아니요, 천만에 말씀입니다.

とんでもない는 여기에서는 좋은 의미로 '천만에요'지만, 나쁜 의미로는 '터무니없다, 당치 않다'는 뜻도 있다.

Unit 2　충고　1 충고할 때

025
頭を冷やしてよく考えなさい。
あたま ひ　　　　　　　　かんが

아타마오 히야시테 요쿠 캉가에나사이

냉정하게 잘 생각해라.

冷やす: 차게 하다, 냉각시키다
冷やし: 냉각, 일어를 잘 모르는 사람도 이 단어를 쓰곤 한다.

026
それが一番肝心なところだ。
いちばんかんじん

소레가 이치방 칸진나 토코로다

그게 가장 중요한 점이야.

肝心: 중요함, 핵심

027
身のほどを知りなさい。
み　　　　　　　し

미노호도오 시리나사이

자기 분수를 알아라.

身のほど: 분수
~なさい는 명령조의 말투로 아랫사람에게 하는 말.

028
もう少し頑張るべきだ。
すこ　がん ば

모-스코시 감바루베키다

좀 더 노력을 해야 해.

もう少し: 조금 더
동사원형 + べきだ: ~해야 한다

029

もっと積極的になってもらいたい。
<small>せっきょくてき</small>

~てもらいたい: ~해 주길 바란다

못토 섹꾜쿠테키니 낫테모라이타이

좀 더 적극적으로 해 주길 바란다.

030

そう言うのはたやすいことだ。
<small>い</small>

たやすい: 손쉽다, 용이하다

소-이우노와 타야스이코토다

그렇게 말하긴 쉬운 일이지.

031

里美、言うことを聞きなさい。
<small>さとみ</small> <small>い</small> <small>き</small>

なさい는 아랫사람에게 하는 명령조.

사토미 이우코토오 키키나사이

사토미, 내 말을 들어라.

032

危ない！いたずらはだめだ。
<small>あぶ</small>

いたずら: 장난, 유희
だめだ는 흔히 쓰는 금지 표현.

아부나이　이타즈라와 다메다

위험해! 장난은 안돼.

033

途中で諦めるな。
<small>と ちゅう</small> <small>あきら</small>

諦める: 포기하다, 체념하다
동사기본형+な: 강한 금지 표현

토츄-데 아키라메루나

도중에 포기하지 마.

034

これは僕の経験から言ってるんだ。
_{ぼく けいけん い}

코레와 보쿠노 케-켄까라 잇테룬다

이건 내가 경험에서 말하는 거야.

僕는 주로 남성들이 쓰는 1인칭대명사.
言ってるんだ에서 ん은 の의 축약형.

035

言っておくけどね。
_い

잇테 오쿠케도네

말해두겠는데.

회화에선 言っておく를 축약하여 言っとく라고 한다.
이 말 뒤에는 결코 듣기 좋은 말은 나오지 않는다.

036

無理しないでね。
_{む り}

무리시나이데네

무리하지 마.

어미의 でね는 여성적인 부드러운 어감.

037

あわてることはないよ。

아와테루 코토와 나이요

서두를 필요는 없어.

ことはない는 다소 부드러운 조언 느낌.

038

気をつけた方がいいよ。
_{き ほう}

키오쓰케타호-가 이이요

주의하는 것이 좋겠어요!

気をつける: 정신 차리다,
조심하다, 주의하다

039 悪い友だちとは付き合うんじゃ
ない。

友だちには 단수/복수
둘 다의 의미가 있다. 불
량한 말투로는 친구를 だ
ち라고 한다.

와루이 토모다치토와 쓰키아운쟈나이

나쁜 친구들과 사귀지 마라.

Unit 2 충고 3 잘못 지적하기

040 どうもあなたが間違っている
と思います。

どうも: 아무래도, 어쩐지,
도무지

도-모 아나따가 마치갓테이루토 오모이마스

아무래도 당신이 틀렸다고 생각합니다.

041 それがあなたの勘違いです。

勘違い: 착각, 잘못 생각
함. 착각은 한자로 錯覚
(さっかく)인데 일어로는
사용 범위가 좁다. 즉 눈
의 착시 현상을 주로 나
타낸다.

소레가 아나따노 칸치가이데스

그게 당신의 착각입니다.

042 君の話には説得力が足りないよ。

説得力: 설득력
足りる : 족하다, 충분하다

키미노 하나시니와 셋토쿠료쿠가 타리나이요

네 얘기엔 설득력이 부족하다.

043
あなたの議論の妥当性が分か
りません。

議論: 의론, 주장, 견해

아나따노 기론노 다토-세-가 와카리마센

당신 의견의 타당성을 모르겠습니다.

044
あなたの意見は真実からほど
遠い。

ほど遠い: 거리가 멀다,
어울리지 않다

아나따노 이켄와 신지쓰카라 호도토-이

당신 의견은 진실과 거리가 멉니다.

045
それは別問題です。

別問題: 별개의 문제

소레와 베쓰몬다이데스

그건 별개의 문제입니다.

046
それだけでは証拠が不十分です。

証拠: 증거
不十分: 부족, 불충분

소레다케데와 쇼-코가 후쥬-분데스

그것만으론 증거가 불충분합니다.

047
それは単純化しすぎです。

単純化: 단순화
동사연용형+すぎ: 도가
지나침

소레와 탄쥰카시스기데스

그건 지나친 단순화입니다.

048
分かりますか。

わ

와카리마스까

이해하시겠어요?

이해했는지를 정중하게 확인하는 표현.

049
分かった?

わ

와캇따

分かる?

わ

와카루

알겠어?

편한 사이에 이해했냐고 묻는 표현.

050
はっきりわかったかな。

학끼리 와캇따카나

확실히 이해했을까?

상대가 이해했냐고 묻는 말인데 약간 혼잣말 느낌도 있다.

051
言ってることが分かりますか。

い   わ

잇테루 코토가 와카리마스까

제가 하는 말을 이해하겠어요?

좀 어려운 이야기나 생소한 이야기를 할 경우.

052

ここまでは分かりましたか。
わ

코꼬마데와 와카리마시따까

여기까지 이해하시겠어요?

길게 설명할 때 이해했는
지 확인하는 표현.

053

その点をはっきりさせておきたいんだ。
てん

소노텐오 학끼리 사세테 오키타인다

그 점을 확실히 해두고 싶은 거야.

구체적으로 확실히 얘기
하지 않으면 나중에 딴
소리가 나올 수도 있으므
로 다짐을 받는 표현.

| Unit 3 | 질문하기 | 2 되묻는 표현 |

054

何?
なに

나니

뭐라고?

'뭐라고 했어?' 정도의
의미. 같은 의미로 'は
あ?'라고도 한다. 톤을
좀 높여 마무리를 올려
발음한다. 약간 시비조로
들리는 경우가 많다. 편
한 반말투이다.

055

本当?
ほんとう

혼또-

진짜?

의외의 얘기를 들었을 때
의 반문.

056

何の話?
なん はなし

난노 하나시

무슨 얘기야?

편한 사이라서 ですか를
생략한 형태. 동사일 때
는 話す인데 명사가 되면
話라고 쓴다.

057 どういう意味ですか。

도-이우 이미데스까

무슨 뜻입니까?

상대의 말이 의외이거나 불만이 있어 따져 물어보는 경우.

---

058 すみません、何と言いました?

스미마셍 난토 이이마시따

恐れいります、何とおっしゃいましたか。

오소레이리마스 난토 옷샤이마시따까

(실례지만) 뭐라고 하셨죠?

おっしゃる: 말씀하시다. 두 번째가 정중한 표현.

---

059 もう一度言ってくれますか。

모-이치도 잇테 쿠레마스까

한번 더 얘기해 주실래요?

もう一度: 한 번 더[=もう一回(いっかい)]

---

060 一つ訊いていいですか。

히토쓰 키이테 이-데스까

하나 물어봐도 됩니까?

訊くと 일상적으로 아주 많이 사용하는 동사인데 의미에 따라 한자 표기가 달라진다. 訊くと '질문하다', 聞くと '듣다', '질문하다' 두 가지 의미로 사용되므로 빈도가 높지만 모호한 표기가 된다. 聴くと '귀로 듣다, 감상하다'.

061

そのパックはいったい何なの?

소노 팍쿠와 잇타이 난나노

그 팩은 대체 뭐니?

パック(pack)는 작은 짐 꾸러미 또는 여성들이 얼굴에 붙이는 팩을 의미한다.

062

今、何してる?

이마 나니 시테루

지금 뭐하고 있어?

회화에선 している를 축약하여 してる라고 말한다.

063

誰を推薦しましょうか。

다레오 스이센시마쇼-까

누구를 추천할까요?

推薦: 추천, 천거
ましょうか는 정중한 말투로 윗사람에게 어울린다.

064

誰に訊いたらいいかしら。

다레니 키이타라 이이카시라

누구에게 물어보면 될까?

かしら는 확실히 여성의 말투.

065

そちらはどなたでしょうか。

소치라와 도나타데쇼-까

그쪽은 누구십니까?

こちら、そちら는 상대를 높이는 정중한 표현.

066

どう<ruby>思<rt>おも</rt></ruby>いますか。

도-오모이마스까

어떻게 생각하세요?

최소한의 예의를 갖춘 평범한 말투.

067

<ruby>週末<rt>しゅうまつ</rt></ruby>はどう<ruby>過<rt>すご</rt></ruby>すつもりですか。

슈-마쓰와 도-스고스 쓰모리데스까

주말은 어떻게 지낼 예정입니까?

週末: 주말
過す: 지내다, 생활하다

068

いつごろ<ruby>出来上<rt>できあ</rt></ruby>がりますか。

이쓰고로 데키아가리마스까

언제쯤 완성되겠습니까?

出来上がる: 완성되다, 이루어지다

069

<ruby>私<rt>わたし</rt></ruby>がどうすればいいでしょうか。

와타시가 도-스레바 이이데쇼-까

제가 어떻게 하면 좋을까요?

でしょうか는 ですか를 훨씬 정중하게 말한 것.

070

<ruby>他<rt>ほか</rt></ruby>の<ruby>提案<rt>ていあん</rt></ruby>がございますか。

호카노 테-안가 고자이마스까

다른 제안이 있습니까?

ござる는 いる와 ある의 존경어. ございますか는 あります か보다 한결 정중하다.

071

FTAについてどう思^{おも}っていますか。

ついて: 관하여, ~을 대상으로

에흐티에-니 쓰이테 도- 오못테 이마스까

FTA에 대해 어떻게 생각하세요?

072

お茶^{ちゃ}はどのようになさいますか。

なさる : 하시다(する의 높임말)

오차와 도노요-니 나사이마스까

차는 어떻게 드시겠습니까?

| Unit 3 | 질문하기 | 5 의중 탐색하기 |

073

忌憚^{きたん}なくご意見^{いけん}を述^のべていただけますか。

忌憚: 기탄, 뒤에는 거의 부정어가 따라옴.
述べる: 말하다, 진술하다, 서술하다

키탄나쿠 고이켄오 노베테 이타다께마스까

기탄 없이 의견을 말씀해 주시겠습니까?

074

あなたは誰^{だれ}を支持^{しじ}しますか。

支持: 지지, 응원

아나따와 다레오 시지시마스까

당신은 누구를 지지하세요?

075

本気^{ほんき}で話^{はな}してるのですか。

本気: 진심, 제정신

홍키데 하나시테루노데스까

진심으로 하시는 말씀인가요?

076 彼の提案をどう処理しますか。

提案: 제안
処理: 처리, 처분, 조치

카레노 테-안오 도- 쇼리시마스까

그의 제안을 어떻게 처리하시겠어요?

---

077 あなたのねらいは分かりませんね。

ねらい : 속셈, 의도

아나따노 네라이와 와카리마센네

당신의 속셈을 모르겠군요.

---

078 我々の問題点についてはご存知ですか。

存知 : 알고 있음

와레와레노 몬다이텐니 쓰이테와 고존지데스까

우리 문제점에 대해선 아십니까?

Unit 3 질문하기 6 자기 의중 밝히기

079 そうだといいですね。

そうだとは 가정(假定)을 나타내는 말.

소-다토 이이데스네

그렇다면 좋겠네요.

080 # そうじゃないでしょうか。

소-쟈나이 데쇼-까

그렇지 않을까요?

でしょうかは ですかより 훨씬 정중한 표현.

---

081 # そうじゃないといいですね。

소-쟈나이토 이이데스네

그렇지 않으면 좋겠네요.

그렇지 않기를 바라는 표현.

---

082 # まずいと<ruby>思<rt>おも</rt></ruby>いますよ。

마즈이토 오모이마스요

곤란하다고 생각합니다.

まずい는 '맛없다', 속어로 '재미없다(위험하다), 상황이 곤란하다' 등 여러가지 뜻으로 쓰인다.

---

083 # このままでいいと<ruby>思<rt>おも</rt></ruby>いますよ。

코노마마데 이-토 오모이마스요

이대로 괜찮을 것 같아요.

このまま: 이대로, 현재대로

Unit 4 대답하기 1 동의, 승낙하기

---

084 # はい、そうです。

하이 소-데스

네, 그렇습니다.

쉽고 단순한 표현. 상대의 질문에 긍정함.

085 はい、分かりました。

하이 와까리마시따

네, 알겠습니다.

상대의 말을 이해하고 그렇게 하겠다는 뜻.

086 その通りですね。

소노 토오리데스네

지당하십니다.

상대의 발언을 전부 긍정하는 표현.

087 ええ、確かに。

에- 타시카니

네, 확실히 그렇죠.

ええ는 はい보다 정중하지 않은 표현.

088 当然ですよ。

토-젠데스요

당연합니다.

当然은 当(あ)たり前(まえ)라고도 한다.

089 はい、私もそう思ってます。

하이 와타시모 소-오못테마스

네, 저도 그렇게 생각하고 있습니다.

우리말로는 '~라고 생각합니다.'인데 일본어로는 '생각하고 있다(思っている)' 식으로 말하는 게 일본어다운 표현.

090 うん、そうするよ。

응 소-스루요

응, 그렇게 할게.

좀 정중하게 말하려면 そうします라고 한다.

091

あなたに賛成です。

아나따니 산세-데스

당신에게 찬성입니다.

賛成: 찬성
반대는 反対(はんたい).

092

それで結構です。

소레데 켁코-데스

그것으로 괜찮네요.

それは結構です라고 하면 반대 의미가 될 수 있다. 즉, 거절의 의미. 우리말의 '괜찮다'도 승낙과 거절의 의미를 동시에 갖는다.

093

確かにそうだね。

타시카니 소-다네

확실히 맞는 말이야.

確かに: 확실히, 분명히

094

異議なしです!

이기나시데스

이의 없음입니다!

なしです 대신 ありません이라고 해도 된다.
있음은 あり, 없음은 なし.

095

まったく同感です。

맛타쿠 도-칸데스

완전히 동감입니다.

まったく: 완전히, 전적으로

096

私の言いたいことはまさにその通りです。

まさに: 바로, 진짜로
私が가 아니라 私の라고
하는 점이 일본어다운 표현.

와타시노 이이타이 코토와 마사니 소노토-리데스

제가 말하고 싶은 건 바로 그겁니다.

Unit 4 대답하기 2 반대, 거절하기

097

せっかくですが、今回はご遠慮申し上げます。

아주 정중한 거절의 말투
로 상대가 모처럼 권유해
주었을 때 하는 말.
せっかくですが는 失礼(しつ
れい)ですが와 비슷한 의
미라고 보면 된다.

섹카꾸데스가 콩까이와 고엔료모-시아게마스

죄송하오나 이번엔 사양하겠습니다.

098

いいえ、違います。

違う: 틀리다, 다르다

이-에 치가이마스

아니요, 아닙니다.

099

いいえ、もう結構です。

結構가 거절의 의미로 쓰임.

이-에 모-켁코-데스

아니요, 이제 괜찮습니다.

100

いいえ、そうじゃありません。

이-에 소-쟈아리마센

아니요, 그렇지 않습니다.

そうじゃありません은 회화체 표현. そうではありません이다.

101

いいえ、いただきます。

이-에 이타다키마스

아니요, 먹겠습니다.

이것은 '먹는다'뿐 아니라 '받다, 마시다'라고도 해석.

102

ううん、行^いきたくないわ。

우-운 이키타쿠 나이와

아니, 가고 싶지 않아.

ううん은 うん과 비슷해서 긍정처럼 느껴지지만 부정 표현.

103

いや、だめです。

이야 다메데스

아뇨, 안됩니다.

だめ는 '거절, 금지'의 의미인데, '불가능'이나 '효과 없음'이란 뜻도 있다.

104

それはいたしかねますが。

소레와 이타시카네마스가

그건 곤란합니다만…

동사 연용형+かねる는 ~하기 어렵다. 상당히 정중한 거절의 표현.

105

違^{ちが}うんではないでしょうか。

치가운데와 나이데쇼-까

아니지 않을까요?

정중하고 완곡한 반대 표명.

106

同意しかねます。

<small>どう い</small>

도-이 시카네마스

동의하기 어렵습니다.

동사 연용형+かねる: ~
하기 어렵다. 이건 분명
한 부정형.

107

いい考えではないように思いますが。

<small>かんが</small> <small>おも</small>

이- 캉가에데와 나이요-니 오모이마스가

좋은 생각은 아닌 것 같은데요.

~ますが는 그 자체로 정
중한 표현.

108

まさか冗談でしょう?

<small>じょうだん</small>

마사카 죠-당데쇼-

설마 농담이시죠?

비꼬는 표현이라 상대방
은 맥이 빠지게 된다.

109

それは無理です。

<small>む り</small>

소레와 무리데스

그건 무리예요.

무례하지 않은 무난한 거
절의 표현. 무리는 우리와
같은 발음이라 친근하다.

110

とんでもないです。

톤데모나이데스

그건 말도 안돼요.

도저히 믿어지지 않거나
용납할 수 없는 경우.

111 ばかなこと言わないで。

바카나코토 이와나이테

바보 같은 얘기하지 말아요.

다분히 여성스러운 말투.

---

112 まあ、そうも言えるでしょうね。

마- 소-모 이에루데쇼-네

뭐, 그렇게 말할 수도 있겠네요.

동의할 의향은 거의 없는 수준.

---

113 それは困ります。

소레와 코마리마스

그건 곤란합니다.

거절하는 완곡한 표현.

---

114 勘弁してよ。

캄벤시테요

좀 봐 줘라!

친근한 사이의 표현. 부탁 건으로 괴롭히지 말라는 얘기.

---

115 まだだめだ、あとでね。

마다다메다, 아토데네

아직은 안 돼. 나중에.

조건부 거절 표현.

116

その件<ruby>件<rt>けん</rt></ruby>につきましては、お<ruby>許<rt>ゆる</rt></ruby>しいただきたいのですが。

비즈니스상으로 아주 정중한 거절 말투. 상대방의 요구에 응할 수 없음을 용서해 달라는 얘기.

소노켄니 쓰키마시테와 오유루시 이타다키타이노데스가

그 건에 관해서는 용서를 바랍니다.

Unit 4 　대답하기　3 이해했는지 여부

117

なるほど、よく<ruby>分<rt>わ</rt></ruby>かりました。

なるほど는 상대의 얘기에 '아, 그렇군요!' 또는 '동감입니다!' 정도의 의미가 된다. 크게 문제가 될 것은 없지만 윗사람에겐 정중하지 못하게 들릴 수 있다.

나루호도 요쿠 와까리마시따

그렇군요, 잘 알았습니다.

118

<ruby>完全<rt>かんぜん</rt></ruby>に<ruby>理解<rt>り かい</rt></ruby>しました。

理解는 다소 딱딱한 어감이지만 의미 전달에는 문제가 없다.

칸젠니 리카이시마시따

완전히 이해했습니다.

119

はっきり<ruby>分<rt>わ</rt></ruby>かりました。

はっきり(확실히, 분명히)와 같은 부사는 꼭 알아둬야 한다.

학끼리 와까리마시따

확실히 알겠습니다.

120

しょうち
承知いたしました。

쇼-찌이타시마시따

잘 알겠습니다.

상대의 말을 이해했고 또
'분부대로 하겠습니다'라
는 의미도 있다.

121

わ　き
分かる気がします。

와카루 키가 시마스

알 것 같아요.

약간 모호한 표현인데,
대략 알 것 같다는 느낌.

122

わ
ぼんやりとしか分かりません。

봉야리또시카 와카리마셍

막연히 밖에는 모르겠습니다.

ぼんやり는 안개가 낀 것
처럼 뿌연 모양, 어렴풋
함, 멍한 모양.

123

ほんとう　　わ
本当に分かりません。

혼또-니 와카리마셍

정말 모르겠어요.

이해를 못 했을 때는 이
렇게 분명히 얘기해 줘야
한다.

124

わ
さっぱり分かりません。

삽빠리 와카리마셍

도저히 모르겠어요.

さっぱり: 산뜻한 모양, 깨
끗이, 전혀, 조금도

125

はつみみ
それは初耳ですね。

소레와 하쓰미미데스네

그건 금시초문입니다.

처음 들었을 때 하는 말.
初恋(はつこい): 첫사랑

126 理解<ruby>り<rt></rt></ruby>しかねます。

동사연용형+かねる: ~하기 어렵다(부정 표현)

리카이시카네마스

이해가 안 됩니다.

---

127 そうですね。それは難しい
質問ですね。

일본 TV를 보면 유명인들이 어떤 질문을 받으면 제일 먼저 하는 말이 そうですね.이다. 이 말이 거의 기계적으로 나온다. 이 말을 하면서 다음 할 말을 준비하는 것이다.

소- 데스네   소레와 무즈카시- 시쓰몬데스네

글쎄요. 그건 어려운 질문이네요.

---

128 失礼ですが、お答え出来ません。

答え: 대답, 응답

세쓰레-데스가 오코타에 데키마셍

실례지만 대답할 수 없습니다.

---

129 ノーコメントです。

ノーコメント(no comment): 영어에서 온 편리한 표현. 괜히 무슨 말을 했다가 곤란한 경우에 사용한다.

노-코멘토데스

말하지 않겠습니다.

---

130 いい質問です。

질문이 좋다고 했을 뿐 본인의 의견을 말한 것은 아니다.

이- 시쓰몬데스

좋은 질문입니다.

131

わたし わ
私にも分かりませんね。

와타시니모 와카리마셍네

저도 모르겠네요.

私にもらと 하는 것이 일본어다운 표현.

132

し
そうかも知れないね。

소-까모 시레나이네

그럴지도 몰라.

知らない가 아니라 知れない라고 하는 점에 주의할 것.

133

ば あい
場合によるよ。

바아이니 요루요

경우에 따라 달라.

場合: 경우, 사정, 때
긍정도 부정도 하기 힘든 난감한 질문이 있다. 이런 경우엔 애매하게 대답하는 것이 최선인데, 일본어는 이런 표현이 발달되어 있다.

134

い き
どちらとも言い切れないよ。

도치라토모 이이키레나이요

어느 쪽이라고 말할 수 없어.

言い切る: 단언하다, 잘라말하다

Unit 4 대답하기 5 무관심을 표현

135

どうでもいいよ。

도-데모 이이요

아무래도 상관없어.

여기에서 いい는 '좋다'가 아니라 '괜찮다, 상관없다'라는 뜻.

136

だれ
誰がかまうもんか。

다레가 카마우몽까

누가 상관한대?

もんかは ものか의 변형으로 좀 속어적인 말이다. 반문, 강한 부정, 다짐을 나타낸다.

137

だれ　き
誰も気にしないよ。

다레모 키니시나이요

아무도 신경 안 써.

気にする: 걱정하다, 신경 쓰다

138

ほう
放っておけよ。

호읏테 오케요

내버려 둬.

같은 뜻으로 放っといて!라고 말하는 경우가 많다. 放っておいて의 축약형.

139

かれ　　　　　　さ　つか
彼がいなくても差し支えないよ。

카레가 이나쿠테모 사시쓰카에나이요

그가 없어도 지장은 없어.

差し支える: 지장이 있다, 곤란하다. 보통 부정형으로 사용.

140

べつ　はな
別に話すことはないよ。

베쓰니 하나스코토와 나이요

별로 할 얘기가 없어.

단순히 別に라고 해도 같은 뜻이 되지만 성의 없는 표현이라 좋지 않은 인상을 줄 수 있다.

141

どうぞ、かまわないよ。

도-조 카마와나이요

맘대로 해, 상관없으니까.

かまう: 상관하다, 관여하다
どうぞ는 원래 정중하게 권유하는 말이지만 이런 경우는 비꼬는 표현.

142
かんがえさせてください。

캉가에사세테 쿠다사이

생각 좀 하겠습니다.

직역하면 '생각하도록 시켜 주세요'인데 겸손한 표현.

143
かんがえる時間をください。

캉가에루 지칸오 쿠다사이

생각할 시간을 주세요.

이렇게 직접적으로 얘기 해도 좋다.

144
けんとうしてみます。

켄토-시테미마스

검토해 보겠습니다.

検討: 검토
이 말은 완곡한 거절 표현이 되기도 한다.

145
上司の承認をとらなければなりません。

죠-시노 쇼-닝오 토라나케레바 나리마센

상사의 승인을 얻어야 합니다.

上司: 직장에서 윗사람
承認: 승인, 허락

160
161

146　後でお答えしてもよろしいですか。

あと　こた

ア토데 오코타에 시테모 요로시이데스까

나중에 대답을 드려도 되겠습니까?

よろしいですかは いいですかよりも 정중한 표현.

147　あとで決めます。

き

아토데 키메마스

나중에 결정하겠습니다.

決めてもよろしいですかと고 하면 더 정중하게 들릴 것이다.

148　今は何も言えません。

いま　なに　い

이마와 나니모 이에마셍

지금은 아무 말도 할 수 없습니다.

이런 경우 ノーコメント(no comment)라는 말도 쓰인다.

Unit 5　제안 · 부탁　1 부탁할 때

149　お願いしてもいいですか。

ねが

오넹아이시테모 이이데스까

부탁 좀 해도 될까요?

직접 말할 때는 お願いします, 짧게는 お願い라고 부탁한다.

150 もしよかったら、今行っても
いいですか。

모시 요캇타라 이마 잇테모 이이데스까

괜찮으시면 지금 가도 될까요?

よかったら는 정중하게 말하면 よろしかったら 또는 よろしければ라고 한다.

---

151 その店まで車で送ってくれる?

소노 미세마데 쿠루마데 오쿳떼 쿠레루

그 가게까지 차로 데려다 줄래?

車で送る: 차로 데려다 주다
~てくれる?를 정중히 하면 ~てくれませんか라고 한다.

---

152 ペンを貸していただけませんか。

펜오 카시테 이타다케마셍까

펜을 빌려주시겠어요?

이런 경우엔 긍정형이나 부정형으로 물어봐도 상관없다.

---

153 お手洗いを使わせていただけ
るでしょうか。

오테아라이오 쓰카와세테 이타다케루데쇼-까

화장실 좀 써도 될까요?

でしょうか는 대단히 정중한 표현.

162
163

---

154 ちょっといいですか。

촛토 이이데스까

잠깐 괜찮겠어요?

상대방의 시간을 잠시 빼앗을 때 하는 말.

155
お手数だと思うんですが。

<small>て すう</small> <small>おも</small>

오테스-다토 오모운데스가

수고스러우실 거라고 생각하지만.

お手数:수고, 폐, 귀찮음
面倒(めんどう)와 비슷한 말.

Unit 5 제안 · 부탁 2 부탁받을 때

156
何でしょうか。

<small>なん</small>

난데쇼-까

무슨 일이죠?

사무적으로 정중히 말하
는 표현.

157
今は手が空いているよ。

<small>いま</small> <small>て</small> <small>あ</small>

이마와 테가 아이테 이루요

지금은 시간이 있어.

手が空く: 손이 비다, 당
장 할 일이 없다

158
了解！

<small>りょうかい</small>

료-카이

알았어!

'이해했어!'라고 말하는
무선통신의 유용한 짧은
표현. 일상회화에서도 재
치 있게 들린다.

159
どうぞご自由に。

<small>じ ゆう</small>

도-조 고지유-니

마음대로 하세요.

여러 상황에서 쓸 수 있다.

160
喜んで助ける<ruby>助<rt>たす</rt></ruby>よ。
<ruby>喜<rt>よろこ</rt></ruby>んで<ruby>助<rt>たす</rt></ruby>けるよ。

요로콘데 타스케루요

기꺼이 도와줄게.

喜んで: 기꺼이, 즐거이

161
おっしゃるとおりにします。

옷샤루토오리니 시마스

말씀대로 하겠습니다.

윗사람에게 정중히 말하는 표현.

162
<ruby>悪<rt>わる</rt></ruby>いけど、<ruby>今<rt>いま</rt></ruby>は<ruby>手<rt>て</rt></ruby><ruby>一杯<rt>いっぱい</rt></ruby>ですよ。

와루이케도 이마와 테입빠이데스요

미안하지만 지금은 할일이 많아요.

悪い는 '나쁘다'라는 뜻이 있지만 여기에서는 '미안하다'는 의미.
手一杯: 힘에 겨움, 힘껏

| Unit 5 | 제안 · 부탁 | 3 권유, 제안할 때 |

163
お<ruby>先<rt>さき</rt></ruby>にどうぞ。

오사키니 도-조

먼저 하시죠.

권유할 때 쓰는 편리한 どうぞ는 '어서 해보라'고 비꼴 때도 사용된다.

164
165

164
コーヒーでもどう?

코-히-데모 도-

커피 한 잔 어때?

どう를 정중하게 하면 いかがですか라고 한다.

165
お茶^{ちゃ}でもいかがですか。

오챠데모 이카가데스까

차라도 하실까요?

친한 사이에 짧게는 いかが?라고만 말한다.

166
家^{うち}に来^こない?

우치니 코나이

우리 집에 안 올래?

家는 보통 いえ라고 읽지만 うち라고 하면 '내 집, 내 거처'란 의미가 된다.

167
私^{わたし}と買^かい物^{もの}に行^いきましょうか。

와타시토 카이모노니 이키마쇼-까

저랑 쇼핑 가실래요?

ましょうか는 정중한 권유지만 때로는 말하는 화자의 행동만 가리키기도 한다. 窓を開けましょうか(창문을 열어드릴까요?)

168
映画^{えいが}を見^みに行^いかない?

에-가오 미니 이카나이

영화 보러 가지 않을래?

권유할 때는 부정형이든 긍정형이든 같은 의미가 된다.

169
これでチャラにしよう。

코레데 챠라니 시요-

이걸로 청산된 것으로 합시다.

빚이나 신세진 것을 청산한다는 뜻. 우리말 속어로 퉁친다고도 한다.

170
一緒^{いっしょ}にやらない?

잇쇼니 야라나이

같이 하지 않을래?

一緒(いっしょ)にどう? 어떤 행위를 함께 할 것인지 서로 인식하는 경우에 하는 말.

171

打ち明けて話しましょう。

우치아케테 하나시마쇼-

터놓고 얘기합시다.

打ち明ける: 솔직히 말하다, 터놓다
일본 TV를 보면 속어인데 ぶっちゃけ(터놓고 말해서, 까놓고…)라는 말을 많이 쓴다. ぶっちゃける (본심을 말하다, 까놓고 말하다)에서 온 말이다.

172

そのうち集まろうよ。

소노우치 아쓰마로-요

언제 한번 모이자.

そのうち는 언제가 될지 몰라도 막연히 하는 말.

173

カラオケへ行って遊ぼう。

카라오케에 잇테 아소보-

노래방 가서 놀자.

동사 기본형을 바꿔 권유형이 된 형태. 노래방은 보통 カラオケボックス라고 하는데 カラオケBOX라고 쓰인 간판도 많다.

Unit 5 제안·부탁 4 재촉하기

174

急いでくれますか。

이소이데 쿠레마스까

서둘러 주시겠어요?

가까운 사이라면 ～くれる?라고 한다.

175

早くやって!

하야쿠 얏테

빨리 해!

여성이라면 끝에 ね를 붙여 조금 부드럽게 표현할 수 있다.

176
大至急やってください。

だいしきゅう

다이시큐- 얏테 쿠다사이

초긴급으로 해 주세요.

大至急: 아주 급함

177
急いで！余裕がないよ。

いそ　　よゆう

이소이데　요유-가 나이요

서둘러, 여유가 없어.

余裕: 여유. 비슷한 말로 ゆとり가 있다. 우리는 '유드리'라고 하는데 본토 발음은 '유또리'라고 한다.

178
急ぐことないですよ。

いそ

이소구코토 나이데스요

서두를 필요 없어요.

ことない: ~할 것 없다, ~할 필요없다

179
焦らず、やってください。

あせ

아세라즈 얏테 쿠다사이

서두르지 말고 하세요.

焦る: 서두르다, 안달하다

180
急いでも早く終わりません。

いそ　　　はや　お

이소이데모 하야쿠 오와리마센

서두른다고 빨리 끝나지는 않아요.

終わりません을 반말로 하면 終わらないよ.

Unit 6 자기 표현 1 견해를 밝힐 때

181
わたし
私としては…。

와타시토시테와

저로서는….

요즘에 흔히 하는 표현으로는 '私的(わたしてき)には～'라고 한다. 격식 있는 표현은 아니지만 그냥 편리해서 많이 쓰는 것 같다.

182
わたし かんが い
私の考えを言わせてください。

와타시노 캉가에오 이와세테 쿠다사이

제 생각을 말씀드리겠습니다.

직역하면 '말하도록 시켜주십시오'인데 정중한 표현.

183
わたし い けん もう あ
私の意見を申し上げます。

와타시노 이켄오 모-시아게마스

제 의견을 말씀드리겠습니다.

申し上げる: 말씀드리다. 겸손하게 자기를 낮추는 표현.

184
もんだい かん かんが の
この問題に関して考えを述べ
させていただきます。

코노 몬다이니 칸시테 캉가에오 노베사세테 이타다키마스

이 문제에 관해 생각을 말씀드리겠습니다.

격식을 갖추어 정중하고 겸손하게 말하는 표현.

185

ようするにわたしのいいたいことは…。
要するに私の言いたいことは…。

요-스루니 와타시노 이이타이코토와

요컨대 제가 말하고 싶은 점은….

자기 생각을 정리해서 요약하는 표현.

186

いっぱんてきにいって…。
一般的に言って…。

입판테키니 잇테

일반적으로 말하면….

일반론에 기대어 자기 생각을 얘기하는 표현. 일반론이니까 주관적이거나 이상한 얘기가 아님을 어필한다.

187

わたしがみるかぎりではAのほうがましです。
私が見る限りではAの方がましです。

와타시가 미루카기리데와 에-노 호-가 마시데스

내가 보는 한으론 A쪽이 낫습니다.

まし라는 표현은 크게 만족할 수는 없지만 '그나마 낫다'라는 느낌.

Unit 6 자기 표현 2 비밀을 털어놓기

188

だれにもいわないでね。
誰にも言わないでね。

다레니모 이와나이데네

아무한테도 말하지 마.

~てね는 여성스러운 말투.

189

クラブのひみつをぶっちゃけます。
クラブの秘密をぶっちゃけます。

쿠라부노 히미쓰오 붓챠케마스

클럽의 비밀을 털어놓겠습니다.

ぶっちゃける: 본심을 말하다, 터놓고 말하다

190 ぶっちゃけ、彼女のことが好きです。

붓챠케 카노죠노코토가 스키데스

까놓고 말해 그녀를 좋아합니다.

ぶっちゃけ는 속어지만 요즘 예능 방송에서도 많이 쓰이는 표현.

---

191 君に告白することがあるんだ。

키미니 코쿠하쿠스루 코토가 아룬다

너에게 고백할 것이 있어.

君: 너, 그대, 자네. 동등하거나 아랫사람에게 쓰는 2인칭 대명사.
告白: 고백

---

192 ここだけの話だけど。

코꼬다케노 하나시다케도

우리끼리만 하는 이야기인데.

비밀 이야기를 할 때 많이 쓰는 표현.

---

193 つい口がすべってしまったよ。

쓰이 쿠치가 스벳테 시맛타요

그만 말이 나와 버렸어.

실언을 했거나 의도와 다르게 비밀을 누설한 경우. すべる는 미끄러지다(시험에 떨어지다), 방송 용어로 개그를 쳤는데 반응이 좋지 않다는 의미도 있다.

170
171

Unit 6 자기 표현 3 결심하기

194 よく考えさせてください。

요쿠 캉가에사세테 쿠다사이

잘 생각해 보겠습니다.

직역하면 '생각하게 시켜 주세요'지만 '생각해 보겠습니다'라는 의미.

195

それで決(き)まりだ。

소레데 키마리다

그걸로 결정이다.

決まりに お를 붙이면 お決まり. 우리가 쓰는 '오케바리'가 여기에서 유래했다는 설이 있다.

196

それで全部片(ぜん ぶ かた)が付(つ)きますね。

소레데 젬부 카타가 쓰키마스네

그걸로 전부 정리가 되겠네요.

片が付く: 정리되다
片付ける: 정리하다

197

それで良(よ)いでしょう。

소레데 요이데쇼-

그것으로 좋을 겁니다.

일본어다운 표현인데 それでは '그런 결정으로, 그런 상황으로'를 뜻한다.

198

まだ決(き)めておりません。

마다 키메테 오리마센

아직 결정을 못했습니다.

おりません은 いません을 겸손하게 말한 것.

199

それは満場一致(まんじょういっ ち)で決(き)まりました。

소레와 만죠-잇치데 키마리마시따

그것은 만장일치로 결정되었습니다.

満場一致는 우리도 사용하는 4자성어인데 문제는 우리가 사용한다고 일본에서도 전부 통용되는 것은 아니다. 일본에서만 사용되는 4자성어도 있다.

200

そちらへおいでにならないといけません。

おいでになる: 가시다, 오시다(존경어)

소치라에 오이데니 나라나이토 이케마센

거기 가셔야 합니다.

201

彼女にもチャンスを与えるべきです。

かのじょ / あた

べきです: (~해)야 합니다

카노죠니모 찬스오 아타에루베키데스

그녀에게도 기회를 줘야 합니다.

202

彼に言わざるを得なかったです。

かれ / い / え

동사 미연형+ざるを得ない: ~하지 않을 수 없다

카레니 이와자루오 에나캇따데스

그에게 말하지 않을 수가 없었어요.

203

今夜は残業をしなければいけません。

こん や / ざんぎょう

残業: 정상 근무 외 추가 근무

콩야와 장교-오 시나케레바 이케마셍

오늘밤 야근을 해야 합니다.

204
我々は親孝行をしないといけません。

親孝行: 효도
しないといけない: 해야 한다

와레와레와 오야코-코-오 시나이토 이케마셍

우리는 부모님께 효도를 해야 한다.

205
この問題は保留しておくべきです。

べき 앞에는 동사 기본형이 오는데 する 동사는 すべき 또는 するべき를 사용한다.

코노몬다이와 호류-시테 오쿠베키데스

이 문제는 보류해 둬야 합니다.

Unit 6 자기 표현 5 예상과 추측

206
案の定だ!

案の定: 아니나 다를까, 예측대로

안노죠-다

그럴 줄 알았어!

207
あなたの予測が当たりました。

当たる: 적중하다, 부딪치다, 맞다

아나따노 요소쿠가 아타리마시따

당신 예측이 딱 맞았어요.

208

けっか　われわれ　　よ そうとお
結果は我々の予想通りです。

켁카와 와레와레노 요소-토-리데스

결과는 우리 예상대로예요.

予想通り: 예상대로, 예상 그대로(＝案の定)

209

　　　　　　　　　　いがい　じょうきょう
それはまったく意外な状況でした。

소레와 맛타쿠 이가이나 죠-쿄-데시따

그건 완전히 의외의 상황이었어요.

意外な: 의외의, 뜻밖의

210

ぜんぜんけんとう　　　つ
全然見当が付きません。

젠젠 켄토-가 쓰키마셍

전혀 짐작도 안 가요.

見当が付く: 짐작이 가다, 어림이 잡히다

211

はや
早とちりしないでください。

하야토치리 시나이데 쿠다사이

속단하지 마세요.

早とちり: 지레짐작, 속단 [=早合点(はやがてん)]

Unit 6　자기 표현　6 의심할 때

212

ほんとう
本当?

혼또-

정말이야?

짧게 ほんと?라고 쓰는 일 도 많다. 참고로 일본 여 성들이 가장 남발하는 표 현을 알아보자.
ほんと? 외에도 いや(싫 어!), 可愛い(귀여워!)라 는 말을 많이 쓴다.

213

冗談でしょう？
じょうだん

죠-단데쇼-

농담이죠?

우리말 속어 '장난 아니다'는 冗談じゃない라고 한다.

214

怪しいぞ。
あや

아야시-조

수상한데.

~ぞ는 약간 거친 남성 말투.

215

そんな話は信じないよ。
はなし　しん

손나 하나시와 신지나이요

그런 얘기는 안 믿어.

'믿을 수 없어'는 信じられない。

216

彼女が本気で言ってるのかな。
かのじょ　ほんき　い

카노죠와 홍끼데 잇떼루노까나

그녀가 진심으로 얘기하는 걸까?

本気: 진심, 제정신, 진지한 자세

217

あの男の言うことは信用できない。
おとこ　い　　　しんよう

아노 오토코노 이우 코토와 신요-데끼나이

저 남자 말은 믿을 수 없어.

信用できない: 신용할 수 없다

Unit 7　대화의 기술　1 말을 걸 때

218
ちょっとすみません。
촛토 스미마셍

잠시 실례합니다.

누구에게든 말을 걸 때 유용하다. 식당에서 종업원을 부를 때 써먹어도 좋다.

219
あのね。
아노네

저기, 있잖아요.

잘 아는 사이에 말을 걸 때.

220
いい天気ですね。
이-텡키데스네

날씨가 좋군요.

날씨로 대화의 실마리를 여는 것은 만국 공통. 언어 능력보다 말을 거는 용기가 더 요구된다.

221
みなさん、ちょっと聞いてください。
미나상 촛토 키이테 쿠다사이

여러분, 잠시 얘기를 들어주세요.

여러 사람에게 말을 걸 때.

222 ちょっとお<ruby>話<rt>はなし</rt></ruby>できますか。

촛토 오하나시 데키마스까

이야기 좀 할 수 있을까요?

できますか는 상대의 사정을 물어보는 표현.

---

223 <ruby>申<rt>もう</rt></ruby>し<ruby>上<rt>あ</rt></ruby>げることがありますが。

모-시아게루 코토가 아리마스가

드릴 말씀이 있는데요.

申し上げる: 아뢰다, 말씀드리다

---

224 ちょっと<ruby>話<rt>はな</rt></ruby>したいんですが。

촛토 하나시타인데스가

잠깐 이야기를 나누고 싶은데요.

ですが는 です보다 정중한 뉘앙스.

Unit 7 대화의 기술 2 맞장구치기

225 なるほど。

나루호도

그렇군요.

동의 또는 이해했다는 의미.

---

226 その<ruby>通<rt>とお</rt></ruby>りです。

소노토-리데스

맞습니다.

의견, 발언이 정확하다 또는 동의한다는 얘기.

227
それで?

소레데

그래서?

다음 이야기를 계속하라고 재촉하는 말.

228
聞いているよ。

키이테이루요

듣고 있어.

상대가 길게 얘기하는 경우.

229
そうだろうね。

소-다로-네

그렇겠지.

상대 말에 동의하는 표현.

230
それはひどいね。

소레와 히도이네

그거 심하네.

뭔가 가혹하거나 심한 얘기를 들었을 때.

231
それは気の毒だね。

소레와 키노도쿠다네

안됐네.

気の毒는 불쌍함, 가엾음, 동정이 감

232
それは残念だ。

소레와 잔넨다

저런, 세상에.

残念은 안타까움, 유감임

233 **やっぱりね。**

얍빠리네

역시 그렇군.

---

234 **わかる、わかる。**

와카루 와카루

알아, 나도 알아.

사실을 안다는 것 말고도 공감한다는 의미.

---

235 **それは面白いね。**
おもしろ

소레와 오모시로이네

그거 재밌네.

진짜 재미있을 때 외에 좀 마음에 안 들 때도 반어적으로 하는 말.

---

236 **それはよかった。**

소레와 요캇타

그거 잘됐네.

상대에게 좋은 일이 있을 때 공감하는 말.

Unit 7　대화의 기술　**3 대화 도중 끼어들 때**

237 **お話の途中、恐れ入りますが。**
はなし　　と ちゅう　おそ　い

오하나시노 토츄- 오소레이리마스가

말씀 도중에 죄송합니다만….

恐(おそ)れ入(い)りますが는 すみませんが보다 한층 정중한 표현.
～ですが, ～ますが, ～ませんが는 정중한 표현.

238

お話の途中ちょっと失礼してもいいですか。

お話の途中: 말씀하시는 도중에

오하나시노 토츄- 촛토 시쓰레-시테모 이-데스까

말씀 중에 잠깐 실례를 해도 될까요?

239

何かちょっと話してもいいでしょうか。

でしょうかは 아주 정중한 표현.

나니카 촛토 하나시테모 이-데쇼-까

뭐 좀 얘기해도 될까요?

240

ちょっとお尋ねしたいことがあるのですが。

尋ねる: 묻다, 찾아보다 이보다 겸손한 표현으로는 うかがう가 있다.

촛토 오타즈네시타이 코토가 아르노데스가

좀 묻고 싶은 게 있는데요.

241

お忙しいところすみません。

ところは 공간적인 장소 외에 시간적인 개념으로 도 사용된다.

오이소가시-토코로 스미마셍

바쁘신데 실례합니다.

242

ちょっといいかな。

가까운 사람이나 아랫사람에게 쓰는 표현.

촛토 이-카나

잠깐 괜찮을까?

243

ちょっと質問(しつもん)してもよろしいですか。

촛토 시쓰몬시테모 요로시-데스까

잠시 질문 드려도 될까요?

よろしいですかは いいですかより 정중하게 말하는 표현.

244

ちょっとすみません。

촛토 스미마셍

잠시 실례할게요.

이 말은 어떤 상황이든 잠시 실례의 양해를 구하는 경우에 사용할 수 있는 아주 편리한 표현.

245

ちょっと待(ま)ってください。

촛토 맛테 쿠다사이

잠시 기다려 주세요.

끼어드는 사람에게 할말을 좀 나중에 하고 기다리라는 의미도 된다.

246

そこで口(くち)をはさませてもらいたいです。

소코데 쿠치오 하사마세테 모라이타이데스

그 대목에서 한말씀 드리겠습니다.

口をはさむ: 말참견하다, 한마디 끼어들다

247
はやく言ってください。
<ruby>早<rt>はや</rt></ruby>く<ruby>言<rt>い</rt></ruby>ってください。

하야쿠 잇테 쿠다사이

빨리 말해 봐요.

~てください는 그런대로 정중한 표현. 같은 의미로 아랫사람에겐 ~てちょうだい 라고 한다.

248
話してよ。
<ruby>話<rt>はな</rt></ruby>してよ。

하나시테요

얘기해 봐.

우리말은 끝에 '요'를 붙이면 존댓말이지만 일본에서 よ는 반말에 가깝다. 정중하게 말하는 상황에서는 ね, よ로 말을 끝맺지 말 것.

249
話を続けてください。
<ruby>話<rt>はなし</rt></ruby>を<ruby>続<rt>つづ</rt></ruby>けてください。

하나시오 쓰즈케테 쿠다사이

얘기를 계속해 주세요.

상대방의 얘기에 관심이 있어서 더 듣고 싶을 때.

250
どうだった?

도-닷타

어땠어?

여러 가지 상황(시험, 데이트, 면접, 고백 등)에서 물어볼 수 있는 표현.

251
どうなった?

도-낫타

어떻게 됐어?

~った는 서술형이지만 일상회화에서 끝을 올려말하면 의문문이 된다.

252
何か言ってよ。
なに　い

나니카 잇테요

뭔가 말해 봐.

중요한 대화 중 침묵을 지키는 상대에게 하는 말.
なにか보다 간단히 なんか라고 해도 된다.

253
もっと詳しく話して。
くわ　はな

못토 쿠와시쿠 하나시테

더 자세히 말해 줘.

詳(くわ)しい는 '자세하다, 구체적이다'라는 의미지만 때로는 '자세히 알고 있다'라는 의미도 있다.
예) 彼は日本の音楽に詳しい。(그는 일본 음악을 잘 알아.)

Unit 7 대화의 기술 5 화제 전환하기

254
それはさておき…。

소레와 사테오키

그건 그렇다 치고….

さておき는 '접어두고, 제쳐놓고'라는 의미. 토론 중에 농담을 하는 사람에겐 冗談はさておき(농담은 이제 그만두고…)라고 한다.

255
話は違うけど。
はなし　ちが

하나시와 치가우케도

얘기는 다르지만….

앞으로 하는 얘기가 지금까지 이루어진 화제와 조금 다르다는 얘기.

256
ところでですね。

토코로데데스네

그런데 말이죠.

화제를 바꿀 때 하는 편한 표현.

257
それは違う質問でしょう。
ちが　しつもん

소레와 치가우 시쓰몬데쇼-

그건 다른 질문이잖아요.

취지와 다른, 좀 잘못된 질문이라는 뜻.

258
話を元に戻しますと…。
はなし　もと　もど

하나시오 모토니 모도시마스토

처음 이야기로 돌아가면….

이야기가 곁다리로 벗어 났을 때 본래 주제로 돌 아가자는 얘기.

259
そう言えば…。
い

소-이에바

그러고 보니….

상대의 말을 듣고 떠오른 생각을 말할 때.

Unit 7 대화의 기술 6 말문이 막힐 때

260
さあ…。

사-

글쎄요.

생각이 금방 떠오르지 않 을 때.

261
え～と…。

에-또

음… 에….

생각이 금방 떠오르지 않 을 때.

262 何だっけ？
なん

난닥께

뭐랄까? / 뭐였지?

상대방에게 가볍게 묻거나 확인하는 표현.

---

263 あの…。

아노

저기….

가볍게 상대의 주의를 끌 때 또는 생각할 때.

---

264 うまく言えないけど…。
い

우마쿠 이에나이케도

적당한 말이 생각나진 않지만….

머리로는 아는데 입에서 잘 나오지 않을 때.

---

265 そうですね…。

소-데스네

글쎄요….(그러니까….)

질문을 받고 진술하기 전에 거의 기계적으로 나오는 말.

Unit 7 대화의 기술 7 마무리하는 표현

266 だから。

다까라

그러니까.

말문이 막힐 때도 하는 표현.

267 つまり…。

쓰마리

결국 말하자면.

생각을 정리할 때도 많이 쓰는 말.

---

268 どっちにしろ。

돗치니시로

어쨌든간에.

어느 쪽이든 결과는 똑같다는 얘기.

269

けっきょく
結局は。

켁쿄쿠와

결국은.

과정은 차이가 있어도 결과는 이러이러하다는 얘기.

270

よう
要するに。

요-스루니

요컨대.

이해하기 쉽게 짧게 요약할 때.

271

い
言わば。

이와바

말하자면.

알기 쉽게 다른 표현을 쓸 때.

V

테마별 화제

テーマ別(べつ)の話題(わだい)

Unit 1 날씨 · 계절 1 날씨 표현

001
今日(きょう)の天気(てんき)はいかがですか。

쿄-노 텡키와 이캉아데스까

오늘 날씨 어때요?

날씨를 가리키는 말로 空模様(そらもよう), 日和(ひより)라는 말도 있다.

002
いい天気(てんき)です。

이-텡키데스

날씨가 좋아요.

いい天気라고 흔히 말하며 天気がいい라는 표현은 잘 쓰지 않는다.

003
曇(くも)っています。

쿠못테 이마스

흐린 날씨예요.

曇りです라고도 한다.

004
晴(は)れてます。

하레테마스

화창해요.

晴れです라고 말해도 통한다.

지루하지 않게 다양한 화젯거리를 잘 얘기할 수 있으면 좋은 인상을 줄 수 있다. 그리고 문화적 배경이 다른 사람과 얘기할 때는 서로 다른 점을 모두 알고 있을 수가 없으니 실례를 범하지 않도록 주의를 기울여야 한다. 특히 한국인이 주의해야 할 점은, 처음 만난 자리에서 너무 개인적인 질문은 삼가야 한다. 그리고 외모에 대한 부정적인 의견이나 섣부른 충고도 금물이다.

005
雨が止んで嬉しい。
아메가 얀데 우레시-

비가 그쳐서 기쁘다.

止む: 중지하다, 그치다, 멈추다

006
あまり天気がよくないですね。
아마리 텡키가 요쿠나이데스네

그다지 날씨가 좋지 않네요.

いい(좋다)의 부정어는 よくない(좋지 않다)이다.

Unit 1 날씨 · 계절 2 바람이 불 때

007
かなり風がありますね。
카나리 카제가 아리마스네

제법 바람이 부는군요.

かなり: 상당히, 꽤, 무척

008
夕方には嵐がおさまるでしょう。
유-가타니와 아라시가 오사마루데쇼-

저녁엔 폭풍이 가라앉겠지요.

嵐: 폭풍, 소동
おさまる: 진정되다, 해결되다, 자리잡다

009

なんて気持ちのいい風でしょう!

난테 키모치노 이- 카제데쇼-

정말 기분이 좋은 바람이죠!

なんて~でしょうは 감탄문 패턴.

010

外は風が強いでしょうね?

소토와 카제가 쓰요이데쇼-네

밖에는 바람이 세차겠죠?

도쿄는 항구라서 그런지 서울보다는 바람이 거세게 부는 일이 잦다.

011

風がひどく吹いてますね。

카제가 히도쿠 후이테 마스네

바람이 심하게 불고 있군요.

吹く: (바람이) 불다, (입김을) 불다

Unit 1 날씨 · 계절 **3 눈비가 내릴 때**

012

土砂降りになりそうだ。

도샤부리니 나리소-다

억수같이 쏟아질 것 같다.

土砂降り: 억수 같은 비

013

たんなる通り雨ですよ。

탄나루 토-리아메데스요

그냥 지나가는 비예요.

たんなる: 그냥, 그저, 단순한
通り雨: 지나가는 비

014
今にも雨が降りそうですね。

今にも: 금방, 당장이라도 (＝そのうち)

이마니모 아메가 후리소-데스네

금방 비가 올 것 같아요.

015
念のため傘は持っていく方がいいですよ。

念のため: 혹시 모르니까, 만일을 위해[万一(まんいつ)のために]

넨노타메 카사와 못테이쿠 호-가 이-데스요

만일을 위해 우산을 갖고 가세요.

016
傘をお借りしてもいいですか。

'우산을 쓰다'는 傘を差(さ)す라고 한다.

카사오 오카리시테모 이-데스까

우산을 빌려도 되겠습니까?

017
ここで雨宿りしましょう。

雨宿(あまやど)り: 비를 피함 雨는 원래 あめ지만 복합명사나 인명(人名)의 경우 あま라고 변음된다.

코꼬데 아마야도리시마쇼-

여기서 비를 피합시다.

Unit 1 날씨 · 계절 **4 봄여름 날씨**

018
今日は暖かいですね。

날씨가 '따뜻하다'는 暖かい, 다른 것(사람, 사물)이 '따뜻하다'는 温かい 라고 다른 한자를 사용한다.

쿄-와 아타타카이데스네

오늘은 따뜻하네요.

019 この時期にしてはかなり暖かいですね。

코노 지키니시테와 카나리 아타타카이데스네

이 시기로선 제법 따뜻하네요.

にしては는 としては와 비슷한 표현으로 '~치곤'.

---

020 だんだん暖かくなってきましたね。

단단 아타타카쿠낫테 키마시따네

점점 따뜻해지는군요.

~てくる: 점차 ~하게 되다

---

021 暑いですね。

아쓰이데스네

덥군요.

날씨가 '덥다, 뜨겁다'는 暑い, 물이나 다른 것이 '뜨겁다'는 熱い라고 쓴다.

---

022 この暑さには耐えられません。

코노 아쓰사니와 타에라레마센

이런 더위는 견딜 수 없어요.

耐える: 참다, 견디다
일본은 9월까지도 늦더위가 기승을 부린다. 하지만 한여름에도 간간이 태풍이 불어 서늘한 날씨도 많다.

---

023 蒸し暑いですね。

무시아쓰이데스네

무덥군요.

습기가 높은 더위.
蒸す: 무덥다, (열탕에) 찌다

024
涼しくて快適です。

스즈시쿠테 카이테키데스

시원해서 쾌적하군요.

涼しい: 시원한, 서늘하다
快適: 쾌적, 상쾌

025
涼しくなってきましたね。

스즈시쿠 낫테 키마시따네

시원해졌네요.

~てくる: 점차 ~하게 되다

026
ちょっと冷え込んできましたね。

춋토 히에콘데 키마시따네

좀 추워졌네요.

冷え込む: 몹시 추워지다, 갑자기 기온이 내려가다

027
冷え冷えしますね。

히에비에 시마스네

쌀쌀하군요.

冷え冷え: 냉랭함, 쌀쌀함 底冷(そこび)え: 아주 심한 추위

028
私は寒くてたまりません。

와타시와 사무쿠테 타마리마셍

저는 추워 죽겠습니다.

일본 중심부는 겨울에 서울보다 기온은 높지만 습한 바람 때문에 춥게 느껴진다.

029

けっこう寒（さむ）くなりましたね。

켁코- 사무쿠 나리마시따네

상당히 추워졌네요.

けっこう: 상당히, 무척, 괜찮음

030

私（わたし）の部屋（へや）にはコタツがあります。

와타시노 헤야니와 코타쓰가 아리마스

제 방에는 코타츠가 있습니다.

コタツ : 코타츠, 전통 난방기구로서, 보온 기구가 달린 작은 네모 탁자 모양에 이불을 덮고 그 위에 판을 얹어 사용한다.

Unit 1 　날씨 · 계절 　6 계절에 대한 화제

031

あなたの一番（いちばん）好（す）きな季節（きせつ）は?

아나따노 이치방 스키나 키세쓰와

어느 계절을 제일 좋아하세요?

あなたの라고 조사 の를 사용하는 점에 유의할 것.

032

桜（さくら）は今（いま）が見（み）ごろです。

사쿠라와 이마가 미고로데스

벚꽃은 지금이 한창 때입니다.

見ごろ: 한창 볼만한 시기

033

明日（あした）は花見（はなみ）に行（い）こう。

아시타와 하나미니 이코-

내일은 벚꽃 구경 가자.

花見: 벚꽃 구경
알려진 바대로 일본인은 벚꽃 구경을 무척 즐긴다. 하지만 일본의 국화(國花)는 정해진 것이 없고 황실의 상징인 국화(菊花)가 국화 역할을 한다.

034
梅雨に入っています。
<small>つゆ　はい</small>

쓰유니 하잇테 이마스

장마에 진입했습니다.

<small>梅雨는 つゆ 또는 ばいう 라고 한다.</small>

035
梅雨が明けてよかったですね。
<small>つゆ　あ</small>

쓰유가 아케테 요캇타데스네

장마가 끝나서 다행이군요.

<small>明ける: (어떤 기간이) 끝 나다, 새해가 되다</small>

036
お盆には田舎へ帰省します。
<small>ぼん　いなか　きせい</small>

오봉니와 이나카에 키세-시마스

오봉에는 시골로 귀성합니다.

<small>お盆: 일본의 추석
옛날엔 우리와 같이 음력 8월 15일이었으나 음력이 사라진 후 현재는 양력 8월 15일이 된다. 귀성하는 인구는 점차 줄고 있다.
帰省: 귀성, 고향에 방문함</small>

037
お盆にはご先祖さまの墓参りをします。
<small>ぼん　せんぞ　はかまい</small>

오봉니와 고센조사마노 하까마이리오 시마스

오봉 때는 조상님께 성묘를 합니다.

<small>先祖: 조상, 선조
祖先(そせん)이라고 해도 같은 뜻.
墓参り: 성묘, 산소에 참배하는 일. 일본에선 전부 화장(火葬)을 하므로 묘 라고 해도 크기가 작다.</small>

038
<ruby>今<rt>いま</rt></ruby>、<ruby>何時<rt>なん じ</rt></ruby>ですか。

何時: 몇 시

이마 난지데스까

지금 몇 시죠?

039
<ruby>8時20分<rt>はち じ にじゅっぷん</rt></ruby>です。

숫자 읽기는 상당히 까다롭다. 分은 ふん ぷん ぶん으로 읽히니까 그때그때 소리내서 읽어보아 입에 익히도록 한다. 물론 회화에선 좀 틀려도 의사소통엔 지장이 없다.

하치지 니줍뿐데스

8시 20분입니다.

040
ちょど<ruby>9時<rt>く じ</rt></ruby>です。

ちょうど: 정확히, 마침, 방금

쵸-도 쿠지데스

정각 9시입니다.

041
もうすぐ<ruby>正午<rt>しょう ご</rt></ruby>です。

もうすぐ: 이제 곧
正午: 정오, 낮 12시

모-스구 쇼-고데스

이제 금방 정오가 됩니다.

042
<ruby>9時10分前<rt>く じ じゅっぷんまえ</rt></ruby>です。

ふんい ぷん으로 발음이 달라지는 건 발음상의 편의를 추구하는 것이다. 외우려고 하지 말고 소리내어 자주 읽어보면 자연스럽게 터득된다.

쿠지 줍뿐마에데스

9시 10분 전입니다.

043 そろそろ出かける時間です。

소로소로 데카케루 지칸데스

이제 슬슬 나갈 시간입니다.

そろそろ: 이제 슬슬
우리말 '슬슬'이 일본으로
건너갔다는 설이 있다.
出かける: 나가다, 외출
하다

044 今日は何曜日ですか。

쿄-와 난요비데스까

오늘이 무슨 요일이죠?

何曜日: 무슨 요일

045 今日は何月何日ですか。

쿄-와 낭가쓰난니치데스까

오늘이 몇 월 며칠이죠?

'무슨 날입니까'는 何(なん)の日(ひ)ですか라고 한다.

046 何年の生まれですか。

난넨노 우마레데스까

몇 년생이죠?

나이를 말할 때 흔히 쓰는 말. 특히 우리나라는 나이를 말할 때 복잡해서 몇 년생이냐고 하면 혼동이 없다.

047

たつどし
辰年です。

타쓰도시데스

용띠입니다.

12가지 띠를 말하는 것은 우리와 같다. 자축인묘…라고 짧게 부르는 간지와 동물 이름을 정확히 부를 때 약간 차이가 있다. 뱀띠의 경우 みどし 또는 へびどし라고 해도 괜찮다.
간지명 - 동물 이름
子(ね)-ねずみ 쥐, 丑(うし)-うし 소, 寅(とら)-とら 호랑이, 卯(う)-うさぎ 토끼, 辰(たつ)-たつ(りゅう) 용, 巳(み)-へび 뱀, 午(うま)-うま 말, 未(ひつじ)-ひつじ 양, 申(さる)-さる 원숭이, 酉(とり)-にわとり 닭, 戌(いぬ)-いぬ 개, 亥(い)-いのしし 돼지

048

ねん う
1968年生まれです。

센큐-햐쿠 로쿠쥬-하치넨 우마레데스

1968년생입니다.

生まれました라고 말할 수도 있다.
1968年: せんきゅうひゃくろくじゅうはちねん

049

よ そ じ
四十路です。

요소지데스

나이 40줄입니다.

나이를 정확하게 말하는 것을 피할 때 사용되는 표현. 20歳-二十路(ふたそじ), 30歳-三十路(みそじ), 50歳-五十路(いそじ), 60歳-六十路(むそじ), 70歳-七十路(ななそじ), 80歳-八十路(やそじ),90歳-九十路(ここのそじ) 일반적으로 四十路라고 하면 40대라는 의미로도 쓰인다.

050

アラサーです。

아라사-데스

30 근처입니다.

자기 나이를 정확하게 말하기 싫은 것은 누구나 공감하는 일. 2005년 어느 잡지에서 처음 쓴 표현인데 アラサー는 around thirty를 줄인 말이다. 30 근처니까 20대 말에서 30대 초까지를 말한다. 20 근처-アラトゥエ(around twenty), 40 근처-アラフォー, 50 근처-アラフィフ, 60 근처-アラカン[カン은 영어가 아니라 환갑을 뜻하는 還暦(かんれき)에서 옴], 70 근처-アラセブ, 80 근처-アラエイ, 90 근처-アラナイ 재치있는 표현이라 금세 일반화되었고 드라마 제목에도 쓰였다.

051

わたし たんじょう び じゅういちがつさんじゅうにち
私の誕生日は11月30日です。

와타시노 탄죠-비와 쥬-이치가쓰 산쥬-니치데스

제 생일은 11월 30일입니다.

우리말로 탄생일은 위인을 가리킬 때 쓰지만 일어에서 誕生日는 그냥 생일이다.

052

つぎ あつ じゅうがつじゅうごにち かよう
次の集まりは10月15日火曜です。

쓰기노 아쓰마리와 쥬-가쓰 쥬-고니치 카요-데스

다음 모임은 10월 15일 화요일입니다.

모임이란 말로 集まり 외에 集(つど)い가 있는데 약간 문어체적인 뉘앙스.

053

きゅう か はじ
うちの休暇はいつ始まる?

우치노 큐-카와 이쓰 하지마루

우리 휴가는 언제 시작해?

'우리'는 我々(われわれ)도 있지만 うち 또는 うちら라는 말이 더 친근한 느낌.

054
普通月曜から土曜まで営業します。

후쓰- 게쓰요-카라 도요-마데 에-교-시마스

보통 월요일에서 토요일까지 영업합니다.

요일을 말할 때는 이렇게 月曜로 짧게 말할 수 있다.

055
いつソウルに着きましたか。

이쓰 소우루니 쓰키마시따까

언제 서울에 도착했습니까?

着きました는 到着(とうちゃく)しました라고 해도 된다.

056
今はどこにいますか。

이마와 도코니 이마스까

지금 어디에 있습니까?

사물이 '있다'는 ある, 사람은 いる. 존경어로 말하려면 いらっしゃる라고 한다.

057
どこで住んでいますか。

도코데 슨데 이마스까

어디 사십니까?

우리말로는 '~에 삽니다'로 충분하지만 일어로는 '~に住んでいます'라고 말한다.

058
どこで会いましょうか。

도코데 아이마쇼-까

어디에서 만날까요?

누군가와 만날 약속을 잡는 것은 자주 있는 일인데 일어로는 約束(やくそく, 약속)이 아니라 待(ま)ち合(あ)わせ라고 한다.

059
どちらへいらっしゃいますか。

도치라에 이랏샤이마스까

어디십니까?

どちらは どこより 정중한
표현인 경우가 많다.

060
それ、どこで買いましたか。

소레 도코데 카이마시따까

그걸 어디서 샀어요?

買いましたか를 더 존경어
로 하려면 お買いになりま
したか。

061
どこの生まれですか。

도코노 우마레데스까

어디서 태어나셨어요?

どこで生まれましたか。라
고 표현해도 된다.

Unit 3 개인적 화제 1 가족에 대한 질문

062
ご両親と一緒に住んでいるんですか。

고료-신토 잇쇼니 슨데이른데스까

부모님과 함께 사십니까?

상대의 부모님은 ご両親
이라고 하는데 같은 뜻의
親御(おやご)さん이라는
말도 기억해 둘만 하다.

063

けっこん
結婚していますか。

켁꼰시테 이마스까

결혼은 하셨습니까?

이 말은 '지금 결혼 생활을 하고 계십니까?'라는 의미. 우리말을 직역하여 '結婚しました'라고 하면, '전에 결혼했지만 지금은 이혼하여 혼자입니다'라는 뉘앙스를 풍긴다.

064

こ
お子さんはいますか。

오코상와 이마스까

자녀는 있습니까?

상대에게 물어볼 때는 お를 붙여야 정중한 표현.

065

こ ども
子供はいません。

코도모와 이마센

아이는 없습니다.

자기 가족을 말할 때는 당연히 お를 붙이지 않는다. 즉 お姉さん은 姉(あね)라고 말한다.

066

きょうだい　　なんにん
ご兄弟は何人ですか。

고쿄-다이와 난닌데스까

형제는 몇 분이세요?

사람을 셀 때는 何人 또는 何名(なんめい)라고 한다.

067

おとうと
弟さんはいくつですか。

오토-토상와 이쿠쓰데스까

남동생 분은 나이가 몇입니까?

윗사람에게 나이를 물을 때는 おいくつ라고 한다. 평이한 말로는 何歳(なんさい)ですか。

068
我々は仲良しです。
われわれ　なか よ

와레와레와 나카요시데스

우리는 사이가 좋습니다.

仲良し: 사이 좋음, 사이 좋은 친구

069
原田は私の親友です。
はら だ　わたし　しんゆう

하라다와 와타시노 신유-데스

하라다는 제 절친한 친구입니다.

親友: 절친한 친구

070
牛島はあなたの友だちでしょう?
うしじま　　　　　とも

우시지마와 아나따노 토모다치데쇼-

우시지마는 당신 친구지요?

友だち라는 말은 놀랍게 도 단수·복수에 다 사용 된다(단복 동형).

071
万里江さんはいつからの 知り
まりえ　　　　　　　　　 し
合いですか。
あ

마리에상와 이쓰카라노 시리아이데스까

마리에 양은 언제부터 아는 사이였습니까?

知り合い: 아는 사람, 지인

072
土田さんは私の同僚です。
つち だ　　　 わたし　どうりょう

츠치다상와 와타시노 도-료-데스

츠치다 씨는 제 동료입니다.

'동료'는 仲間(なかま)라 고도 한다.

073
あなた以外に外国人の友人がいないんです。

友人: 친구, 벗

아나따 이가이니 가이코쿠징노 유-진가 이나인데스

당신 이외에 외국인 친구가 없습니다.

Unit 3 개인적 화제 3 출신지에 대해

074
故郷はどこですか。

故郷는 こきょう, ふるさと 두 가지로 읽는다.

코쿄-와 도코데스까

고향은 어디세요?

075
私はチュンナム出身です。

출신(出身)이란 말은 우리말과 같다.

와타시와 춘나무 슛신데스

저는 충남 출신입니다.

076
プサンで生まれてソウルで育ちました。

부산에서 자랐다는 말은 간단히 プサン育ち라고 한다. ニューヨーク育ち(뉴욕에서 성장함, 뉴욕 출신)

부산데 우마레테 소우루데 소다치마시따

부산에서 태어나 서울에서 자랐습니다.

077
高校まではコンジュで住んでいました。

こうこう

す

코-코-마데와 공주데 슨데이마시따

고교 시절까지 공주에서 살았습니다.

高校生은 남녀 학생을 모두 가리킨다. 女子高生은 여고를 다니는 학생 또는 여고생이란 의미. 女高生이란 말은 한국에서만 쓰는 말.

078
親はまだ福岡にいます。

おや

ふくおか

오야와 마다 후쿠오카니 이마스

부모님은 아직 후쿠오카에 계십니다.

자기 부모는 おや라고 하고 남에게 말할 땐 존경어를 쓰지 않는다. 남의 부모님은 ご両親이라고 높여 부른다.

079
毎年故郷でご先祖様の墓参りをします。

まいとし こ きょう

せん ぞ さま

はかまい

마이토시 코쿄-데 고센조사마노 하카마이리오 시마스

매년 고향에서 조상님 산소에 성묘합니다.

墓参り: 성묘
先祖: 조상, 선조.
先祖는 거꾸로 써도 祖先(そせん)으로 같은 뜻.

Unit 3 개인적 화제 4 주거 환경 이야기

080
アパートに住んでいます。

す

아파-토니 슨데이마스

연립주택에 살고 있습니다.

일본에선 アパート라고 하면 연립주택(대개 2, 3층)을 말하고 고층 아파트는 マンション이라고 부른다.

081

都会の家賃は高いです。

토카이노 야칭와 타카이데스

도시 집세는 비싸요.

家賃: 집세로 매월 내는 돈. 임차인 입장에서 주인은 大家(おおや)さん이라고 한다.

082

貸家を探さないといけません。

카시야오 사가사나이토 이케마센

셋집을 찾아야 합니다.

貸家: 셋집. 전세 제도는 우리나라가 유일하고 일본엔 당연히 자기 집 아니면 월세밖에 없다.

083

3つの部屋は和室です。

밋쓰노 헤야와 와시쓰데스

방 세 개는 일본식 다다미방입니다.

和室: 다다미가 깔린 일본식 방. 다다미방은 쿠션이 있어서 컵을 떨어뜨려도 깨지지 않는다. 하지만 장마철엔 곰팡이가 생기기 쉽다.

084

うちは3LDKです。

우치와 상에루디케-데스

제 집은 3LDK입니다.

LDK(エルディーケー)는 living room(거실), dining room(식당), kitchen(주방)을 겸한 하나의 공간(거실)이 있고 그 외에 3개의 방이 있다는 의미인데 일본에서 만든 영어 표현.

085

この部屋にはふすまの付いた押入れが2つあります。

코노 헤야니와 후스마노 쓰이타 오시이레가 후타쓰아리마스

이 방엔 미닫이 문이 붙은 벽장이 두 개 있습니다.

ふすま: 미닫이, 맹장지
押入れ: 붙박이 벽장

086
どちらの大学に行っていますか。

도치라노 다이가쿠니 잇테이마스까

어느 학교에 다니세요?

우리는 '○○대학교'라고 부르지만 일본에선 '○○대학'이라고 한다.

087
群馬大学へ通っています。

군마다이가쿠에 카욧테이마스

군마 대학을 다닙니다.

일어에선 이렇게 ている 표현을 즐겨 쓴다.

088
専攻は何ですか。

셍코-와 난데스까

전공은 무엇입니까?

専攻: 전공 과목

089
学生時代にどんなクラブ活動をしましたか。

각세-지다이니 돈나 쿠라부카쓰도-오 시마시따까

학창시절 무슨 동아리 활동을 했어요?

일본 고교에선 동아리 활동이 중요하다. 대체로 운동부와 문화부(운동 이외)로 나뉘는데 매일 연습을 한다. 그래서 어떤 분야든 노력하면 상당한 실력을 쌓을 수 있다. 운동부도 예외 없이 일반 학생과 똑같이 수업에 참여한다.

090
バイトはしているの?

바이토와 시테이루노

알바는 하고 있니?

우리는 아르바이트의 앞쪽을 따서 알바라고 하는데 일어로는 뒤쪽을 따서 バイト라고 하는 것이 재미있다.

091

そつぎょう
卒業したら何をするんですか。

소쓰교-시타라 나니오스룬데스까

졸업하면 무엇을 할 건가요?

卒業: 졸업
졸업 앨범은 卒業アルバ
ム인데 젊은층 말투로 卒
(そつ)アル라고 부른다.

092

がくせい
学生さんですか。

각세-상데스까

학생이세요?

상대에게 물어볼 때는 さ
ん을 붙인다. さん을 붙이
면 더 존중하는 의미.
がくせい는 '가쿠세-'라고
읽어도 되지만 회화에선
짧게 '각세-'라고 말하기
도 한다.

093

なんねんせい
何年生ですか。

난넨세-데스까

몇 학년이세요?

우리는 ~학년이라고 하
는데 일본어로는 ~年生
이라고 한다. 이렇게 한
자 표현이 다른 점을 주
의해야 한다.

094

よ ねんせい
四年生です。

요넨세-데스

4학년입니다.

우리와 마찬가지로 일본
에서도 숫자 4는 조금 꺼
려지는데, 死와 똑같이 し
라고 읽기 때문이다. 그
래서 よな よん이라고 읽
는 경우가 많다.

095

がっこう   なに つうがく
学校までは何で通学していますか。

각코-마데와 나니데 쓰-가쿠시테 이마스까

학교까지는 뭘로 통학하세요?

일본에선 자전거로 통학
하는 학생이 많다.

096
電車で３０分ぐらいかかります。
でんしゃ さんじゅっぷん

덴샤데 산줍뿐구라이 카카리마스

전철로 30분 정도 걸립니다.

우리는 전철(電鐵)이지만 일어로는 電車라고 한다.

097
うちの学校は男女共学です。
がっこう だんじょきょうがく

우치노 각코-와 단죠쿄-가쿠데스

우리 학교는 남녀공학입니다.

男女共学: 남녀공학

098
試験勉強はしましたか。
し けんべんきょう

시켄벵쿄-와 시마시따까

시험공부는 했어요?

試験勉強: 시험공부

099
いつから中間テストが始まりますか。
ちゅうかん はじ

이쓰카라 츄-칸테스토가 하지마리마스까

언제부터 중간고사가 시작됩니까?

中間テスト: 중간고사
기말고사는 期末(きまつ)テスト라고 한다.

100
一夜漬けをやるしかありません。
いち や づ

이치야즈케오 야루시카 아리마센

벼락치기로 공부할 수밖에 없어요.

一夜漬け: 벼락치기로 준비하기

101

<ruby>徹夜<rt>てつや</rt></ruby>で<ruby>勉強<rt>べんきょう</rt></ruby>しなければいけません。

徹夜: 철야, 밤샘

테쓰야데 벵쿄-시나케레바 이케마셍

밤새 공부해야 해요.

102

<ruby>今回<rt>こんかい</rt></ruby>の<ruby>試験<rt>しけん</rt></ruby>はどうでしたか。

今回는 今度(こんど)로 바꿔 쓸 수도 있다.

콘카이노 시켄와 도-데시따까

이번 시험은 어땠나요?

103

<ruby>合格<rt>ごうかく</rt></ruby>でした。

合格: 합격, 같은 의미로 패스(pass)란 말도 흔히 쓴다.

고-카쿠데시따

합격했습니다.

104

<ruby>学校<rt>がっこう</rt></ruby>の<ruby>成績<rt>せいせき</rt></ruby>はあんまりよくなかったんです。

あんまり(그다지, 별로)는 あまり가 변한 형태.

각코-노 세-세키와 암마리 요쿠나캇딴데스

학교 성적은 그리 좋지 않았어요.

105
あなたの宗教は何ですか。

아나따노 슈-쿄-와 난데스까

당신의 종교는 뭡니까?

宗教: 종교
일본인은 종교에 대해 부정적인 생각을 가진 사람들이 많은 것 같다. 그러나 전통적으로 불교 국가이기에 불교에 대해서는 거부감이 덜하다.

106
仏教を信じています。

북쿄-오 신지떼이마스

불교를 믿습니다.

仏教: 불교
信じる: 믿다

107
キリスト教の信者です。

키리스토쿄-노 신쟈데스

저는 기독교 신자입니다.

キリスト教: 기독교
信者: 신자(일본어와 발음도 같다)

108
カトリックの信者です。

카토릭쿠노 신쟈데스

천주교 신자입니다.

カトリック: 가톨릭, 천주교

109
神の存在を信じますか。

카미노 손자이오 신지마스까

신의 존재를 믿으세요?

神: 신
하느님이라고 할 때는 神様(かみさま)라고 한다.

212
213

110
宗教は嫌いです。
しゅうきょう きら

슈-쿄-와 키라이데스

종교는 싫습니다.

일본인들이 신사에 가서 소원을 비는 일은 흔히 있지만, 종교를 갖는 일에는 거부감을 가진 사람이 많은 것 같다.

Unit 4 취미 · 레저 1 취미 말하기

111
何か趣味を持っていますか。
なに しゅみ も

나니카 슈미오 못테이마스까

뭔가 취미를 갖고 있으세요?

趣味는 그대로 '취미'라는 뜻이지만 '취향'이라는 뜻으로도 쓰인다.

112
ジャズが好きですか。
す

쟈즈가 스키데스까

재즈를 좋아하세요?

ジャズ: 재즈(jazz) 음악

113
私は釣りが大好きです。
わたし つ だい す

와타시와 쓰리가 다이스키데스

나는 낚시를 아주 좋아합니다.

釣り: 낚시

114
歌が上手いですね。
うた うま

우타가 우마이데스네

노래를 잘하시네요.

上手(うま)い, 上手(じょうず)だ 이 두 가지는 읽기는 다르지만 같은 뜻이다. 즉, '능숙하다, 뛰어나다'라는 의미.

115
私は音痴です。
わたし おんち

와타시와 온치데스

저는 음치입니다.

音痴는 박자 감각이 없어서 노래를 못하는 사람인데, 그 앞에 여러가지 단어를 붙여 응용 단어를 만들 수 있다.
예) 方向音痴: 방향 감각이 약한 사람.
運動音痴: 운동신경이 둔한 사람

116
私の趣味はプラモデル作りです。
わたし しゅみ づく

와타시노 슈미와 푸라모데루즈쿠리데스

내 취미는 플라모델 만들기입니다.

プラモデル: 플라모델
(plastic+model)
作(つく)り: 만들기
作(つく)る: 만들다

Unit 4 취미 · 레저 2 취향 (좋아함)

117
ピザが大好き。
だい す

피자가 다이스키

피자를 무척 좋아해.

친근한 사이에선 이렇게 뒤에 だ, です를 생략할 수 있다.

118
新しい車は気に入った?
あたら くるま き い

아타라시- 쿠루마와 키니잇타

새 차는 마음에 들었니?

'마음에 들다'의 기본형은 気に入る.

119
ワインよりビールが好きです。
す

와인요리 비-루가 스키데스

포도주보다 맥주를 좋아합니다.

ワイン: 와인, 포도주
ビール: 맥주

120

すしが好<ruby>好<rt>す</rt></ruby>きになった。

스시가 스키니 낫따

초밥을 좋아하게 됐어.

好きになる: 좋아지다
すしは 寿司 또는 鮨라고
표기한다.

121

囲碁<ruby>囲碁<rt>いご</rt></ruby>に興味<ruby>興味<rt>きょうみ</rt></ruby>を持<ruby>持<rt>も</rt></ruby>つようになったよ。

이고니 쿄-미오 모쓰요-니 낫타요

바둑에 관심을 갖게 되었어.

우리말로는 '관심'이라고
하는데 일어에선 興味(きょ
うみ)라는 말을 즐겨 쓴다.

122

毎日<ruby>毎日<rt>まいにち</rt></ruby>スマホで花札<ruby>花札<rt>はなふだ</rt></ruby>をやります。

마이니치 스마호데 하나후다오 야리마스

매일 스마트폰으로 화투를 합니다.

花札: 화투
화투는 일본에서 전해진
게임으로 1년 12월을 상
징하는데 11월과 12월
의 순서가 한국 화투와 다
르다. 1月-松(まつ 솔), 2
月-梅(うめ 매화), 3月-桜
(さくら 벚꽃), 4月-藤(ふ
じ 등나무), 5月-菖蒲(あや
め 붓꽃), 6月-牡丹(ぼた
ん 모란), 7月-萩(はぎ 싸
리), 8月-芒(すすき 억새),
9月-菊(きく 국화), 10月-紅
葉(もみじ 단풍), 11月-柳
(やなぎ 버들), 12月-桐(き
り 오동)

123

これ面白<ruby>面白<rt>おもしろ</rt></ruby>そうだ。

코레 오모시로소-다

이거 재미있을 거 같아.

추측의 そう용법이다.
面白いそうだ라고 하면
'재미있다고 한다'라는
전언 표현.

124

これ、気に入らないな。

코레 키니이라나이나

이거 마음에 안 들어.

気に入らない: 마음에 들지 않다

125

気に入らないのは君の態度だ。

키니이라나이노와 키미노 타이도다

마음에 안 드는 것은 네 태도야.

態度: 태도

126

それはあんまり好きじゃないよ。

소레와 암마리 스키쟈나이요

그건 별로 안 좋아해.

상당히 완곡한 표현. 이 정도면 상당히 싫다는 표현.

127

彼には会いたくもない。

카레니와 아이타쿠모나이

그와는 만나고 싶지도 않아.

'~와 만나다'에서 조사를 사용하는 것이 일본어다운 표현.

128

大嫌い！

다이키라이

아주 싫어!

강조할 때 앞에 大를 붙이면 편리하다.

129

これ、嫌だな。

코레 이야다나

이거 싫은데.

여기에서 嫌은 いや라고 읽는데 특히 여성들이 아주 많이 쓰는 표현. いやよ 嫌です。 등으로 말한다.

Unit 4 취미 · 레저 4 영화 이야기

130

どんな映画がお好きですか。

돈나 에-가가 오스키데스까

어떤 영화를 좋아하세요?

뭔가 좋아한다고 할 때 흔히 를를 생각하기 쉽지만 조사 가를 쓰는 것이 중요하다.

131

アクション映画が好きです。

아쿠숀에-가가 스키데스

액션 영화를 좋아합니다.

사극: 時代劇(じだいげき),공포영화: ホラー映画

132

その映画はどうでした?

소노 에-가와 도-데시따

그 영화는 어땠습니까?

영화는 예전에 활동사진 이라고 불렀다. 영화, 활동사진 모두 일본에서 만든 말이다. 화장실, 경제, 과학, 인공위성, 선진국 등 모든 근대 용어가 일본에 의해 만들어졌는데 상당수는 일본이 서양문물을 받아들이면서 한자로 번역한 것이다.

133

わたし えい が
私は映画 マニアです。

와타시와 에-가마니아데스

저는 영화광입니다.

어떤 일에 깊이 심취한 사람을 마니아라고 하는데 일어로는 オタク라고도 한다. 이 말은 우리나라에 수입되어 '덕후'라고 변형되었는데 본래 お宅(たく 당신, 댁)에서 온 말.

134

いちばん す   えい が はいゆう だれ
一番好きな映画俳優は誰ですか。

이치방 스키나 에-가하이유-와 다레데스까

가장 좋아하는 영화배우는 누구예요?

남자배우: 男優(だんゆう)
여배우: 女優(じょゆう)
톰 크루즈 トム・クルーズ
오드리 헵번 オードリー・ヘップバーン
로버트 드니로 ロバート・デ・ニーロ
이소룡 ブルース・リー

135

えい が   じまく
その映画は字幕がありますか。

소노 에-가와 지마쿠가 아리마스까

그 영화는 자막이 있나요?

자막 없이 국내 성우가 녹음한 것을 吹(ふ)き替(か)え(더빙)라고 한다.

Unit 4 취미·레저 5 음악 이야기

136

おんがく   す
どんな音楽がお好きですか。

돈나 옹가쿠가 오스키데스까

어떤 음악을 좋아하세요?

好き: 좋아함, 내키는대로

218
219

137

しゅみ   おんがくかんしょう
趣味は音楽鑑賞です。

슈미와 옹가쿠칸쇼-데스

취미는 음악감상입니다.

鑑賞와 발음이 같은 말로 感傷(감수성이 예민하여 마음 아파함)와 観賞(자연이나 예술을 보고 즐김)가 있다.

138 クラシックが好きです。

크라싯크가 스키데스

클래식을 좋아합니다.

---

139 ご自分で何か楽器を弾きますか。

고지분데 나니카 각키오 히키마스까

뭔가 악기를 연주하세요?

---

140 ピアノはちょっと出来ます。

피아노와 촛토 데키마스

피아노는 조금 칠 줄 압니다.

---

141 色んな音楽を聴きます。

이론나 옹가쿠오 키키마스

다양한 음악을 듣습니다.

Unit 4 취미・레저 6 미술 이야기

142 絵を描くのが大好きです。

에오 카쿠노가 다이스키데스

그림 그리기를 좋아합니다.

143

美術館にちょくちょく行きます。

ちょくちょく: 간간이, 가끔
화랑: 画廊(がろう)

비쥬쓰칸니 쵸쿠쵸쿠 이키마스

미술관에 자주 갑니다.

144

水彩画をやります。

유화: 油絵(あぶらえ)
풍경화: 風景画(ふうけいが)

스이사이가오 야리마스

수채화를 그립니다.

145

好きな画家は誰ですか。

미술가: 美術家(びじゅつか)
화백: 画伯(がはく)

스키나 가카와 다레데스까

좋아하는 화가는 누군가요?

146

ルノワールが好きです。

샤갈: シャガール
세잔느: セザンヌ
피카소: ピカソ

르노와ー루가 스키데스

르누아르를 좋아합니다.

147

絵がお上手ですね。

上手(じょうず)가 형용사로 쓰이면 上手(うま)い 라고 읽는다.

에가 오죠ー즈데스네

그림을 아주 잘 그리시는군요.

148 # どんなスポーツをやりますか。

돈나 스포－쓰오 야리마스까

어떤 운동을 하십니까?

やると する와 아주 흡사한 표현인데 차이가 있다. 1) 무의식적인 행동에는 やる를 쓰지 않는다. あくびをする 하품을 하다 2) 食(た)べる, 飲(の)む, 吸(す)う 대신에 する는 쓰지 않는다. タバコをやりますか。담배를 하십니까?

---

149 # 夏は水泳に、冬はスキーに行きます。

なつ　すいえい　　　ふゆ　　　　　　　い

나쓰와 스이에-니 후유와 스키-니 이키마스

여름엔 수영하러, 겨울엔 스키를 타러 갑니다.

우리말에는 장음이 표시되지 않아서 신경쓰지 않기 쉬운데 スキー, スケート처럼 제대로 넣어야 하며, 장음 표시를 빼면 완전히 틀린 표현이 된다.

---

150 # 室内スポーツがいいと思います。

しつない　　　　　　　　　　おも

시쓰나이스포－쓰가 이－토 오모이마스

실내 스포츠가 좋다고 생각합니다.

운동복: 運動着(うんどうぎ)

---

151 # 家族とバドミントンをするのが楽しいです。

か　ぞく　　　　　　　　　　　　　　たの

카조쿠토 바도민톤오 스루노가 타노시－데스

가족과 배드민턴을 치는 게 즐겁습니다.

バドミントン: 배드민턴
테니스: テニス

152 スポーツには興味ありません。

스포-쓰니와 쿄-미 아리마센

스포츠엔 관심이 없습니다.

'관심이 없다'고 할 때 보통 興味ありません이라고 한다.

---

153 今は登山にはまっています。

いま　とざん

이마와 토장니 하맛테 이마스

지금은 등산에 빠져 있습니다.

登山을 山登(やまのぼ)り라고도 부른다.
はまる: 빠지다, 열중하다, 적합하다

Unit 4 취미·레저　8 골프장에서

154 ゴルフ場の予約は出来ますか。

じょう　よやく　でき

고루후죠-노 요야쿠와 데키마스까

골프장 예약을 할 수 있습니까?

予約: 예약
キャンセル: 취소(cancel)

---

155 もちろんです。いついらっしゃいますか。

모치론데스　이쓰 이랏샤이마스까

물론입니다. 언제 오시겠습니까?

'오다'의 존경어로는 おいでになる도 있다.

---

156 11時に始めるなら可能です。

じゅういち じ　はじ　　　かのう

쥬-이치지니 하지메루나라 카노-데스

11시에 시작하신다면 가능합니다.

'가능하다'는 出来(でき)ます、大丈夫(だいじょうぶ)です라고 할 수도 있다.

157
装備を借りられますか。
そうび か

借りる: 빌리다
貸す: 빌려주다, 대여하다

소ー비오 카리라레마스까

장비를 빌릴 수 있습니까?

158
一人当たりいくらですか。
ひとりあ

一人当たり: 1인당
一人前(いちにんまえ): 1인분

히토리아타리 이쿠라데스까

1인당 얼마입니까?

159
カート一台の費用は1万円です。
いちだい ひよう いちまんえん

カート: 카트(cart), 사람을 태우는 작은 엔진 차

카ー토이치다이노 히요ー와 이치망엔데스

카트 한 대 비용은 1만 엔입니다.

Unit 4　취미·레저　9 스포츠 관전

160
僕はテレビでプロ野球の中継を見るのが好きです。
ぼく やきゅう ちゅうけい
み す

プロ野球: 프로 야구
中継: 중계

보쿠와 데레비데 푸로야큐-노 츄-케-오 미루노가 스키데스

전 TV로 프로야구 중계 보는 걸 좋아합니다.

161
どっちが勝つと思いますか。
か おも

勝つ: 이기다
負ける: 지다, 패하다

돗치가 카쓰토 오모이마스까

어느 팀이 이길 것 같습니까?

162
今得点は何点ですか。
いまとくてん　なんてん

이마 토쿠텐와 난텐데스까

지금 점수가 어떻게 됐어요?

得点: 득점
실점: 失点
동점: 同点

163
あの試合は引き分けで終わりました。
しあい　ひ　わ　お

아노 시아이와 히키와케데 오와리마시따

그 경기는 무승부로 끝났어요.

무승부는 引き分け 외에 ドロー(draw)라는 말도 흔히 사용한다.

164
9回の裏になりました。
きゅうかい　うら

큐—카이노 우라니 나리마시따

9회말이 되었습니다.

야구에서 이닝 초는 表(おもて), 말은 裏(うら)라고 한다.

165
今日はホームランが見たい。
きょう　み

쿄-와 호-무란가 미타이

오늘은 홈런을 보고 싶어.

홈런은 ホームラン이라고 하지만 스포츠신문 등을 보면 本塁打(ほんるいだ)라고도 한다.

Unit 4 취미 · 레저 **10 여러가지 스포츠**

166
相撲をご覧になったことがありますか。
す　もう　らん

스모-오 고란니낫타 코토가 아리마스까

스모를 보신 적이 있습니까?

'경기를 보다'는 観(み)る, 観戦(かんせん)する인데 ご覧になる는 존경어가 된다.

167 イギリスでは野球^{や きゅう}をやりません。

이기리스데와 야큐-오 야리마셍

영국에선 야구를 하지 않습니다.

영국은 イギリス 또는 英国(えいこく), 미국은 米国(べいこく) 또는 アメリカ라고 한다.

---

168 野球^{や きゅう}は最^{もっと}も盛^{さか}んなスポーツです。

야큐-와 못토모 사칸나 스포-쓰데스

야구는 가장 인기 있는 스포츠입니다.

盛んな: 인기 있는, 번성한, 맹렬한

---

169 寮^{りょう}のルームメイトがアイスホッケーの選手^{せんしゅ}です。

료-노 루-무메이토가 아이스혹케-노 센슈데스

기숙사 룸메이트가 아이스하키 선수입니다.

寮: 기숙사
ルームメイト: 룸메이트 (roommate)

---

170 最近^{さいきん}はサッカーに興味^{きょう み}があります。

사이킨와 삭카-니 쿄-미가 아리마스

요즘엔 축구에 관심이 있습니다.

우리는 축구(蹴球)라고 하지만 일본에선 サッカー(soccer)라는 용어를 사용한다.

---

171 スキーのような冬^{ふゆ}のスポーツが好^すきです。

스키-노 요-나 후유노스포-쓰가 스키데스

스키 같은 겨울 스포츠를 좋아합니다.

スキ-(ski)는 スキー, すきだ는 '좋아함'이라는 뜻. 즉, 장음 발음에 주의해야 한다.

172
一ヶ月に何冊くらいの本を読みますか。

익카게쓰니 난사쓰쿠라이노 홍오 요미마스까

한 달에 책을 몇 권 정도 읽습니까?

一ヶ月는 いっかげつ라고 읽는다.

173
忙しくてゆっくり読書する時間がありません。

이소가시쿠테 육쿠리 도쿠쇼스루 지칸가 아리마센

바빠서 천천히 독서할 시간이 없습니다.

ゆっくり: 천천히, 마음 편히, 넉넉히

174
どんな本の選び方をなさってますか。

돈나 혼노 에라비카타오 나삿테마스까

책은 어떻게 고르십니까?

方는 '방법'이란 뜻으로 응용이 편리한 말이다.
예) やり方 하는 법
　　話し方 말하는 법
　　作り方 만드는 법
　　飲み方 복용법

175
この本は退屈です。

코노 홍와 타이쿠쓰데스

이 책은 지루해요.

退屈는 일본에서만 쓰는 한자 표현이라서 잘 기억해 둬야 한다.

176
一度目を通しました。
いちどめ　とお

目を通す : 훑어보다

이치도 메오 토-시마시따

한번 훑어봤어요.

177
彼女は本の虫です。
かのじょ　ほん　むし

사람을 벌레로 표현하는
것은 언어는 달라도 공통
적이다.
예) 泣(な)き虫(むし): 울보
弱虫(よわむし): 겁쟁이

카노죠와 혼노무시데스

그녀는 책벌레입니다.

Unit 4　취미 · 레저　12 강습 받기

178
何か習い事をしていますか。
なに　なら　ごと

習い事: 배우는 일

나니카 나라이고토오 시테이마스까

뭔가 배우고 있나요?

179
習字の教室へ行ってます。
しゅうじ　きょうしつ　い

서예는 書道(しょどう) 또
는 習字라고 한다.

슈-지노 쿄-시쓰에 잇테마스

서예 교실에 다니기 시작했습니다.

180
週に2度、講習を受けます。
しゅう　にど　こうしゅう　う

一度는 一回(いっかい)와
거의 같은 의미.

슈-니 니도 코-슈-오 우케마스

일주일에 두 번 강습을 받습니다.

181
ダンス教室に通うことに決めました。

通うことを決めましたは 通うことにしましたらと 할 수 도 있다.

단스쿄-시쓰니 카요우코토니 키메마시따

댄스 교실에 다니기로 결정했습니다.

182
知らなかったことを覚えるのは楽しいです。

覚える: 외우다, 배우다

시라나캇따 코토오 오보에루노와 타노시-데스

몰랐던 것을 배우는 것은 재미있습니다.

183
囲碁教室へ通っています。

바둑은 영어로 go(고)라고 부른다. 일본어(碁)인데 일본이 백수십 년 전부터 서구에 바둑을 보급한 영향이다. 그래서 인공지능에 알파고라는 이름도 생겼다.

이고쿄-시쓰에 카욧테 이마스

바둑 교실에 다니기로 했습니다.

Unit 4 취미 · 레저 13 TV 시청

184
家に帰ると、まずテレビをつけます。

つける: 켜다
消(け)す: 끄다

우치니 카에루토 마즈 테레비오 쓰케마스

집에 오면 먼저 TV를 켭니다.

185

韓国のドラマが好きです。

캉코쿠노 도라마가 스키데스

한국 드라마를 좋아합니다.

우리말로는 '~을(를) 좋아한다'라고 말한다. 그래서 조사를 를라고 생각하기 쉬운데 실은 가를 사용한다.
한국 드라마를 韓(かん)드라라고 줄여서 부르기도 한다.

186

僕はテレビなんか全然見ないよ。

보쿠와 테레비 낭카 젠젠 미나이요

나는 TV를 전혀 안 봐.

なんか는 '따위'라고 해석하지만 '따위'와 달리 부정적인 의미 없이 쓰는 경우가 많다.

187

どんなテレビ番組がお好きですか。

돈나 테레비 방구미가 오스키데스까

어떤 TV 프로그램을 좋아하십니까?

バラエティ: 예능 프로
クイズ番組: 퀴즈 프로
コマーシャル: 광고, CF

188

お笑い番組が好きです。

오와라이 방구미가 스키데스

코미디 프로를 좋아해요.

お笑いタレント: 개그맨
ものまね: 성대모사

189

この連続ドラマは若い女性に人気があるんです。

코노 렌조쿠도라마와 와카이 죠세-니 닝키가 아룬데스

이 연속극이 젊은 여성에게 인기가 있어요.

連続ドラマ는 줄여서 連(れん)ドラ라고 말한다. 아침드라마는 朝(あさ)ドラ라고 한다.

Unit 5 성격 · 외모 1 성격 말하기

190
彼女のことどう思いますか。
かのじょ　　　　　おも

카노죠노코토 도- 오모이마스까

그녀를 어떻게 생각합니까?

彼女를 彼女のこと라고 말하는 것이 일본어다운 표현.

191
引っ込み思案の方です。
ひ　こ　じあん　　ほう

힉코미지안노 호-데스

소극적인 편입니다.

引っ込み思案: 내성적임, 숫기 없음

192
連中はちょっと変わっているけど、いいやつらですよ。
れんちゅう　　　　　　　か

렌츄-와 촛토 카왓테이루케도 이-야쓰라데스요

동료들은 좀 특이하지만 좋은 녀석들입니다.

連中, やつら는 친근한 사람에게만 쓸 수 있는 말.

193
友だちはすぐできる方ですか。
とも　　　　　　　　　ほう

토모다치와 스구 데키루호-데스까

친구는 쉽게 사귀는 편입니까?

すぐ: 곧, 금방
여기서 できる는 '생기다' 라는 뜻.

194
知らない人にも話しかけるの
はうまい方です。

시라나이 히토니모 하나시카케루노와 우마이호-데스

모르는 사람에게도 말을 잘 거는 편입니다.

方가 사람을 가리킬 때는 かた라고 하지만, 여기처럼 성향이나 방향, 위치, 분야를 가리킬 때는 ほう라고 읽는다.

195
私の性格は姉とはまるで違います。

와타시노 세-카쿠와 아네토와 마루데 치가이마스

내 성격은 언니와 전혀 다릅니다.

여기서 まるで는 全然(ぜんぜん), まったく로 바꿀 수 있다.

Unit 5 성격 · 외모 2 긍정적 성격

196
彼の長所はユーモアのセンスだと思います。

카레노 쵸-쇼와 유-모아노 센스다토 오모이마스

그의 장점은 유머 센스라고 생각합니다.

일어에서 '장점'은 長所라고 하고 우리말의 長點은 쓰이지 않는다.

197
自分は愛想のいい方だと思っています。

지분와 아이소-노 이-호-다토 오못테 이마스

나는 붙임성이 좋은 편이라고 생각합니다.

愛想: 붙임성, 정나미

198 彼は笑わせるのが得意です。

得意: 가장 능숙함, 단골

카레와 와라와세루노가 토쿠이데스

그는 남을 잘 웃깁니다.

199 友だちは私のことを明るいと言ってくれます。

근본적으로 성격이 밝은 사람을 ねあか(根明)라고 하고 반대로 근본적으로 어두운 사람은 ねくら(根暗)라고 한다.

토모다치와 와타시노코토오 아카루이토 잇테쿠레마스

친구는 나를 성격이 밝다고 얘기해 줍니다.

200 友好的で思いやりがあると言われます。

일본인은 배려를 중시한다. 思いやり는 '동정, 배려'라는 뜻인데, 배려는 気配(きくばり), 心(こころ)づかい라고도 한다.

유-코-테키데 오모이야리가 아루토 이와레마스

우호적이고 배려가 있다는 얘기를 들어요.

201 頭が切れるんだ。

切れる는 '잘라지다, 끊어지다'라는 뜻인데 여기에선 '예리하다, 날카롭다'라는 의미.

아타마가 키레룬다

머리가 잘 돌아가.

202
わす
忘れっぽいんです。

와스렙뽀인데스

건망증이 심합니다.

> っぽい는 사람이나 사물에
> 다 사용하며 '~한 성질(느
> 낌)이 있다'는 뜻이다.
> 예) 色(いろ)っぽい 요염
> 하다, 섹시하다
> 水(みず)っぽい 물기가
> 많다

203
くち べ た   おも
口下手だと思います。

쿠치베타다토 오모이마스

말주변이 없다고 생각합니다.

> 말주변이 좋은 사람은 口
> 上手(くちじょうず).

204
ときどき
時々しゃべりすぎることがあ
ります。

토키도키 샤베리스기루 코토가 아리마스

가끔 너무 말을 많이 하는 경우가 있습니다.

> 동사+すぎる는 응용이 편
> 리한 표현이다.
> 예) 食べすぎる 과식하다
> 飲みすぎる 과음하다

205
わたし き みじか ほう
私は気が短い方です。

와타시와 키가 미지카이 호-데스

저는 성격이 급한 편입니다.

> 급한 성격을 短気(たんき)
> 라고 한다. 느긋한 성격은
> 気長(きなが)라고 한다.

206
い じ わる   ほう
意地悪な方です。

이지와루나 호-데스

심술궂은 편입니다.

> 이 말은 농담으로도 많이
> 사용된다.
> 착하고 순한 사람은 お人
> 好(ひとよ)し라고 한다.

207

あんまりおしゃべりで煩いよ。

암마리 오샤베리데 우루사이요

너무 수다스러워서 시끄러워.

おしゃべりは '수다스러움' 또는 '수다스러운 사람'을 가리킨다.

Unit 5 성격 · 외모 4 신체 특징

208

背はどのくらいありますか。

세와 도노쿠라이 아리마스까

키가 어느 정도입니까?

우리는 키가 어느 정도 '되느냐'고 묻는데 일어로는 ありますか라고 한다.

209

背は高いほうです。

세와 타카이 호-데스

키가 큰 편입니다.

背는 '키, 신장', 그리고 '등'이라는 뜻도 있다.

210

彼の背は176センチあります。

카레노 세와 햐쿠나나쥬-로쿠센치 아리마스

그의 키는 176cm입니다.

도량형을 말할 때 ありますら라고 표현하는 걸 기억해 두자.

211

彼女は背が高く、すらっとしています。

카노죠와 세가 타카쿠 스랏토시테 이마스

그녀는 키가 크고 날씬합니다.

すらっと(날씬한 모양)는 すらりと의 줄임말.

212

<ruby>人<rt>ひと</rt></ruby>は<ruby>中肉中背<rt>ちゅうにくちゅうぜい</rt></ruby>です。

아노 히토와 츄-니쿠 츄-제-데스

저 사람은 키와 체중이 표준형입니다.

中肉中背: 보통 키에 체중도 보통

213

ちょっと<ruby>太<rt>ふと</rt></ruby>りすぎてるようです。

춋토 후토리스기떼루요-데스

약간 비만이 된 것 같습니다.

비만(太っている)은 좀 부끄럽게 생각하는 경우가 많아서 '통통하다(ぽっちゃり)'고 말하는 여성이 많다.

214

<ruby>私<rt>わたし</rt></ruby>は<ruby>右利<rt>みぎき</rt></ruby>きです。

와타시와 미기키키데스

나는 오른손잡이입니다.

'왼손잡이'는 左利(ひだりき)き라고 한다.
내 남친은 왼손잡이(私の彼は左利き)라는 옛날 노래도 있다.

Unit 5 성격 · 외모 5 외모에 대하여

215

<ruby>彼<rt>かれ</rt></ruby>は<ruby>美男子<rt>びなんし</rt></ruby>です。

카레와 비난시데스

그는 미남입니다.

'미남'은 二枚目(にまいめ) 또는 色男(いろおとこ)라는 말도 있다.

216

あの<ruby>娘<rt>むすめ</rt></ruby>は<ruby>可愛<rt>かわい</rt></ruby>いね。

아노무스메와 카와이-네

저 아가씨는 귀엽네.

娘는 '딸'이란 뜻도 있지만 '아가씨'라는 의미도 있다.

217
かのじょ　はだ　しろ
彼女は肌が白いです。

카노죠와　하다가　시로이데스

그녀는 얼굴이 하얗습니다.

肌는 보통 '피부'를 의미하는데 여기에서는 '얼굴'을 말한다.

218
わたし
私はおかっぱにしています。

와타시와　오캅파니　시테이마스

나는 단발머리를 하고 있어요.

おかっぱ: 여자의 단발머리, ショートカット라고도 말한다.

219
ははおや　　に
あなたは母親に似ていますか、
ちちおや
それとも父親ですか。

아나따와　하하오야니　니테이마스카　소레토모　치치오
야데스까

당신은 어머니를 닮았어요? 아니면 아버지를 닮았어요?

어머니를 닮은 것을 母親似(ははおやに)라고 한다.

220
いもうと　くちもと　はは
妹は口元が母とそっくりです。

이모-토와　쿠치모토가　하하토　속쿠리데스

여동생은 입 모양이 엄마와 판박이에요.

口元: 입 모양, 입가
そっくり: 판박이, 똑같음

221
けが
怪我をしました。

케가오 시마시따

다쳤습니다.

怪我: 부상, 상처, 다침

222
あし ゆび は
足の指が腫れています。

아시노유비가 하레테 이마스

발가락이 부었습니다.

指라고 하면 '손가락'이고 足の指는 '발가락'이다.

223
あし やけど
足に火傷をしました。

아시니 야케도오 시마시따

발에 화상을 입었습니다.

切(き)り傷(きず): 베인 상처
擦(す)り傷(きず): 찰과상

224
みぎあし みず
右足に水ぶくれができました。

미기아시니 미즈부쿠레가 데키마시따

오른발에 물집이 생겼습니다.

水ぶくろ라고 하면 '물주머니'가 된다.

225
あしくび ねんざ
足首を捻挫しました。

아시쿠비오 넨자시마시따

발목을 삐었습니다.

회화에선 挫(くじ)く라고 동사로도 말한다.

226

<ruby>日<rt>ひ</rt></ruby><ruby>焼<rt>や</rt></ruby>けして<ruby>痛<rt>いた</rt></ruby>いんです。

히야케시테 이타인데스

햇볕에 타서 아픕니다.

日焼ケ: 햇볕에 타거나 색이 바램.
선크림은 日焼(ひや)け止(ど)め라고 한다.

227

<ruby>血<rt>ち</rt></ruby>が<ruby>止<rt>と</rt></ruby>まらない。

치가 토마라나이

피가 멈추지 않는다.

とまる는 한자가 여러가지로 사용된다.
止まる 멈추다, 정지하다
留まる 머물다, 고정되다
泊まる 숙박하다, 정박하다

228

<ruby>傷跡<rt>きずあと</rt></ruby>が<ruby>残<rt>のこ</rt></ruby>りますか。

키즈아토가 노코리마스까

흉터가 남을까요?

傷跡: 흉터, 상처 자국

229

<ruby>傷口<rt>きずぐち</rt></ruby>を<ruby>消毒<rt>しょうどく</rt></ruby>しましたか。

키즈구치오 쇼-도쿠시마시따까

상처를 소독했나요?

傷口: 상처 입은 부분, 결함

230

<ruby>当分<rt>とうぶん</rt></ruby>の<ruby>間<rt>あいだ</rt></ruby>、ギプスをはめていないといけない。

토-분노아이다 기프스오 하메테 이나이토 이케나이

당분간 깁스를 하고 있어야 한다.

ギプス: (독 Gips) 깁스
はめる: 끼우다, 채우다, 박다, 속여 넘기다

238
239

231 # どうなさいましたか。

도-나사이마시따까

어디가 아프십니까?

なさいました의 기본형은 なさる인데 する, なす의 존경어. '아프다'는 뜻은 없지만 관용어구로 쓰는 말이다. 직역하면 '무슨 일이십니까?'

---

232 # 肩が凝ってます。
<small>かた　　こ</small>

카타가 콧테마스

어깨가 결립니다.

어깨 결림은 肩こり라고 하는데 한국인보다 일본인이 어깨 결림이 많은 것 같다.

---

233 # おなかを壊しています。
<small>こわ</small>

오나카오 코와시테 이마스

배탈이 났습니다.

'배탈'이나 '식중독'을 食(しょく)あたり라고 한다.

---

234 # 便秘しています。
<small>べん　ぴ</small>

벰피시테 이마스

변비가 있습니다.

우리말로는 '있습니다'인데 일어로는 あります가 아닌 している인 점에 유의할 것.

---

235 # 消化不良に悩んでいます。
<small>しょう か　ふ りょう　　なや</small>

쇼-카후료-니 나얀데이마스

소화불량으로 고생하고 있습니다.

소화가 안 되어 체한 것을 胃(い)もたれ라고 한다.

236
ねつ
熱があります。

네쓰가 아리마스

열이 있습니다.

정상 체온을 平熱(へいね
つ)라고 하고 '열이 나다'
는 熱(ねつ)가 出(で)る라
고 한다.

237
かぜ　ひ
風邪を引きました。

카제오 히키마시따

감기에 걸렸습니다.

'독감'은 インフルエンザ
'조류독감'은 鳥(とり)イン
フルエンザ라고 한다.

238
せき　で
ずっと咳が出ます。

줏토 세키가 데마스

계속 기침이 나옵니다.

헛기침은 咳払(せきばら)い
라고 한다.

239
かゆ　　が まん
痒くて我慢できません。

카유쿠테 가만데키마센

가려워서 미치겠어요.

痒(かゆ)い는 '가렵다',
'간지럽다'는 くすぐったい
라고 한다.

240
ときどき め まい
時々目眩がします。

토키도키 메마이가 시마스

가끔 현기증이 납니다.

'어질어질하다'는 くらくら
する라고 한다.

241
か ふん
花粉アレルギーがあります。

카훈아레루기-가 아리마스

꽃가루 알레르기가 있습니다.

일본에선 봄철에 꽃가루
알레르기로 고생하는 사
람이 많다. 花粉症(かふ
んしょう)라고 말한다.

242
目がちくちく痛みます。

メガ 치쿠치쿠 이타미마스

눈이 따끔따끔 아픕니다.

243
押すと痛いんです。

오수토 이타인데스

누르면 아픕니다.

Unit 6 | 건강 · 보건 | 3 의사와의 대화

244
尿の検査を受けないといけませんか。

뇨-노 켄사오 우케나이토 이케마셍까

소변검사를 받아야 합니까?

245
血圧が上っていると思いますが。

케쓰아쓰가 아갓테이루토 오모이마스가

혈압이 오른 것 같은데요.

246
注射を打ってあげます。

츄-샤오 웃테아게마스

주사를 놔드리겠습니다.

247
今度はいつ来たらいいでしょうか。

콘도와 이쓰키타라 이-데쇼-까

다음엔 언제 오면 될까요?

가까운 다음번은 今度라고 말한다. 今回라고 하면 안 된다. 가까운 과거의 의미가 있기 때문이다. 물론 바로 현재를 나타낼 수도 있다.

248
ご指示にはきちんと従います。

고시지니와 키친토 시타가이마스

지시하신 말씀대로 따르겠습니다.

きちんと: 제대로, 정식으로, 정확하게

249
先生、ありがとうございます。

센세- 아리가또- 고자이마스

선생님, 감사합니다.

우리말로는 적당한 2인칭 대명사가 없어서 '선생님', '사장님'이라고 부르는 경우가 많은데 일본에서 先生는 존경의 대명사이므로 '정치인, 국회의원, 의사, 교수, 교사' 같은 경우에만 쓴다.

Unit 6 건강 · 보건 4 약국에서

250
毎食後と寝る前に飲んでください。

마이쇼쿠고또 네루마에니 논데쿠다사이

매 식후와 주무시기 전에 드세요.

약은 食べる가 아닌 飲む라고 해야 한다.

251　この処方箋で調剤してください。

しょほうせん　ちょうざい

코노쇼호-센데 쵸-자이시테 쿠다사이

이 처방전으로 조제해 주세요.

粉薬(こなぐすり): 가루약
漢方薬(かんぽうやく): 한약

252　このカプセルは何に効くのですか。

なに　き

코노카푸세루와 나니니 키쿠노데스까

이 캡슐은 어떤 약효가 있나요?

정제 알약: 錠剤(じょうざい)
부작용: 副作用(ふくさよう)

253　痛み止めは入っていますか。

いた　ど　はい

이타미도메와 하잇테이마스까

진통제는 들어 있습니까?

酔(よ)い止(ど)め: 멀미약
下痢(げり)止(ど)め: 지사제
咳(せき)止め: 진해제

254　いい貼り薬がありますか。

は　ぐすり

이-하리구스리가 아리마스까

좋은 파스가 있을까요?

바르는 약은 塗(ぬ)り薬(ぐ
すり)라고 한다.
연고는 軟膏(なんこう).

255　ガーゼと絆創膏をください。

ばんそうこう

가-제토 반소-코-오 쿠다사이

거즈와 반창고를 주세요.

1회용 반창고는 バンドエイ
ド(band-aid)라고 한다.

256
きょうそうざい
強壮剤をください。

쿄-소-자이오 쿠다사이

보약을 주세요.

영양제: 栄養剤(えいよう
ざい)
비타민제: ビタミン剤(ざい)
감기약 : 風邪薬(かぜぐすり)

Unit 6　건강 · 보건　**5 컨디션 표현**

257
だい じ
どうぞお大事に。

도-조 오다이지니

몸조심하세요.

건강을 염려해 줄 때 흔
히 말하는 인사말.

258
きょう　　き ぶん
今日のご気分は？

쿄-노 고키붕와

오늘 컨디션은 어때요？

몸 컨디션은 体調(たいち
ょう), 調子(ちょうし), 具合
(ぐあい)라고도 한다.

259
けんこう
とても健康です。

토테모 켕코-데스

아주 건강합니다.

健康: 건강, 건전함

260
たいりょく
体力をつけなくちゃ。

타이료쿠오 쓰케나꾸챠

체력을 길러야지.

つける는 '붙이다, 추가하
다, 켜다, 익히다, 뒤따르
다' 등 아주 많은 의미를
가진 동사.

261

としだからね。

토시다까라네

나이를 먹었으니까.

262

せんしゅう
先週からタバコをやめました。

센슈-까라 타바코오 야메마시따

지난주부터 담배를 끊었습니다.

263

き ぶん   わる
ご気分でも悪いんですか。

고키분데모 와루인데스까

어디 편찮으세요?

264

あし
足をどうしましたか。

아시오 도- 시마시따까

발은 어떻게 된 거죠?

265

からだ   あたた
お体を温かくしてください。

오카라다오 아타타카쿠 시테 쿠다사이

몸을 따뜻하게 하세요.

266

ぐ あい   わる   たいへん
具合が悪くて大変ですね。

구아이가 와루쿠테 타이헨데스네

몸이 안 좋아서 힘드시겠네요.

VI

비즈니스
ビジネス

Unit 1   전화 표현   1 전화 걸기

001
営業部へ繋いでいただけますか。

에-교-부에 쓰나이데 이타다케마스까

영업부로 연결해 주시겠어요?

ください를 겸손하게 말하면 いただけますか가 된다.

002
矢後さんをお願いします。

야고상오 오넹아이시마스

야고 씨를 부탁합니다.

お願いします는 뭔가 부탁을 할 때 쓸 수 있는 말인데, 좀 더 정중하게 말하고 싶으면 お願いいたします라고 한다.

003
電話をお借りできますか。

뎅와오 오카리 데키마스까

전화 좀 써도 될까요?

동사로는 借りる인데 앞에 お를 붙이고 연용형으로 하면 명사형이 된다.

004
野田さんと話したいのですが。

노다상또 하나시타이노데스가

노다 씨와 얘기하고 싶은데요.

ですが는 です보다 정중한 표현.

비즈니스 회화를 할 때 일어 실력이 부족한 경우엔 메모를 잘 하면 생각을 정리하고 상대의 의도를 이해하는데 도움이 된다. 업무와 관련된 대화는 오해가 생기지 않도록 정성을 기울여야 한다. 전화 표현이나 회의 등 업무 환경에서 쓸 수 있는 대표적인 표현을 익혀 두자.

005
もしもし、ミンさんのお宅ですか。

모시모시 민상노 오타쿠데스까

여보세요. 민 씨 댁입니까?

개인의 자택에 전화했을 경우.

006
もしもし、そちらはトランプさんでしょうか。

모시모시 소치라와 토람푸상데쇼-까

여보세요. 거기는 트럼프 씨이십니까?

もしもし는 상대의 주의를 끄는 표현.

007
秋山さんはいますか。

아키야마상와 이마스까

아키야마 씨 계십니까?

いますか를 더 정중하게 말하면 いらっしゃいますか 가 된다.

008
こちらは森山未来と申します。

코치라와 모리야마 미쿠또 모-시마스

저는 모리야마 미쿠라고 합니다.

자기를 소개할 때 ~と申します라고 하면 겸손한 표현이 된다.

009 けいりぶ たけした はな
経理部の竹下さんと話したい
んですが。

케-리부노 타케시타상또 하나시타인데스가

경리부 타케시타 씨와 통화하고 싶은데요.

인사부: 人事部(じんじぶ)
총무부: 総務部(そうむぶ)
영업부: 営業部(えいぎょうぶ)

010 こうほうぶ ふきこし
広報部の吹越さんはいらっしゃ
いますか。

코-호-부노 후키코시상와 이랏샤이마스까

홍보부 후키코시 씨는 계십니까?

우리말 '홍보(弘報)'와 다른 일어 표현(広報)에 주의할 것.

011 ないせん じゅうごばん ねが
内線の15番をお願いします。

나이셴노 쥬-고방오 오녱아이 시마스

내선 15번 부탁합니다.

전화번호부: 電話帳(でん わちょう)
국번: 局番(きょくばん)
지역번호: 市外局番(しが いきょくばん)

Unit 1 전화 표현 2 전화 받기

012 でんわ な
電話のベルが鳴っています。

뎅와노베루가 낫테 이마스

전화벨이 울려요.

鳴る: 울리다, 소리나다, 유명해지다

013

<ruby>私<rt>わたし</rt></ruby>が<ruby>出<rt>で</rt></ruby>ます。

와타시가 데마스

제가 전화받을게요.

出るが 여기서는 '전화를 받다'라는 뜻으로 쓰였지만 보통은 '나가다, 나오다'라는 의미.

014

<ruby>今<rt>いま</rt></ruby>は<ruby>電話<rt>でんわ</rt></ruby>に<ruby>出<rt>で</rt></ruby>られないよ。

이마와 뎅와니 데라레나이요

지금은 전화를 받을 수 없어.

出られない는 出る의 가능형 出られる의 부정형.

015

もしもし、こちらは<ruby>坂本<rt>さかもと</rt></ruby>です。

모시모시 코치라와 사카모토데스

여보세요, 여기는 사카모토입니다.

자기를 말할 때 こちら는 정중한 표현이 된다.

016

どなたでしょうか。

도나타데쇼-까

どちら<ruby>様<rt>さま</rt></ruby>でしょうか。

도치라사마데쇼-까

누구십니까?

どちら様가 더욱 정중한 표현.
문장 앞에 恐(おそ)れ入(い)りますが(죄송하오나)라고 하면 한결 더 정중한 표현.

017

<ruby>代<rt>か</rt></ruby>わりました、<ruby>野田<rt>のだ</rt></ruby>です。

카와리마시따, 노다데스

전화 바꿨습니다. 노다입니다.

代わる: 바꾸다, 대신하다

018 総務部です。何でございましょうか。

소-무부데스 난데고자이마쇼-까

총무부입니다. 무슨 일이십니까?

019 すみません、よく聞こえないんですが。

스미마센 요쿠 키코에나인데스가

죄송합니다, 잘 안 들리는데요.

020 もう一度言っていただけますか。

모-이치도 잇테이타다케마스까

한번 더 말씀해 주시겠습니까?

021 ちょっと確認させてください。

춋토 카쿠닝사세테 쿠다사이

잠깐 확인해 보겠습니다.

022 少々お待ちください。

쇼-쇼-오마치 쿠다사이

잠시 기다려 주십시오.

023

すみません、今別の電話に出
ております。

出ておりますは 자신의 행동이 아니라도 자신의 회사 직원일 경우 낮추어 말하는 것이다.

스미마셍 이마 베쓰노 뎅와니 데테 오리마스

죄송합니다, 지금 다른 전화를 받고 있습니다.

024

お待たせしてすみません。
中山は今会議中です。

친한 사이에 기다리게 해서 미안하다는 인사는 お待たせ!라고 한다.

오마타세시떼 스미마셍　나카야마와 이마 카이기쮸-데스

**기다리게 해서 죄송합니다. 나카야마는 지금
회의 중입니다.**

Unit 1　전화 표현　3 전화를 받을 수 없을 때

025

ちょっと席をはずしております。

席をはずす: 자리를 비우다

촛토 세키오 하즈시테 오리마스

잠시 자리를 비웠습니다.

026
帰ったら折り返し電話をさせましょうか。

카엣타라 오리카에시 뎅와오 사세마쇼-까

帰ってきたら電話するように伝えましょうか。

카엣테키타라 뎅와스루요-니 쓰타에마쇼-까

돌아오면 전화하라고 말할까요?

折り返し電話: 연락을 받고 회답하는 전화
伝える: 전달하다, 알리다

027
すみません、今日は休みを取っております。

스미마셍 쿄-와 야스미오 톳테 오리마스

미안합니다. 오늘은 쉬고 있습니다.

休み: 휴식, 휴가, 수면
取る: 취하다, 가지다

028
今出張中です。

이마 슛쵸-츄-데스

지금은 출장 중입니다.

中는 ちゅう 또는 じゅう라고 읽는다. 특별한 법칙이 있는 것이 아니어서 여러 예를 익히면서 기억해둬야 한다.
예) 世界中せかいじゅう 전 세계에
一日中いちにちじゅう 하루 종일
途中とちゅう 도중
中心ちゅうしん 중심

029
すみません、ただいま会議中です。

스미마셍 타다이마 카이기츄-데스

미안합니다. 지금 회의 중입니다.

ただいま는 지금을 강조하는 표현으로 '바로 지금'이라는 뉘앙스.

030
ただいま昼食に出ております。

ちゅうしょく で

타다이마 츄-쇼쿠니 데테오리마스

지금 점심 먹으러 나갔습니다.

出ておりますは 出ていま
す보다 겸손한 표현.

031
いつ頃もどられますか。

ごろ

이쓰고로 모도라레마스까

언제쯤 돌아옵니까?

もどられるは もどる의 존
경 표현.

032
３０分ほどで戻るはずです。

さんじゅっぷん もど

산 쥽뿐호도데 모도루하즈데스

30분 정도면 돌아올 겁니다.

ほど: 정도, 쯤, 만큼
はず는 당연히 그렇게 될
것으로 예상하는 표현.

033
少々お待ちください。メモを
しょうしょう ま
取っておきます。
と

쇼-쇼-오마치 쿠다사이　메모오 톳테 오키마스

잠시만 기다려 주십시오. 메모를 해두겠습니다.

少々お待ちください보다 편
하게 말할 때는 ちょっと待
ってください라고 한다.

034
彼女は今日休みです。

かのじょ きょうやす

카노죠와 쿄- 야스미데스

그녀는 오늘 쉽니다.

우리말에는 회화에서 3
인칭 대명사를 사용하지
않는데 일어선 흔히 사
용된다.

035
なに でんごん
何か伝言はありますか。

나니까 뎅공와 아리마스까

뭔가 전하실 말씀은 있습니까?

伝言은 전달하고 싶은 얘기인데 글로 쓴 메모를 가리키기도 한다.

036
もど
いつお戻りになりますか。

이쓰 오모도리니 나리마스까

戻る의 존경어는 お戻りになる 또는 戻られる라고 할 수 있다.

なんじ もど
何時にお戻りになるでしょうか。

난지니 오모도리니 나루데쇼-까

언제쯤 돌아오실까요?

037
あと
後でまたかけます。

아또데 마타 카케마스

나중에 다시 전화하겠습니다.

'전화를 걸다'는 かける 또는 する라고 할 수 있다.

038
ほか れんらく ほうほう
他に連絡できる方法はありますか。

호카니 렌라쿠데키루 호-호-와 아리마스까

달리 연락할 수 있는 방법은 있습니까?

連絡이란 말은 連絡をとる, 連絡する라고 말한다.

039
矢野さんのケータイ番号を教えてもらえますか。

원래는 携帯電話(けいたいでんわ)지만 편하고 짧게 ケータイ라고 표기하는 것이 보통.

야노상노 케-타이방고-오 오시에테 모라에마스까

야노 씨 휴대폰 번호를 알려 주시겠습니까?

040
あなたの電話番号を教えていただけますか。

教えていただく는 教えてもらう보다 겸손한 표현.

아나타노 뎅와방고-오 오시에테 이타다케마스까

당신의 전화번호를 가르쳐 주시겠어요?

041
念のため、私の電話番号を言っておきます。

念のため: 만일을 위해, 혹시 모르니까

넨노타메 와타시노 뎅와방고-오 잇테오키마스

혹시 모르니까 제 전화번호를 알려드리겠습니다.

042
伝言していただけますか。

전화를 받은 상대가 제3자에게 얘기를 전달해 달라는 부탁.

뎅공시테 이타다께마스까

얘기를 전해주시겠어요?

043
分かりました。伝言を伝えておきます。

伝えてあげます라고 하면 뭔가 해준다는, 은혜를 베푼다는 뉘앙스가 있어서 伝えておきます라고 했다.

와까리마시따 뎅공오 쓰타에테 오키마스

알겠습니다. 메시지를 전해드리겠습니다.

044 あなたの机の上にメモを置い
ておきました。

つくえ うえ お

~ておく는 '미리 어떤 행동을 해두다'라는 의미.

아나타노 츠쿠에노 우에니 메모오 오이테 오키마시따

당신 책상 위에 메모를 두었습니다.

Unit 1 전화 표현 5 약속 잡기

---

045 いつ都合がいいですか。

つ ごう

都合: 사정, 형편, 융통

이쓰 쓰고-가 이-데스까

언제 시간이 괜찮으세요?

---

046 あなたの都合に合わせてあげ
ます。

つ ごう あ

好都合(こうつごう): 사정이 좋음
不都合(ふつごう): 사정이 좋지 않음

아나타노 쓰고-니 아와세테 아게마스

당신 사정에 맞춰드릴게요.

---

047 これからお邪魔してもいいで
しょうか。

じゃ ま

お邪魔する는 '남의 집(영역)에 방문하다'라는 의미.

코레까라 오쟈마시테모 이-데쇼-까

지금 방문해도 될까요?

048

お話しにうかがってもいいで
すか。

오하나시니 우까갓테모 이-데스까

말씀 드리러 찾아뵈도 될까요?

伺(うかが)う: 여쭤보다,
말씀을 듣다, 찾아뵙다

049

ちょっとお訪ねしてもいいかしら。

촛토 오타즈네시테모 이-까시라

좀 찾아뵈어도 될까요?

かしら는 여성어니까 남
자가 말하면 게이 취급을
받을 수도 있다.

050

今日、のちほどお目にかかれ
ますでしょうか。

쿄- 노치호도 오메니카카레마스데쇼-까

오늘, 나중에 뵐 수 있을까요?

のちほど: 나중에, 조금
지난 후에

051

明日はダメですよ。

아시타와 다메데스요

내일은 안 돼요.

ダメ는 금지, 불가능, 부
적합 등을 표현.

052

出来るだけ早く会いたいんです。

데끼루다케 하야꾸 아이타인데스

가능한 한 빨리 만나고 싶습니다.

出来るだけ: 가능하면, 되
도록이면(＝なるべく)

053

私の<ruby>私<rt>わたし</rt></ruby>のスケジュールをチェックしてみます。

スケジュール: 스케줄 (schedule)
チェック: 체크(check), 확인

와타시노 스케주-루오 쳇쿠시테 미마스

저의 스케줄을 확인하도록 하겠습니다.

054

<ruby>火曜<rt>かよう</rt></ruby>の<ruby>午後<rt>ごご</rt></ruby>、なんとか<ruby>都合<rt>つごう</rt></ruby>をつけられませんか。

都合をつける: 융통성을 발휘하다, 변통하다

카요-노 고고 난토까 쓰고-오 쓰케라레마셍까

화요일 오후 어떻게든 시간을 낼 수 없습니까?

055

<ruby>水曜<rt>すいよう</rt></ruby>の<ruby>午後<rt>ごご</rt></ruby>3<ruby>時<rt>さんじ</rt></ruby>はどうですか?

どうですか보다 정중한 표현은 いかがですか。

스이요-노 고고 산지와 도-데스까

수요일 오후 3시는 어떻습니까?

056

<ruby>何時<rt>なんじ</rt></ruby>まで<ruby>時間<rt>じかん</rt></ruby>が<ruby>空<rt>あ</rt></ruby>いてますか。

空く : 비다, 한가해지다, 빈자리가 생기다

난지마데 지칸가 아이테마스까

몇 시까지 시간이 비어 있습니까?

057

いつでも<ruby>寄<rt>よ</rt></ruby>ってください。

寄る: 접근하다, 들르다, 겹치다

이쓰데모 욧테 쿠다사이

언제라도 들러 주십시오.

058
今日午後は時間があります。
きょう ご ご　じ かん

쿄-고고와 지칸가 아리마스

오늘 오후는 시간이 있습니다.

午後에서 後는 ご지만 後輩(こうはい 후배), 後退(こうたい 후퇴), 後悔(こうかい 후회)에선 こう라고 읽는다.

059
じゃ、その日10時に御社でお目にかかります。
ひ じゅう じ　　おん しゃ
め

쟈 소노히 쥬-지니 온샤데 오메니 카카리마스

그럼, 그날 10시에 귀사에서 뵙겠습니다.

御社: 상대방의 회사를 높이는 말
お目にかかる: 뵙다, 만나다의 겸손어

060
遅れる場合はケータイに連絡するよ。
おく　　ば あい　　　　　　れんらく

오쿠레루바아이와 케-타이니 렌라쿠스루요

늦게 되면 휴대폰으로 연락할게.

스마트폰은 スマートフォン, 짧게는 スマホ라고 한다.

061
では、失礼いたします。
しつれい

데와 시쓰레-이타시마스

그럼 실례하겠습니다.

전화 통화를 잘 했어도 마지막으로 끊을 때 서두르는 느낌을 풍기면 상대에게 좋지 않은 인상을 남기게 된다. 마지막까지 정중하게 인사하고 끊어야 한다.

062
起こしてしまったかな。

오코시테 시맛타까나

자는 걸 깨웠나?

起こす : 일으키다, 깨우다, 시작하다

063
電話が遠いね。

뎅와가 토오이네

전화가 멀리 들리네.

遠い는 遠(とお)く聞(き)こえる라는 의미.

064
何番へおかけですか。

남방에 오카케데스까

몇 번으로 거셨습니까?

へ(헤)는 조사로 쓰일 경우 '에'라고 읽는다.

065
すみません、番号をかけ間違えました。

스미마셍 방고-오 카케마치가에마시따

실례했습니다. 제가 잘못 걸었네요.

かけ間違える는 かける(걸다)+間違える(실수하다)

066
その名前の者はおりません。

소노 나마에노 모노와 오리마셍

그런 이름을 가진 사람은 없습니다.

者는 人보다 겸손한 표현. おりません은 いません의 겸손한 표현.

067
<ruby>繋<rt>つな</rt></ruby>がりがよくないですね。

쓰나가리가 요쿠나이데스네

연결이 좋지 않네요.

068
<ruby>失礼<rt>しつれい</rt></ruby>しました。<ruby>切<rt>き</rt></ruby>れてしまいました。

시쓰레-시마시따　키레테 시마이마시따

죄송합니다. 전화가 끊어졌네요.

切れる는 '끊어지다, 유효기간이 끝나다, 무너지다'라는 뜻이 있는데 속어로 '격분하여 이성을 잃다'라는 의미로도 흔히 쓰인다.

Unit 2　직장 생활　1 직업 묻기

069
どの<ruby>会社<rt>かいしゃ</rt></ruby>に<ruby>勤<rt>つと</rt></ruby>めていますか。

도노 카이샤니 쓰토메테 이마스까

어느 회사에 근무합니까?

勤める: 일하다, 근무하다

070
<ruby>貿易会社<rt>ぼうえきがいしゃ</rt></ruby>で<ruby>働<rt>はたら</rt></ruby>いています。

보-에키가이샤데 하타라이테이마스

무역회사에 근무하고 있습니다.

貿易: 무역
働く: 일하다, 근무하다.

071

あなたは会社員ですか。
かいしゃいん

아나따와 카이샤잉데스까

당신은 회사원입니까?

会社員은 보통 サラリーマ
ン이라고도 한다.

072

いいえ、公務員です。
こうむいん

이-에 코-무잉데스

아니요, 공무원입니다.

일본에서도 역시 안정적
인 직업으로서 공무원이
인기가 좋아서 公務員試
験(こうむいんしけん)을 준
비하는 젊은이가 많다.

073

部署はどこですか。
ぶ しょ

부쇼와 도코데스까

부서는 어디입니까?

部署: 부서
総務部(そうむぶ): 총무부
人事部(じんじぶ): 인사부
開発部(かいはつぶ): 개발부

074

私は営業をやっています。
わたし えいぎょう

와타시와 에-교-오 얏테 이마스

저는 영업을 하고 있습니다.

営業: 영업

075

会社まではどうやって行くん
かいしゃ   い
ですか。

카이샤마데와 도-얏테 이쿤데스까

회사까진 어떻게 가십니까?

どうやって: 어떻게, 어떤
방법(교통수단)으로

076 **フリーランスです。**

후리-란스-데스

프리랜서입니다.

フリーランス(freelance)는 개인사업자를 말하고, 기업의 하청을 받아 일하는 사람은 프리랜서(freelancer)라고 한다.

Unit 2 직장 생활 2 사무실에서

---

077 **さあ、仕事を始めよう。**
しごと はじ

사- 시고토오 하지메요-

자, 일을 시작하자.

근무: 勤務(きんむ)
야근: 夜勤(やきん)
조퇴: 早退(そうたい)

---

078 **やることがたくさんあるんだ。**

야루코토가 타쿠상 아룬다

할 일이 많아.

やること: 할 일
やってはいけないこと: 하면 안 되는 일

---

079 **仕事をサボるな!**
しごと

시고토오 사보루나

일을 게을리하지 마!

サボる(게을리하다, 사보타주 하다)는 불어 sabotage(사보타주)+る(동사를 만드는 어미)를 결합시켜 만든 신조어.

---

080 **その仕事とは縁が切れた。**
しごと えん き

소노 시고토또와 엥가 키레타

그 일에서 손을 뗐어.

縁が切れる: 인연이 다하다

081 これをホチキスで留(と)めてください。

코레오 호치키스데 토메테 쿠다사이

이걸 스테이플러로 박아 주세요.

留める: 만류하다, 잠그다, 고정시키다

---

082 この書類(しょるい)をコピーしてくれる？

코노 쇼루이오 코피-시테 쿠레루

이 서류를 복사해 주겠니?

書類: 서류
複写用紙: 복사용지: コピー用紙(ようし)

---

083 コピー機(き)の紙切(かみき)れだと思(おも)うよ。

코피-키노 카미키레다또 오모우요

복사기 종이가 떨어진 걸 거야.

コピー機: 복사기
A4용지: A4(エーよん)用紙(ようし)

---

084 任(まか)せてください。

마까세테 쿠다사이

제가 하겠습니다.

직역하면 '맡겨주세요'인데 자신 있게 자기가 하겠다는 표현.

---

085 こういう仕事(しごと)は得意(とくい)なんです。

코-이우 시고토와 토쿠이난데스

이런 일은 제가 자신 있습니다.

得意: 가장 숙련됨, 단골

---

086 一休(ひとやす)みしよう。

히토야스미 시요-

잠깐 쉬자.

一休み: 잠깐 휴식함

087
コーヒーはいかがですか。

코-히-와 이캉아데스까

커피는 어떠세요?

コーヒー : 커피(coffee), 한자로는 珈琲라고 씀.

088
自動販売機はどこですか。

지도-함바이키와 도코데스까

자판기는 어디 있어요?

승차권이나 티켓을 파는 자동판매기는 自動券売機(じどうけんばいき)라고 한다.

089
そろそろ昼食の時間だ。

소로소로 츄-쇼쿠노 지칸다

곧 점심 시간이야.

そろそろ : 이제 슬슬
昼食 : 중식, 점심

090
会議が長引きそうだ。

카이기가 나가비키소-다

회의가 길어질 것 같아.

長引く : 오래 끌다, 지연 되다

091
最初からもう一度やり直してくれ。

사이쇼까라 모-이치도 야리나오시테쿠레

처음부터 한 번 더 해 주게.

やり直す : 다시 하다, 고 쳐하다

092 このレポートを今日中に仕上
げてくれ!

仕上げる: 마무리하다,
성취시키다

코노 레포-또오 쿄-쥬-니 시아게테쿠레

이 보고서를 오늘 중으로 마무리해 줘!

---

093 やりがいのある仕事です。

야리가이노 아루 시고토데스

보람이 있는 일입니다.

やりがい: 하는 보람
かい는 '보람, 효과'라는
뜻인데 뒤에 와서 がい로
탁음화 됨.

---

094 あの人は仕事ができる。

아노히토와 시고토가 데끼루

저 사람은 일을 잘한다.

できる: 능력 있다, 요령
을 안다, 잘한다

---

095 うちの部長はなかなかのやり
手です。

우치노 부초-와 나카나카노 야리테데스

우리 부장은 상당한 수완가입니다.

やり手: 능력 있는 사람, 선
수(연애에서 야유하는 의
미로 이성의 비위를 잘 맞
추고 밀당을 잘하는 사람)

096

かのじょ けいけんゆた
彼女は経験豊かだ。

카노죠와 케-껜유타까다

그녀는 경험이 풍부하다.

豊かだ: 풍부하다, 여유 있다
(반대말) 乏しい: 부족하다, 결핍되다

097

つか
あいつは使いものにならないよ。

아이쓰와 쓰카이모노니 나라나이요

저 놈은 쓸모가 없어.

あいつ: 저놈(남녀 무관)
使いもの: 쓸모 있는 물건 또는 사람

098

たよ
まったく頼りにならない。

맛따꾸 타요리니 나라나이

전혀 믿음이 가질 않아.

頼りになる: 믿음이 가다, 믿음직하다

099

ぶ ちょう えら い
部長は偉そうなことばかり言ってる。

부쵸-와 에라소-나 코토바까리 잇떼루

부장은 고압적인 얘기만 한다.

偉そうだ라는 말은 흔히 쓰이는데, '건방지다, 잘난 척하다, 거드름 피우다'라는 의미.

100

かのじょ し ごと ざつ
彼女は仕事が雑だよ。

카노죠와 시고토가 자쓰다요

그녀는 일처리가 엉터리다.

雑だ: 엉터리다, 경솔하다, 서투르다, 체계가 없다

101
商売はうまく行ってますか。

쇼-바이와 우마쿠 잇테마스까

장사는 잘 되십니까?

商売: 장사, 직업

102
商売がうまく行かなくて困っています。

쇼-바이가 우마쿠 이카나쿠테 코맛테 이마스

장사가 안 되어 곤란합니다.

うまく行く: 잘 되다, 순조롭다
困る : 곤란하다, 힘들다

103
新しく始めた事業はどうですか。

아타라시쿠 하지메타 지교-와 도-데스까

새로 시작한 사업은 어떠세요?

始める: 시작하다
事業: 사업

104
職業には満足してますか。

쇼쿠교-니와 만조쿠시테마스까

직업에 만족하세요?

職業: 직업, 생업
満足する: 만족하다

105
いつも大変です。

이쓰모 타이헨데스

늘 어렵습니다.

大変은 명사로 '큰일, 곤란한 일'이란 뜻이 있는데, 형용동사로서도 쓰인다.
大変な場合 힘든 경우, 큰일이 난 경우

106
何<ruby>なん</ruby>とかやっています。

난토까 얏테 이마스

그럭저럭 버티고 있습니다.

何とか: 어떻게든, 간신히

107
最近<ruby>さいきん</ruby>は赤字<ruby>あかじ</ruby>です。

사이킨와 아카지데스

요즘 적자입니다.

赤字: 적자, 손해
반대말은 黒字(くろじ) 흑자

108
そんなに悪<ruby>わる</ruby>くはないです。

손나니 와루쿠와 나이데스

그리 나쁘지는 않습니다.

そんなには 別(べつ)に라
고 말해도 괜찮다.

Unit 2 직장 생활   5 근무시간에 대하여

109
タイムカードは押<ruby>お</ruby>した？

타이무카-도와 오시타

타임카드는 찍었어?

주5일 근무제: 週休(しゅ
うきゅう)2日制(ふつかせ
い)

110
朝<ruby>あさ</ruby>9時<ruby>じ</ruby>に出勤<ruby>しゅっきん</ruby>します。

아사쿠지니 슉킨시마스

아침 9시에 출근합니다.

出勤은 出社(しゅっしゃ)와
거의 같은 뜻.

111

1日、何時間働きますか。
いちにち　なんじ　かんはたら

이치니치 난지칸 하타라키마스까

하루에 몇 시간 근무하십니까?

112

普通 9時から6時まで働いています。
ふ つう　くじ　　　ろくじ　　　はたら

후쓰- 쿠지까라 로쿠지마데 하라타이테 이마스

보통, 9시에서 6시까지 일합니다.

113

一時間の昼休みがあります。
いちじかん　　　ひるやす

이치지칸노 히루야스미가 아리마스

한 시간 동안 점심시간이 있습니다.

休み: 점심 휴식 시간

114

今日は半休を取ります。
きょう　　　はんきゅう　　と

쿄-와 항큐-오 토리마스

오늘은 반날 휴가를 쓰겠습니다.

115

吉村はまだ出社してないの?
よしむら　　　　　しゅっしゃ

요시무라와 마다 슛샤시테 나이노

요시무라는 아직도 출근 안 했어?

116 もう終(お)わりにしよう。

모- 오와리니 시요-

これで切(き)り上(あ)げよう。

코레데 키리아게요-

이제 끝내자.

切り上げる: 끝내다, 마치다

---

117 もう疲(つか)れたよ。今日(きょう)はここまでにしよう。

모- 쓰카레타요. 쿄-와 코꼬마데니 시요-

이제 지쳤어. 오늘은 이만하자.

ここまでは 물론 시간을 가리키는데, '지금부터' 는 これから라고 한다.

---

118 退社(たいしゃ)の時間(じかん)になった。

타이샤노 지칸니 낫따

퇴근 시간이 되었네.

우리는 退社라고 하면 회사를 그만두는 것을 말하지만 일본에선 '퇴근'을 의미한다. 회사를 그만두는 것은 退職(たいしょく)라고 한다.

---

119 今日(きょう)は忙(いそが)しかったよ。

쿄-와 이소가시깟타요

오늘은 바빴어.

忙しい: 바쁘다, 분주하다

120

お疲れ様。

오쓰카레사마

수고했어요.

열심히 일한 사람에게 건네는 인사말인데, 비슷한 말로 ご苦労様(くろうさま)가 있다.
お疲れ様는 윗사람에게 해도 좋은데, ご苦労様는 윗사람에겐 하면 안 되는 말이다. 하지만 일상에서 이런 미묘한 예절이 잘 지켜지는 것은 아니다.

121

では、お先に失礼します。

데와 오사키니 시쓰레-시마스

그럼, 먼저 실례하겠습니다.

퇴근이 아니라도 먼저 자리를 뜰 때 하는 말.

122

今日は残業があります。

쿄-와 장교-가 아리마스

오늘은 잔업을 해야 합니다.

잔업 수당 : 残業手当(ざんぎょうてあて)

Unit 2   직장 생활   7 직장에서 인간관계

123

会社を辞めたい。

카이샤오 야메타이

회사를 그만두고 싶어.

やめる는 한자에 따라 의미가 달라진다.
止める 중단하다, 끊다
辞める 사직하다, 그만두다
病める 병을 앓다, 아프다

124
辞める前に第三者に相談してみて。

<small>や</small> <small>まえ</small> <small>だいさんしゃ</small> <small>そうだん</small>

일어의 相談은 우리말 '상담'과 달리 전문가가 아닌 어느 누구와도 사정 이야기를 하고 충고를 구하는 것.

야메루 마에니 다이산샤니 소-당시테미떼

그만두기 전에 제삼자와 상담해 봐.

125
私はみんなとうまくやっていきたいんだ。

<small>わたし</small>

やっていく: 살아가다, (일이나 교제를) 지속해 가다

와타시와 민나토 우마쿠 얏테이키타인다

나는 모두와 잘 지내고 싶어.

126
社内の人間関係に疲れた。

<small>しゃない</small> <small>にんげんかんけい</small> <small>つか</small>

人間関係: 인간관계
疲れる: 지치다, 피곤해지다

샤나이노 닝겐캉께-니 쓰카레타

사내의 인간관계에 지쳤어.

127
いつもネガティブなことを言ってる人は発展がないよ。

<small>い</small> <small>ひと</small> <small>はってん</small>

ネガティブな: 네거티브한 (negative), 부정적인

이쓰모 네가티브나 코토오 잇떼루 히토와 핫뗑가 나이요

늘 네거티브한 것을 말하는 사람은 발전이 없어.

128
君は誰の味方なんだ？

<small>きみ</small> <small>だれ</small> <small>みかた</small>

味方: 우군, 우리 편

키미와 다레노 미카타난다

넌 누구 편이야?

129
わたし かれ たいへんかんしゃ
私は彼に大変感謝しているんだ。

大変은 '곤란한 일'이란 뜻
이 있지만 여기서는 '무척,
대단히'라는 의미.

와타시와 카레니 타이헹 칸샤시테 이른다

나는 그에게 무척 감사하고 있어.

Unit 2   직장 생활   **8 휴가 말하기**

130
ゆうきゅうきゅう か   き かん
有給休暇の期間はどれくらい
ですか。

有給休暇: 유급휴가
무급: 無給(むきゅう)

유-큐-큐-카노 키칸와 도레쿠라이데스까

유급 휴가 기간은 얼마나 됩니까?

131
しゅっさんきゅう か
出産休暇はいつからですか。

出産休暇 : 출산휴가

숫산큐-카와 이쓰카라데스까

출산 휴가는 언제부터인가요?

132
きゅう か ちゅう すぎ た   わたし し ごと
休暇中は杉田さんが私の仕事
ひ つ
を引き継ぎます。

引き継ぐ : 이어받다, 계승
하다

큐-카츄-와 스기타상가 와타시노 시고토오 히키쓰기마스

휴가 중엔 스기타 씨가 제 일을 이어받을 거예요.

133
<ruby>8月<rt>はちがつ</rt></ruby><ruby>3日<rt>みっか</rt></ruby>から <ruby>休暇<rt>きゅうか</rt></ruby>をとってもいいですか。

休暇を取る: 휴가를 갖다

하치가쓰 믹까까라 큐-까오 톳테모 이-데스까

8월 3일부터 휴가를 가도 될까요?

134
<ruby>夏休<rt>なつやす</rt></ruby>みにはどこへ<ruby>行<rt>い</rt></ruby>きたいですか。

休暇 대신에 休み라고도 말한다.

나쓰야스미니와 도코에 이키타이데스까

여름휴가 때 어디 가고 싶으세요?

135
<ruby>休暇<rt>きゅうか</rt></ruby>はどうやって<ruby>過<rt>すご</rt></ruby>した？

どうやって: 어떤 식으로, 어떻게(＝どのように)

큐-카와 도-얏떼 스고시따

휴가는 어떻게 보냈어?

Unit 2 직장 생활 9 봉급 이야기

136
<ruby>給料<rt>きゅうりょう</rt></ruby>はどういう<ruby>風<rt>ふう</rt></ruby>に<ruby>受<rt>う</rt></ruby>け<ruby>取<rt>と</rt></ruby>りますか。

우리와 마찬가지로 일어도 '급여'를 가리키는 어휘가 사용된다.
給与(きゅうよ), 俸給(ほうきゅう)

큐-료-와 도-이우 후-니 우케토리마스까

급여를 어떤 식으로 받으세요?

137

げっきゅう
月給でもらいます。

잭큐-데 모라이마스

월급으로 받습니다.

月給: 월급, 봉급

138

ねんぼう
年棒はいくらぐらいですか。

넴보-와 이쿠라구라이데스까

연봉이 얼마나 됩니까?

年棒: 연봉[= 年収(ねんしゅう)]

139

きゅうりょう び
給料日はいつですか。

큐-료-비와 이쓰데스까

급여일이 언제입니까?

給料日: 급료일, 급여일

140

きゅう よ   あ
給与がちょっと上がった。

큐-요가 춋토 아갓따

급여가 좀 올랐다.

給与: 급여
上がる: 오르다, 올라가다

141

すく   きゅうりょう せいかつ   くる
少ない給料で生活が苦しいよ。

스쿠나이 큐-료-데 세-까쓰가 쿠루시-요

적은 급여로 생활이 힘들어.

給料: 급료

142

こうつうひ きゅうりょう ふく
交通費は給料に含まれています。

코-쓰-히와 큐-료-니 후쿠마레테 이마스

교통비는 봉급에 포함되어 있습니다.

交通費: 교통비
含まれる: 포함되다
일본에선 교통비가 따로 지급되는데 자기의 통근 구간의 한달 통행권(パス)만큼 지급받는다.

143
来月にはプサンに転勤になります。
らいげつ　　　　　　　　てんきん

라이게쓰니와 푸산니 텐킨니 나리마스

다음달에 부산으로 전근됩니다.

근무지를 이동하는 것을 転勤이라고 하고, 그때 가족을 두고 혼자 근무지에 가는 것을 単身赴任(たんしんふにん)이라고 한다.

144
彼は田舎の支店にとばされました。
かれ　いなか　　してん

카레와 이나카노 시텐니 토바사레마시따

그는 시골 지점으로 좌천되었습니다.

とばされる는 とばす(날리다, 좌천시키다)의 수동형 표현.

145
本社から移動してきました。
ほんしゃ　　　い どう

혼샤까라 이도-시테 키마시따

본사에서 이동해 왔습니다.

좌천의 반대말은 栄転(영전 えいてん).

146
私、部長に昇進しました。
わたし　ぶ ちょう　しょうしん

와타시 부쵸-니 쇼-신시마시따

저 부장으로 승진했어요.

昇進: 승진

147
彼の昇進は意外でした。
かれ　しょうしん　い がい

카레노 쇼-신와 이가이데시따

그의 승진은 의외였어요.

意外: 의외, 뜻밖

148

しょうしん ぎょう む じっせき
昇進は業務の実績にかかって
います。

業務: 업무
実績: 실적
かかる: 걸리다, 달리다

쇼-신와 교-무노 짓세키니 카캇테 이마스

승진은 업무 실적에 달렸어요.

149

かのじょ
彼女はくびになりました。

くびになる: 짤리다, 해고되
다[＝解雇(かいこ)される]

카노죠와 쿠비니 나리마시따

그녀는 짤렸습니다.

Unit 2   직장 생활   **11 직장 상사에 대하여**

150

わたし じょう し き び
私の上司は厳しいです。

厳しい: 엄격하다, 딱딱하
다, 지독하다

와타시노 죠-시와 키비시-데스

내 상사는 엄격합니다.

151

わたし じょう し おこ
私は上司に怒られました。

怒られる: 혼나다, 야단맞
다[＝叱(しか)られる]

와타시와 죠-시니 오코라레마시따

저는 상사에게 혼났습니다.

152

かれ わたし そんけい じょう し
彼は、私が尊敬できる上司です。

尊敬できる: 존경할 수 있다

카레와 와타시가 손케-데끼루 죠-시데스

그는 제가 존경할 수 있는 상사입니다.

153
彼はとても寛大です。
かれ　　　　　　　　　かんだい

寛大: 관대함, 너그러움

카레와 토테모 칸다이데스

그분은 매우 관대합니다.

154
上司を敵にまわすな。
じょうし　　てき

敵にまわす: 적으로 돌리다, 적대시하다

죠-시오 테키니 마와스나

상사를 적으로 돌리지 마.

155
彼はよく威張ります。
かれ　　　　　　い　ば

威張る: 거만하게 굴다, 위세를 부리다[= 偉(えら)そうに振舞(ふるま)う]

카레와 요쿠 이바리마스

그는 걸핏하면 거만하게 굴어요.

156
私は昨日上司と飲みに行った。
わたし　きのうじょうし　　の　　い

飲みに行く: 술 마시러 가다

와타시와 키노-죠-시토 노미니 잇따

나는 어제 상사와 한잔하러 갔다.

Unit 2　　직장 생활　12 사직, 퇴직에 대하여

157
辞職した理由は何ですか。
じ しょく　　り ゆう　　なん

辞職는 스스로 회사를 그만두는 것.
사직서는 辞職書(じしょくしょ)

지쇼쿠시타 리유-와 난데스까

사직한 이유는 무엇입니까?

158

この仕事とは 合わないようです。

合わないは 合う(맞다, 적합하다)의 부정형.

코노 시고토또와 아와나이요-데스

이 일과는 안 맞는 것 같아요.

159

あなたの会社は 定年が何歳ですか。

何歳는 나이를 묻는 말도 되지만 정중하지 않은 표현. 정중한 말로는 おいくつですか라고 한다.

아나따노 카이샤와 테-넨가 난사이데스까

당신 회사는 정년이 몇 살입니까?

160

今は失業中です。

失業: 실업, 실직

이마와 시쓰교-츄-데스

지금은 놀고 있습니다.

161

辞めると決めました。

辞める: 사직하다, 그만두다
決める: 결심하다, 정하다

야메루토 키메마시따

그만두기로 결심했어요.

162

退職することになりまして、ご報告いたします。

退職: 퇴직
報告: 보고, 알림

타이쇼쿠스루코토니 나리마시테 고호-코쿠이타시마스

퇴직하게 되어 보고 드립니다.

163 わたし らいねん ていねんたいしょく
私は来年、定年退職します。

定年退職: 정년퇴직

와타시와 라이넨 테-넨타이쇼쿠시마스

저는 내년에 정년퇴직합니다.

---

164 きょねん
去年、リストラされました。

リストラ: 구조조정, 명예퇴직. restructuring의 줄임말.

쿄넨 리스토라사레마시타

작년에 구조조정 당했습니다.

Unit 2　직장 생활　13 컴퓨터 사용

165 あんしょうばんごう おぼ
暗証番号を覚えていますか。

暗証番号는 로그인할 때나 은행에서 돈을 인출할 때도 쓰인다.

안쇼-방고-오 오보에테 이마스카

비밀번호를 기억하고 있어요?

---

166 **パソコンがフリーズしちゃった。**

일본에선 コンピューター (컴퓨터)보다는 パソコン (파소콩, 퍼스널컴퓨터)이란 말을 잘 쓴다.
フリーズ: 다운됨(freeze)

파소콩가 후리-즈시 잣타

컴퓨터가 다운되었어요.

---

167 うご
まったく動かないな。

動く: 움직이다, 가동하다, 기능하다

맛따쿠 우고까나이나

전혀 안 움직이네.

168

さいきどう
再起動すればどうですか。

再起動: 재부팅, 다시 켬

사이키도-스레바 도-데스까

PC를 재부팅하지 그래요?

169

ぼく
僕のコンピューターがウイルスに感染しています。

かんせん

ウイルス: 바이러스,병균
백신 프로그램: ウイルス
バスター

보쿠노 콤퓨-타-가 우이루스니 칸센시테 이마스

내 PC가 바이러스에 감염되었습니다.

170

べんり　　　　きのう
このソフトは便利な機能がある。

프로그램을 ソフト라고 한
다. 이것은 소프트웨어의
줄임말.

코노 소후토와 벤리나 키노-가 아루

이 프로그램은 편리한 기능이 있어.

171

ぼく
僕のコンピューターをなるべく
はや　　しゅうり
早く修理しないといけない。

なるべく早く는 出来(でき)
るだけ早(はや)く라고 해도
된다.

보쿠노 콤퓨-타-오 나루베쿠 하야쿠 슈-리시나이토 이케나이

내 컴퓨터는 가능한 한 빨리 수리되어야 한다.

172
今日の主題は新しい広報戦略です。

広報: 홍보, 선전
戦略: 전략, 작전

쿄-노 슈다이와 아타라시- 코-호-센랴쿠데스

오늘의 주제는 새로운 홍보 전략입니다.

173
何か提案することはありますか。

提案: 제안[=提言(ていげん)]

나니카 테-안스루 코토와 아리마스까

뭔가 제안할 것이 있나요?

174
率直なご意見を言ってください。

率直な: 솔직한, 진솔한
言ってください는 聞かせて
ください (들려주세요)라
고 해도 된다.

솟쵸쿠나 고이켄오 잇테 쿠다사이

솔직한 의견을 말해주세요.

175
意見をまとめてみましょう。

まとめる: 정리하다, 통합
하다, 매듭 짓다

이켄오 마토메테 미마쇼-

의견을 정리해 봅시다.

176
この問題の決定は多数決で決めましょう。

多数決: 다수결

코노몬다이노 켓테-와 타스-케쓰데 키메마쇼-

이 문제의 결정은 다수결로 결정하겠습니다.

177
資料を分配してください。
しりょう ぶんぱい

시료-오 분파이시테 쿠다사이

자료를 나눠 주세요.

資料: 자료(=データ)
分配: 분배[=配布(はいふ)]

178
営業の方針について述べてみましょう。
えいぎょう ほうしん の

에-교-노 호-신니쓰이테 노베테미마쇼-

영업의 방침에 관해 얘기해 보겠습니다.

方針: 방침[=方向(ほうこう)]
述べる: 말하다, 진술하다

179
10分間休憩をします。
じゅっぷんかんきゅうけい

쥽풍칸 큐-케-오 시마스

10분 휴식을 갖겠습니다.

休憩: 휴게, 휴식[=休息(きゅうそく)]

180
そんなリスクをおかすわけにはいきません。

손나 리스쿠오 오카스와케니와 이키마센

그런 위험을 감수할 수는 없어요.

リスク: (사업적인)위험
おかす 한자에 따라 의미가 달라진다.
冒(おか)す: 무릅쓰다, 감수하다
犯す: 범하다, 어기다
侵す: 침범하다, 침해하다

181
その計画は調整が必要です。
けいかく ちょうせい ひつよう

소노케-카쿠와 쵸-세-가 히쓰요-데스

그 계획은 조정이 필요합니다.

調整는 적절한 변경을 말함. 修正(しゅうせい)라고도 함.

Unit 3 | 공공시설 | 1 관공서에서

182
これはどちらの部署へ行けば
いいでしょうか。

部署: 부서
行けば는 行ったら, 行くと
라고 할 수도 있다.

코레와 도치라노 부쇼에 이케바 이이데쇼까

이것은 어느 부서로 가야 할까요?

183
この仕事は何番の窓口で担当
していますか。

何番: 몇 번
窓口: 창구
担当: 담당

코노 시고토와 남반노 마도구치데 탄토-시테 이마스까

이 일은 몇 번 창구에서 담당하고 있습니까?

184
まず申し込まなければなりま
せん。

申(もう)し込(こ)む라는 동
사 대신 申請(しんせい)라
는 명사를 써도 된다.

마즈 모-시코마 나케레바 나리마센

우선 신청을 하셔야 해요.

185
文書を２枚作成しなければい
けません。

文書: 문서, 서류
枚: 얇고 넓은 것을 세는
단위

분쇼오 니마이 사쿠세-시나케레바 이케마센

문서를 두 장 작성하셔야 해요.

186
番号札を受け取ってから待っていてください。

ばんごうふだ　う　と　ま

番号札: 대기 번호표
受け取る: 받다, 받아들이다, 떠맡다

방고-후다오 우케톳테까라 맛테이테 쿠다사이

번호표를 받으시고 기다려 주세요.

187
判子がなければ署名してもいいです。

はんこ　　　　しょめい

判子: 도장
署名: 서명, 사인

항코가 나케레바 쇼메-시테모 이-데스

도장이 없으면 서명해도 됩니다.

Unit 3   공공시설   2 은행에서

188
口座を設けたいのですが。

こうざ　もう

設け : 마련하다, 만들다, 설치하다

코-자오 모-케타이노데스가

계좌를 개설하고 싶습니다.

189
両替の窓口 はどちらですか。

りょうがえ　まどぐち

환전은 정식 용어로 両替인데, 회화에선 換金(かんきん)이라고도 한다.

료-가에노 마도구치와 도치라데스까

환전 창구는 어디입니까?

190

身分証はお持ちですか。
<ruby>身<rt>み</rt></ruby><ruby>分<rt>ぶん</rt></ruby><ruby>証<rt>しょう</rt></ruby>はお<ruby>持<rt>も</rt></ruby>ちですか。

미분쇼-와 오모치데스까

신분증은 있으신가요?

お持ちですかは 持っていますかより 정중한 표현.

191

利息は何%ですか。
<ruby>利<rt>り</rt></ruby><ruby>息<rt>そく</rt></ruby>は<ruby>何<rt>なん</rt></ruby>%ですか。

리소쿠와 난파-센토데스까

이자는 몇 퍼센트입니까?

이자는 利息 또는 利子(り し)라고도 한다.

192

振込みをしたいのですが。
<ruby>振<rt>ふ</rt></ruby><ruby>込<rt>り</rt></ruby>みをしたいのですが。

후리코미오 시타이노데스가

송금하고 싶습니다.

振込み: 송금[送金(そうき ん)]
자동이체: 自動(じどう)引 (ひ)き落(お)とし

193

一万円札5枚と五千円札3枚に
してください。
<ruby>一<rt>いち</rt></ruby><ruby>万<rt>まん</rt></ruby><ruby>円<rt>えん</rt></ruby><ruby>札<rt>さつ</rt></ruby><ruby>5<rt>ご</rt></ruby><ruby>枚<rt>まい</rt></ruby>と<ruby>五<rt>ご</rt></ruby><ruby>千<rt>せん</rt></ruby><ruby>円<rt>えん</rt></ruby><ruby>札<rt>さつ</rt></ruby><ruby>3<rt>さん</rt></ruby><ruby>枚<rt>まい</rt></ruby>に してください。

이치망엔사쓰 고마이또 고셍엔사쓰 삼마이니 시테 쿠 다사이

1만 엔 다섯 장과 5천 엔 세 장으로 해주세요.

동전과 지폐는 단위가 우리 나라와 거의 동일한데 일본 에는 2천 원권도 있다.

194

今日の交換レートはいくらで
すか。
<ruby>今<rt>きょう</rt></ruby><ruby>日<rt></rt></ruby>の<ruby>交<rt>こう</rt></ruby><ruby>換<rt>かん</rt></ruby>レートはいくらで すか。

쿄-노 코-칸레-토와 이쿠라데스까

오늘 환율은 얼마입니까?

'환율'의 정식 명칭은 為 替(かわせ)레이트라고 한다.

195

5万円を引き出したいのですが。

ごまんえん ひ だ

고망엔오 히키다시타이노데스가

5만 엔을 인출하고 싶습니다.

引き出し: 출금, 인출
引き出す: 인출하다, 출금
하다

196

現金自動支払機はどこにありますか。

げんきん じ どう し はらい き

겡킨 지도-시하라이키와 도코니 아리마스까

현금자동인출기는 어디 있습니까?

현금인출기는 ATM(에―
티―에ム)라고도 한다.

197

ローンは利用できますか。

りょう

로-은와 리요- 데키마스까

대출을 받을 수 있을까요?

신용카드 대출: カードロ
ーン
리모델링 대출: リフォーム
ローン
학자금 대출: 教育(きょう
いく)ローン

Unit 3 　 공공시설 　 3 우체국에서

198

近くに郵便局はありますか。

ちか 　 ゆうびんきょく

치카쿠니 유-빙쿄쿠와 아리마스까

근처에 우체국이 있어요?

우리나라 우체국보다 편
리한 점은 토요일이나 일
요일에도 영업을 하는 곳
이 많다는 것.

199

切手を3枚ください。

きって 　 さんまい

킷테오 삼마이 쿠다사이

우표를 3장 주세요.

비슷한 말로 切符(きっぷ
표, 티켓)가 있는데 헷갈
리지 않도록 하자.

200

かんこく　　　て　がみ　　おく
韓国へ手紙を送りたいです。

韓国: 한국
手紙: 편지

캉코쿠에 테가미오 오쿠리타이데스

한국으로 편지를 보내고 싶습니다.

201

こづつみ　そくたつ　　おく
この小包を速達で送りたいです。

小包: 소포, 꾸러미
速達: 속달, 급행

코노 코즈쓰미오 소쿠타쓰데 오쿠리타이데스

이 소포를 속달로 보내고 싶습니다.

202

おく
アメリカに送るのにいくらか
かりますか。

かかりますか는 시간이나
비용이 얼마나 소요되냐
고 묻는 말. 시간일 경우
엔 '걸리다'로 해석.

아메리카니 오쿠르노니 이쿠라 카까리마스까

미국에 보내려면 얼마 듭니까?

203

はっしんにん　　　な　まえ　　じゅうしょ
発信人の名前と住所はどこに
か
書くんですか。

받는 사람 이름과 주소를
あて先(さき)라고 한다.

핫신닝노 나마에토 쥬-쇼와 도코니 카쿤데스까

발신인 이름과 주소를 어디에 씁니까?

204

ゆうびんばんごう
郵便番号は314−3145です。

番号는 ばんご가 아니
라ばんごう임을 기억할
것. 처음엔 혼동하기 쉽
다.

유-빙방고-와 상이치욘노 상이치욘고데스

우편번호는 314-3145입니다.

205 カットだけお<ruby>願<rt>ねが</rt></ruby>いします。

캇토다케 오넹아이 시마스

커트만 해 주세요.

カット 대신 散髪(さんぱつ)라는 말도 쓴다.

---

206 どういう<ruby>風<rt>ふう</rt></ruby>にしましょうか。

도-이우 후-니 시마쇼-까

어떤 스타일로 해 드릴까요?

짧게 : ショート(short)
중간 : ミディアム(medium)
길게 : ロング(long)

---

207 <ruby>刈上<rt>かりあ</rt></ruby>げにしてください。

카리아게니 시테쿠다사이

스포츠형(군인 스타일)으로 해 주세요.

刈上げ는 아래쪽 머리를 기계로 미는 것. 전체적으로 미는 것은 坊主(ぼうず)라고 한다. 원래 '스님'이란 뜻인데 완전히 미는 것이 아니라도 아주 짧은 것은 이렇게 말한다.

---

208 イメチェンしてみたいです。

이메첸시테 미타이데스

스타일을 바꿔보고 싶어요.

イメチェン: 이미지 체인지(image change)의 줄임말.

---

209 <ruby>短<rt>みじか</rt></ruby>すぎないようにしてください。

미지카스기나이 요-니시테 쿠다사이

너무 짧지 않게요.

형용사나 동사 어간에 すぎる를 붙이면 하나의 동사가 된다.
長すぎる 너무 길다
美しすぎる 너무나 아름답다
食べすぎる 너무 먹다, 과식하다

210
髪の毛を染めてください。

카미노케오 소메테 쿠다사이

염색을 하고 싶어요.

염색을 *カラーリング*(colo-ring)라고도 한다.

211
それは要らないです。

소레와 이라나이데스

그건 필요없습니다.

要らないです는 結構(けっこう)です라고 해도 된다.

212
カットしてください。

캇토시테 쿠다사이

커트해 주세요.

숏컷 : ショート
중간 : ミディアム
세미롱 : セミロング
길게 : ロング

213
髪型を思い切って変えたいです。

카미가타오 오모이킷테 카에타이데스

헤어스타일을 완전히 바꾸고 싶어요.

思い切っては '본격적으로, 큰맘 먹고, 제대로'의 의미.

214
ヘアカタログを見せてください。

헤아카타로구오 미세테쿠다사이

헤어 카탈로그를 보여 주세요.

ヘアカタログ : 헤어스타일 견본 사진이 있는 카탈로그(hair catalog)

215

このスタイルにしてください。

코노 스타이루니 시테 쿠다사이

이 스타일로 해 주세요.

216

ヘアセットをお願いします。
<small>ねが</small>

헤아셋토오 오네가이 시마스

헤어 셋팅을 해 주세요.

우리가 ~ing으로 표현 하는 것을 일본어에선 ~ing를 빼고 표현하는 일이 많다.
파이팅! ファイト!(fight)
채팅 チャット(chat)
스트레칭 ストレッチ(stretch)

217

ストレートパーマをかけてください。

스토레-또 파-마오 카케테 쿠다사이

스트레이트파마를 해 주세요.

곱슬머리: 癖毛(くせげ)

218

ヘアカラーしてください。

헤아카라- 시테 쿠다사이

염색을 하고 싶습니다.

부분 염색: 部分染(ぶぶんそ)め
전체 염색: 全体染(ぜんたいそ)め フルカラー
뿌리 염색: 根元染(ねもとそ)め リタッチカラー

219

このズボンをプレスしてください。

코노 즈봉오 푸레스시테 쿠다사이

이 바지를 다리미질해 주세요.

다리미질은 보통 アイロン がけ라고 말한다. アイロン 은 물론 다리미를 말한다.

220

ズボンの裾あげをお願いします。

즈봉노 스소아게오 오네가이시마스

바지 기장 줄이기를 해 주세요.

裾(すそ): 옷의 밑단, 옷 자락

221

このしみは取れるでしょうか。

코노 시미와 토레루데쇼-까

이 얼룩은 지워질까요?

取れる: 떨어지다, 산출 되다, 잡히다, 해석되다

222

ワンピースとスカートがあります。

완피-스또 스카-또가 아리마스

원피스와 스커트가 있습니다.

ワンピース: (여자옷) 원 피스
スカート: 스커트, 치마

223

いつ仕上がりますか。

이쓰 시앙아리마스까

언제 다 됩니까?

仕上がる: 마무리되다, 끝나다

224

お部屋までお届けしましょうか。

お届け: 보내드림, 배달

오헤야마데 오토도케 시마쇼-까

객실까지 갖다드릴까요?

225

洗濯機に入れると縮むから、手でやらないといけません。

洗濯機: 세탁기
縮む: 줄어들다, 작아지다

센타꾸키니 이레루또 치지무까라 테데 야라나이또 이케마센

세탁기에 넣으면 줄어드니까 손으로 해야 해요.

Unit 3 공공시설 7 주유소, 카센터에서

226

洗車をお願いします。

洗車: 세차. '세'에는 받침이 없는데 일어로는 せん이 되는 점을 기억해 둘 것.

센샤오 오넹아이시마스

세차 좀 부탁합니다.

227

レバーを中立にして、ブレーキは踏まないでください。

수동변속기 기어는 시가라고 하고 오토매틱 기어는 레버라고 한다.

레바-오 츄-리쓰니시테 부레-키와 후마나이데 쿠다사이

기어를 중립으로 하시고 브레이크는 밟지 마세요.

228

<ruby>軽<rt>けい</rt></ruby><ruby>油<rt>ゆ</rt></ruby>で５<ruby>千<rt>せん</rt></ruby><ruby>円<rt>えん</rt></ruby><ruby>分<rt>ぶん</rt></ruby><ruby>入<rt>い</rt></ruby>れてください。

케-유데 고센엔분 이레테 쿠다사이

경유로 5천 엔어치 넣어 주세요.

軽油: 경유
レギュラーガソリン: 일반 휘발유, 보통 レギュラー라고 한다.

229

<ruby>満<rt>まん</rt></ruby>タンにしてください。

만탕니 시테 쿠다사이

가득 채워주세요.

우리도 많이 쓰는 만땅이란 말은 한자어 満에 (연료)탱크의 タン을 합친 말.

230

ハイオクで<ruby>入<rt>い</rt></ruby>れてください。

하이오쿠데 이레테 쿠다사이

고급 휘발유로 넣어 주세요.

ハイオク: 고(高)옥탄가 가솔린(high octane)

231

ちょっとバックしてください。

촛토 박쿠시테 쿠다사이

좀 후진해 주세요.

バック: 백(back), 뒤, 후진, 빠꾸가 아니라 '박꾸'라고 부드럽게 발음할 것.

232

<ruby>給<rt>きゅう</rt></ruby><ruby>油<rt>ゆ</rt></ruby><ruby>口<rt>ぐち</rt></ruby>を<ruby>開<rt>あ</rt></ruby>けてください。

큐-유구치오 아케테 쿠다사이

급유구를 열어 주세요.

口는 뒤에 오면 탁음이 된다.
예) 出口(でぐち): 출구
入(い)り口(ぐち): 입구

VII

해외여행

海外旅行(かいがいりょこう)

chapter 7

해외여행 海外旅行(かいがいりょこう)

Unit 1 항공편 | Unit 2 교통편 | Unit 3 레스토랑 | Unit 4 쇼핑
Unit 5 호텔 | Unit 6 관광 | Unit 7 오락 | Unit 8 여행 트러블

Unit 1 　항공편　1 항공편 예약

001
くうこう なんじ い
空港は何時まで行けばいいですか。

쿠-코-와 난지마데 이케바 이-데스까

공항은 몇 시까지 가면 됩니까?

> 空港: 공항, 재미있는 것은 航空(こうくう)와 발음이 거꾸로다.

002
こうくうびん へんこう
航空便を変更したいんです。

코-쿠-빙오 헹코-시타인데스

항공편을 변경하고 싶습니다.

> 航空便: 항공편(=フライト)
> 変更: 변경

003
はやびん へんこう
早便に変更したいんです。

하야빙니 헹코-시타인데스

이른 시간에 가는 편으로 변경하고 싶습니다.

> 早便: 이른 편(항공편이나 우편물)

004
こうくうびん と け
航空便を取り消したいんです。

코-쿠-빙오 토리케시타인데스

항공편을 취소하고 싶습니다.

> 取り消す: 취소하다(=キャンセルする)

해외여행이 너무 흔한 시대이지만 여행을 떠나기 전엔 누구나 유쾌한 설렘을 느낀다. 그런데 현지에 가면 한정된 일정 때문에 시간이 정신없이 지나가게 마련이다. 그래서 뭐든지 미리미리 준비해둬야 써먹을 수 있다. 일본은 우리와 무척 비슷하면서도 다른 점도 많이 있으니 미리 알아두어 낭패를 겪지 않기를 바란다.

005

キャンセル待ちをするしかないですね。

キャンセル待ち: 취소 대기

캰세루마치오 스루시까나이데스네

취소 대기를 할 수밖에 없겠네요.

006

ビジネスクラス[エコノミークラス]をお願いします。

エコノミークラス: 이코노미석(일반)
ビジネスクラス: 비즈니스석(고급)
ファーストクラス: 퍼스트석(특급)

비지네스쿠라스[에코노미-쿠라스]오 오넹아이시마스

비즈니스석[일반석]을 부탁합니다.

007

どれくらい遅れるんですか。

遅れる: 지체되다, 늦어지다

도레쿠라이 오쿠레른데스까

얼마나 늦어집니까?

008

えん
円をドルに両替してください。
りょうがえ

엔오 도루니 료-가에시테 쿠다사이

엔을 달러로 환전해 주세요.

> 달러는 ドル(dollar)라고 한다.
> 両替: 환전

009

こぜに
小銭も混ぜていただけますか?
ま

코제니모 마제테 이타다케마스까

잔돈도 섞어 주시겠어요?

> 小銭: 잔돈, 동전
> 混ぜる: 섞다, 혼합하다

010

トラベラーズチェックを現金
げんきん
に換えたいのですが。
か

토라베라-즈첵쿠오 겡킨니 카에타이노데스가

여행자수표를 현금으로 바꾸고 싶습니다.

> トラベラーズチェック: 여행자수표(traveler's check)

011

きょう   かわせ
今日の為替レートはいくらで
すか。

쿄-노 카와세레-토와 이쿠라데스까

오늘 환율은 얼마입니까?

> 為替レート: 환율. レート는 영어 rate. 해외여행시 환전은 미리 해두는 것이 이득이다. 공항에 있는 은행에서 환전을 하면 편한 점도 있지만 환율상 (금전적으로) 손해를 보게 된다.

012

て すうりょう
手数料はいくらですか。

테스-료-와 이쿠라데스까

수수료는 얼마입니까?

> 手数料: 수수료, 수고료

<ruby>残<rt>のこ</rt></ruby>りは10ドル<ruby>札<rt>さつ</rt></ruby>でください。

札: 지폐, 문서, 표

노코리와 쥬-도루사쓰데 쿠다사이

나머지는 10달러 지폐로 주십시오.

Unit 1 항공편 3 탑승수속

ここでチェックインできますか。

チェックイン: 체크인
(check-in)은 보통 호텔
에 들어가서 하는 수속
(본인 확인, 객실 열쇠 인
도)인데 비행기 탈 때도
한다.

코꼬데 첵쿠인데키마스까

여기서 체크인할 수 있습니까?

<ruby>窓側<rt>まどがわ</rt></ruby>と<ruby>通路側<rt>つうろがわ</rt></ruby>、どちらの<ruby>席<rt>せき</rt></ruby>が
いいですか。

체크인할 때 꼭 물어보는
질문이다.
窓側: 창가 쪽
席: 좌석

마도가와또 쓰-로가와 도치라노세키가 이-데스까

창가와 통로 쪽 중 어느 좌석으로 할까요?

016

<ruby>通路側<rt>つうろがわ</rt></ruby>の<ruby>席<rt>せき</rt></ruby>を<ruby>お願<rt>ねが</rt></ruby>いします。

通路側: 통로 쪽. 화장실
가기에 편리한 좌석.

쓰-로가와노세키오 오네가이시마스

통로 쪽 좌석을 부탁합니다.

<ruby>搭乗時間<rt>とうじょうじかん</rt></ruby>は<ruby>何時<rt>なんじ</rt></ruby>ですか。

비행기를 타는 것은 搭
乗, 배는 乗船(じょうせ
ん), 자동차는 乗車(じょ
うしゃ)라고 한다.

토-죠-지칸와 난지데스까

탑승 시간은 언제입니까?

018

ていこく しゅっぱつ
定刻に出発しますか。

定刻: 정시, 정해진 시각

테-코쿠니 슛파쓰시마스까

정시에 출발합니까?

019

このカバン、機内へ持ち込め
きない もこ
ますか。

持ち込み: 갖고 들어감,
지참

코노 카방 키나이에 모치코메마스까

이 가방, 기내로 들고 갈 수 있습니까?

020

てにもつ あず
手荷物を預けるところはどこ
ですか。

手荷物: 수하물

테니모쓰오 아즈케루토코로와 도코데스까

수하물 부치는 곳은 어디인가요?

021

あず にもつ にこ
預ける荷物は2個です。

預ける: 맡기다, 부탁하
다 荷物: 짐, 화물

아즈케루 니모쓰와 니꼬데스

맡길 짐은 두 개입니다.

022

わたし よていどお
私のフライトは予定通りですか。

予定通り: 예정대로
その通りは 상대의 말이
맞다고 맞장구치는 말.

와타시노 후라이토와 요테-도오리데스까

제 비행편은 예정대로입니까?

023
この空港にはどのくらいとまりますか。

코노 쿠-코-니와 도노쿠라이 토마리마스까

이 공항에서 얼마나 머뭅니까?

트랜짓(transit)는 비행기가 목적지에 도착하기 전 도중에 기항하는 것을 말한다.
목적지까지 장거리일 경우 연료나 기내식 등을 보급받고 기체 정비도 이루어진다.

024
次のフライトは何時ですか。

쓰기노 후라이토와 난지데스까

다음 항공편은 몇 시입니까?

프라이트: 항공편(flight)

025
私はシカゴへ行く乗り継ぎ客です。

와타시와 시카고에 이쿠 노리쓰기캬쿠데스

저는 시카고로 가는 환승객입니다.

乗り継ぎ는 환승, 트랜스퍼(transfer)라고도 하는데 목적로 가는 도중 경유지에서 다른 항공기로 갈아타는 것.

026
待合室に免税店はありますか。

마치아이시쓰니 멘제-텐와 아리마스까

대기실에 면세점은 있습니까?

免税店: 면세점. 영어로는 Duty Free라고 적혀 있다.

027
乗り継ぎ便に間に合いますか?

노리쓰기빙니 마니아이마스까

환승편에 시간은 늦지 않습니까?

間に合う: 제시간에 대다, 늦지 않다

028

かんさい の つ
関西で乗り継ぐのです。

칸사이데 노리쓰구노데스

칸사이에서 갈아타려고 합니다.

乗り継ぐ: 환승하다, 갈아
타다
버스나 전철을 갈아타는
경우는 乗(の)り換(か)える
라고 한다.

Unit 1　　항공편　5 기내에서

029

とうじょうけん み
搭乗券を見せてください。

토-죠-켄오 미세테 쿠다사이

탑승권을 보여주시겠습니까?

搭乗券: 탑승권
영어로는 boarding
pass라고 하는데 공항에
서 체크인할 때 받게 된
다. 탑승 게이트와 탑승
시간이 표시된다.

030

に もつ ずじょう たな お
荷物は頭上の棚に置いてくだ
さい。

니모쓰와 즈죠-노 타나니 오이테쿠다사이

짐은 머리 위 짐칸에 넣어 주세요.

頭上: 머리 위, 위쪽
기내 좌석에 앉으면 스튜
어디스가 꼭 하는 말.

031

に もつだな はい
荷物棚がいっぱいで、カバン
が入りません。

니모쓰다나가 입빠이데 카방가 하이리마센

짐 선반이 가득 차서 가방이 들어가지 않습니다.

荷物棚: 머리 위의 수하
물 칸

032
しょくじ なんど で
食事は何度出ますか。

쇼쿠지와 난도 데마스까

식사는 몇 번 나옵니까?

식사는 機内食(きないしょく)라고 한다.
出ますか는 出るのですか 라고 해도 된다.

033
ビールはどんなものがありま すか。

비-루와 돈나모노가 아리마스까

맥주는 어떤 것이 있나요?

ビール: 맥주, 비어
기내식을 받을 때 맥주, 와인, 주스 중에 선택할 수 있다.

034
さ
これを下げてください。

코레오 사게테 쿠다사이

이것을 치워 주세요.

下げる: 치우다, 내리다, 낮추다
기내식을 먹고 음식이 방해 될 때. 일반 식당에서 말해도 된다.

035
トイレはどちらにありますか。

토이레와 도치라니 아리마스까

화장실은 어느 쪽에 있습니까?

トイレ는 お手洗(てあら)い, 化粧室(けしょうしつ) 보다 작은 규모를 말하는 경우가 많다.

036
ちゃくよう
シートベルトを着用してくだ さい。

시-또베루또오 챠쿠요-시테 쿠다사이

안전벨트를 착용해 주십시오.

シートベルト: 안전벨트(seat belt)
자동차 안전벨트도 마찬가지로 부른다.

Chapter 7

해외여행

海外旅行

037

免税品は今買えますか。

めんぜいひん　いま か

멘제-힌와 이마 카에마스까

면세품을 지금 살 수 있습니까?

免税品: 면세품(세금이 면제되니 가격이 저렴함). 비행기 좌석 뒤에 비치된 카탈로그에 있는 상품은 스튜어디스에게 말하면 바로 갖다 준다.

038

このヘッドホンは壊れています。

こわ

코노 헷도혼와 코와레테 이마스

이 헤드폰은 망가졌습니다.

ヘッドホン: 헤드폰
壊れる: 부서지다, 고장 나다

039

スマホを使ってもいいですか。

つか

스마호오 쓰캇테모 이-데스까

스마트폰을 사용해도 되나요?

스마트폰은 그대로 스마트폰(smart phone) 인데 보통은 더 짧게 스마호라고 한다.

| Unit 1 | 항공편 | 6 입국 절차 |

040

パスポートを見せてください。

み

파스포-토오 미세테 쿠다사이

여권을 보여 주세요.

입국 시엔 여권과 入国(にゅうこく)카드를 꼭 갖고 있어야 한다.

041

<ruby>訪問<rt>ほうもん</rt></ruby>の<ruby>目的<rt>もくてき</rt></ruby>は<ruby>何<rt>なん</rt></ruby>ですか。

호-몬노 모쿠테키와 난데스까

<ruby>訪<rt>おとず</rt></ruby>れた<ruby>目的<rt>もくてき</rt></ruby>は<ruby>何<rt>なん</rt></ruby>ですか。

오토즈레타 모쿠테키와 난데스까

방문 목적은 무엇입니까?

訪問: 방문
訪れる: 방문하다, 찾아
가다

042

<ruby>観光<rt>かんこう</rt></ruby>[ビジネスし/ <ruby>留学<rt>りゅうがく</rt></ruby>]に<ruby>来<rt>き</rt></ruby>ました。

캉코-[비즈니스시/ 류-가쿠]니 키마시따

관광(비즈니스/ 유학)입니다.

ビジネス: 업무, 사업

043

<ruby>何日間<rt>なんにちかん</rt></ruby>、<ruby>滞在<rt>たいざい</rt></ruby>しますか。

난니치칸 타이자이시마스까

며칠간 체류합니까?

滞在: 체재, 체류

044

<ruby>何<rt>なに</rt></ruby>か<ruby>申告<rt>しんこく</rt></ruby>するものはありますか。

나니카 싱코쿠스루 모노와 아리마스까

뭔가 신고할 것을 가지고 있습니까?

何か: 뭔가, 무언가
申告する: 신고하다

045

スーツケースを<ruby>開<rt>あ</rt></ruby>けてください。

수-쓰케-스오 아케테 쿠다사이

여행 가방을 열어 보세요.

바퀴 달린 여행용 가방을
キャリーバッグ(carry bag)
라고도 한다.

046
これは友人へのおみやげです。

コ레와 유-진에노 오미야게데스

이것은 친구에게 줄 선물입니다.

방문할 때 직접 들고 가는 선물을 틀별히 手土産(てみやげ)라고 한다.

047
ワイン２本持っています。

와인 니홍 못테 이마스

와인 두 병 갖고 있습니다.

사물을 세는 단위로서 本은 모양이 긴 것(필기구, 병, 영화)에 쓰인다.

Unit 1   항공편   7 공항에서 질문

048
手荷物受取所はどこですか。

테니모쓰우케토리쇼와 도코데스까

수하물 찾는 곳은 어디입니까?

手荷物受取所: 수하물 수취소. 컨베이어벨트에 수하물이 나오는 곳.

049
まだ荷物が出て来ないんです。

마다니모쓰가 데테코나인데스

아직 짐이 안 나왔습니다.

荷物: 짐, 화물
出て来る: 나오다

050
バッグが見つかれば、連絡していただけますか。

박구가 미쓰카레바 렌라쿠시테 이타다케마스까

가방이 발견되면 연락해 주시겠어요?

見つかる: 보이다, 발견되다 連絡: 연락

051

なか み なん
中身は何ですか。

中身: 내용물, 알맹이

나카미와 난데스까

내용물은 무엇입니까?

052

ぜいかんしんこくしょ み
税関申告書を見せてください。

税関申告書: 세관신고서
세관신고서는 입국심사를 마치고 짐을 찾은 후 마지막으로 내게 된다. 여권도 함께 보여달라고 하는 경우가 많다.

제-깐싱꼬꾸쇼오 미세테쿠다사이

세관신고서를 보여주세요.

053

しんこく
申告するものはありますか。

申告する: 신고하다

싱코꾸스루 모노와 아리마스까

신고할 물건은 있습니까?

Unit 2　교통편　1 길 묻기

054

ゆ
ダウンタウン行きのバスはど
の
こで乗れますか。

ダウンタウン: 다운타운, 번화가
行き: ~행(목적지)
보통은 ゆき라고 읽는데 いき라고 말하는 사람도 있다.

다운타운 유키노 바스와 도코데 노레마스까

다운타운 행 버스는 어디에서 탈 수 있나요?

055

すみません。デパートへはどう行ったらよいでしょうか。

스미마셍   데빠-또에와 도- 잇타라 요이데쇼-까

미안합니다. 백화점은 어떻게 갈 수 있습니까?

056

歩いて何分かかりますか。

아루이테 난뿐 카까리마스까

걸어서 몇 분 걸립니까?

057

ここから近い[遠い]ですか。

코꼬까라 치카이[토-이]데스까

여기에서 가깝습(멉)니까?

058

そこまで歩いて行けますか。

소코마데 아루이테 이케마스까

거기까지 걸어서 갈 수 있습니까?

059

どうやって行けばいいのですか。

도-얏테 이케바 이이노데스까

어떻게 가면 될까요?

060

地下鉄の駅を探しているのです。

ちかてつ えき さが

치카테쓰노 에키오 사가시테 이르노데스

전철역을 찾고 있습니다.

地下鉄: 지하철
일본 최초의 지하철은
1927년 도쿄의 긴자선
이다.

061

バスに乗ったほうがいいです。

の

바스니 놋타호-가 이-데스

버스를 타는 게 좋아요.

일본은 세계에서 철도가
가장 발달한 나라라서 상
대적으로 시내버스의 역
할이 약한 편이다. 철도
만 이용해도 못 가는 곳
이 거의 없으니 시내버스
노선은 짧다.

Unit 2　　교통편　2 길 안내해 주기

062

現在地はどこですか。

げんざい ち

겐자이치와 도코데스까

현재 여기는 어디입니까? (지도를 보며)

現在地: 현재 지점

063

ここから歩いて5分ほどです。

ある　　　ご ふん

코꼬까라 아루이테 고훈 호도데스

여기서 걸어서 5분 정도입니다.

ほど는 '대략, ~정도'라
는 뜻인데 くらい, 程度(て
いど)라고 할 수도 있다.

064

結構遠いです。

けっこうとお

켁코- 토-이데스

꽤 멀어요.

結構와 비슷한 말은 相当
(そうとう), かなり가 있다.

Chapter 7　해외여행　海外旅行

065 この近<ruby>近<rt>ちか</rt></ruby>くにはデパートはありません。

코노 치카쿠니와 데빠-토와 아리마센

이 근처에는 백화점이 없습니다.

---

066 まっすぐ<ruby>行<rt>い</rt></ruby>けば<ruby>見<rt>み</rt></ruby>えます。

맛스구 이케바 미에마스

직진하면 보입니다.

---

067 この<ruby>地図<rt>ち ず</rt></ruby>で<ruby>教<rt>おし</rt></ruby>えていただけますか。

코노 치즈데 오시에테 이타다케마스까

이 지도로 가르쳐 주시겠어요?

---

068 <ruby>私<rt>わたし</rt></ruby>も<ruby>同<rt>おな</rt></ruby>じ<ruby>方向<rt>ほうこう</rt></ruby>です。お<ruby>連<rt>つ</rt></ruby>れしましょう。

와타시모 오나지 호-코-데스   오쓰레시마쇼-

저도 같은 방향입니다. 따라오세요.

069
道に迷ってしまいました。
みち まよ

미치니 마욧테 시마이마시따

길을 잃고 말았습니다.

道に迷う: 길을 잃다, 미아가 되다
迷う: 망설이다, 헤매다

070
すみません。ここはどこですか。

스미마셍　코꼬와 도코데스까

실례합니다. 여기는 어디입니까?

모르는 사람에게 말을 걸 때는 반드시 실례한다는 양해를 구해야 한다.

071
私も初めてなのでよく分かりません。
わたし はじ わ

와타시모 하지메테나노데 요쿠 와카리마셍

저도 처음이라 잘 몰라요.

初めて: 처음
なので: ~라서, ~때문에

072
この地図に印をしてください。
ち ず しるし

코노 치즈니 시루시오 시테 쿠다사이

이 지도에 표시를 해 주세요.

印: 표시, 표식

073
私は方向音痴なんです。
わたし ほうこうおんち

와타시와 호-코-온치난데스

저는 길치입니다.

음치는 우리와 마찬가지로 音痴라고 하는데 기계를 다루는 데 서툰 사람, 즉 기계치는 機械音痴(きかいおんち)라고 하고 방향 감각이 서툴러 길을 잘 못 찾는 사람은 方向音痴(ほうこうおんち)라고 한다.

074

何か目印はありますか?

なに めじるし

나니카 메지루시와 아리마스까

뭔가 안표가 있습니까?

目印: 안표, 표지, 목적지를 찾기 위해 도움이 되는 구조물.

Unit 2　　교통편　4 택시 이용하기

075

タクシーはどこで拾えますか。

ひろ

타쿠시-와 도코데 히로에마스까

택시는 어디에서 잡을 수 있습니까?

拾う: 줍다, 차를 세워 타다, 골라내다
タクシー는 장음 부호까지 해서 네 글자로 간주한다.

076

近くにタクシー乗り場はありますか。

ちか　　　　　　　　の　ば

치카쿠니 타쿠시-노리바와 아리마스까

근처에 택시 승차장이 있습니까?

タクシー乗り場: 택시 승차장

077

この場所までお願いします。

ばしょ　　　ねが

코노 바쇼마데 오넹아이 시마스

이곳까지 부탁합니다. (지도를 보이며)

お願いします는 다양한 상황에서 부탁하는 말.

078

この住所まで行ってください。

じゅうしょ　い

코노 쥬-쇼마데 잇테쿠다사이

이 주소로 좀 데려다주시겠습니까?

住所: 주소
우리도 운전기사를 운짱(うんちゃん)이라고 부르기도 한다. 역시 일본말인데 친밀한 의미도 있지만 낮춰 부르는 의미도 있으니 사용에는 주의할 것.

079
空港までの運賃はいくらですか。

運賃: 운임, 교통비

쿠-코-마데노 운칭와 이쿠라데스까

공항까지 운임은 얼마입니까?

080
トランクを開けてくれますか。

トランク: 큰 여행 가방, 승용차 뒤의 짐칸

토랑쿠오 아케테 쿠레마스까

트렁크를 열어주시겠어요?

081
急いでください。

急ぐ: 서두르다, 재촉하다

이소이데 쿠다사이

서둘러 주시겠어요?

082
ここで止めてください。

止める: 세우다, 멈추다
降りる: 내리다, 하차하다

코꼬데 토메테 쿠다사이

ここで降ります。

코코데 오리마스

여기에 세워주세요.

083
お釣りが間違っています。

お釣り: 거스름돈
釣りは 'ん시'라는 뜻이니 알아둘 것.

오쓰리가 마치갓테 이마스

거스름돈이 틀립니다.

084

おつりは結構です。

오쓰리와 켁꼬-데스

거스름돈은 그냥 두세요.

おつりは つり銭(せん)에서 온 말.

085

ここは電話でタクシーを呼んだ方が楽です。

코꼬와 뎅와데 타쿠시-오 욘다 호-가 라쿠데스

여기는 전화로 택시를 부르는 게 편해요.

楽: 편함, 편리함
일본 농촌에선 택시 잡기가 어려우니 식당이나 가게에서 택시 전화번호를 안내받는 것이 편하다.

Unit 2   교통편   5 버스 이용하기

086

バス停はどこですか。

바스테-와 도코데스까

버스 정류소는 어디에 있습니까?

バス停: 버스정류소

087

運賃はいつ払えばいいですか?

운찡와 이쓰 하라에바 이-데스까

버스비는 언제 내면 됩니까?

払う: 내다, 지불하다
버스비는 보통 탈 때 내지만 내릴 때 내는 경우도 있다.

088

このバスは空港へ行きますか。

코노바스와 쿠-코-에 이키마스까

이 버스는 공항에 갑니까?

へ는 방향을 나타내는 조사라서 '헤'가 아니라 '에'라고 읽는다.

089

亀戸駅はいくつ目ですか。

いくつ目: 몇 개째, 몇 번째

카메이도에키와 이쿠쓰메데스까

카메이도역은 몇 번째 정거장입니까?

090

６０番バスにお乗りください。

乗ってください 보다는 お乗りください가 더 정중한 표현.

로쿠쥬-방 바스니 오노리쿠다사이

60번 버스를 타세요.

091

バスを乗り間違えました。

동사어간+間違える: 잘못 ~하다

바스오 노리마치가에마시따

버스를 잘못 탔습니다.

092

すみません、乗り過しました。

乗り過ごす: 내릴 곳에서 못 내리다

스미마센 노리스고시마시따

미안합니다. 내릴 곳을 지나쳤습니다.

093

韓国語の案内アナウンスをするから便利だ。

アナウンス: 방송

캉코쿠고노 안나이 아나운스오 스르까라 벤리다

한국어 안내방송을 하니까 편리하다.

Chapter 7 | 해외여행 | 海外旅行

094
上野を通りますか。

うえ の / とお

通る: 통과하다, 지나가다

우에노오 토오리마스까

우에노를 지나갑니까?

095
ここに料金を入れればいいんですか。

りょうきん / い

入れる: 넣다
んです는 のです의 축약형.

코꼬니 료-킨오 이레레바 이인데스까

여기에 요금을 넣으면 됩니까?

Unit 2　　교통편　6 열차표 사기

096
前橋まで往復一枚ください。

まえばし / おうふくいちまい

往復: 왕복
一枚: 한 장

마에바시마데 오-후쿠 이치마이 쿠다사이

마에바시까지 왕복 한 장 주세요.

097
この急行は大宮駅に止まりますか?

きゅうこう / おおみやえき / と

急行: 급행
止まる: 서다, 멈추다

코노 큐-코-와 오-미야에키니 토마리마스까

이 급행열차는 오오미야역에 섭니까?

098

どのぐらいの間隔で走ってい
ますか？

도노쿠라이노 칸까쿠데 하싯떼이마스까

어느 정도 간격으로 운행됩니까?

間隔: 간격, 사이
走る: 달리다, 운행되다

099

この辺りに電車の駅はありま
すか。

코노아타리니 덴샤노 에키와 아리마스까

이 주위에 전철 역은 있습니까?

辺り: 근처, 근방

100

一番近い地下鉄駅はどこですか。

이치방 치카이 치카테쓰에키와 도코데스까

가장 가까운 지하철역은 어디 있습니까?

제일 가까운 역을 最寄(も
より)の駅(えき)라고 한다.
最寄(もより)の店(みせ) 제
일 가까운 가게

101

すみません。新宿駅はどこで
すか。

스미마셍 신쥬쿠에키와 도코데스까

실례합니다. 신주쿠역은 어디 있습니까?

신주쿠역은 1일 이용 승
객수가 전세계 1위(364
만명)이고 지하출입구도
200개로 상상하기 힘든
규모를 갖추고 있다.

102 入間に行くには、どこで乗り換えればいいですか。

乗り換える: 갈아타다, 환승하다
乗り換え: 환승, 갈아탐

이루마니 이쿠니와 도코데 노리카에레바 이-데스까

이루마에 가려면 어디서 갈아타면 됩니까?

Unit 2   교통편   7 열차를 탈 때

103 電車の路線図を一枚もらえますか。

路線図: 노선도

덴샤노 로센즈오 이치마이 모라에마스까

전철 노선도를 한 장 주시겠어요?

104 銀座へ行くのはどの線ですか。

銀座: 서울의 명동처럼 전통 있는 도쿄의 번화가

긴자에 이쿠노와 도노센데스까

긴자로 가는 것은 무슨 선입니까?

105 次の駅で山手線に乗ってください。

山手線은 도쿄의 대표적인 전철 노선으로 1932년에 전 노선이 완성되었다. 순환선으로, 서울 전철 2호선의 모델이 된 노선.

쓰기노에키데 야마노테센니 놋테 쿠다사이

다음역에서 야마노테선을 타세요.

106
しんばし い なにせん の
新橋へ行くには何線に乗れば

いいのですか。

심바시에 이쿠니와 나니센니 노레바 이-노데스까

심바시에 가려면 무슨 선을 타야 합니까?

何線: 무슨 선
도쿄에는 민영철도가 많아서 갈아타면 교통비가 꽤 비싸진다.

107
ひろしま い しんかんせん いちばん
広島へ行くなら新幹線が一番

はや
速いです。

히로시마에 이쿠나라 신칸센가 이치방 하야이데스

히로시마로 간다면 신칸선이 가장 빠릅니다.

신칸선은 큐슈 남부에서 홋카이도까지 연결된다. 편리하지만 가격이 비싸다. 그런데 먼 거리를 일반철도로 가면, 우리나라와 달리 여러 번 갈아타야만 한다.

108
とっきゅう の
特急に乗るとだめです。その

えき ていしゃ
駅には停車しません。

톡큐-니노루토 다메데스　소노에키니와 테-샤시마센

특급을 타시면 안 됩니다. 그 역엔 정차하지 않아요.

정차하는 역이 가장 적은 순서로 나열하면 特急(とっきゅう) < 急行(きゅうこう) < 快速(かいそく) < 準急(じゅんきゅう) < 普通(ふつう).

109
きゅうこう かくえきていしゃ
これは 急行ですか、各駅停車

ですか。

코레와 큐-코-데스까 카쿠에키테-샤데스까

이것은 급행입니까, 완행입니까?

各駅停車는 글자 그대로 모든 역마다 정차하는 것. 속어로 鈍行(どんこう)라고 한다.

110
この席は空いていますか。

코노세키와 아이테 이마스까

이 자리는 비어 있나요?

席: 좌석
空く: 비다, 차지하지 않다

111
ここに座ってもいいですか。

코꼬니 스왓테모 이-데스까

여기 앉아도 될까요?

座る: 앉다

112
切符を見せていただけますか。

킵푸오 미세테 이타다께마스까

차표 좀 보여 주실까요?

切符: 차표, 입장권, 티켓

113
窓を開けてもいいですか。

마도오 아케테모 이-데스까

창문을 열어도 될까요?

窓: 창문
開ける: 열다, 개방하다

114
食堂車はどこですか。

쇼쿠도-샤와 도코데스까

식당 칸은 어디입니까?

食堂車: 열차에서 음식을 파는 객실

115
<ruby>途中下車<rt>と ちゅう げ しゃ</rt></ruby>してもいいですか。

토츄-게샤시테모 이-데스까

도중하차해도 되나요?

途中下車: 도중하차, 목적지 전에 하차하는 것

116
<ruby>次<rt>つぎ</rt></ruby>の<ruby>停車駅<rt>てい しゃ えき</rt></ruby>はどこですか。

쓰기노 테-샤에키와 도코데스까

다음 정차역은 어디입니까?

停車: 자동차나 열차가 잠시 정지함.

Unit 2　　교통편　　9 페리에서

117
<ruby>船旅<rt>ふな たび</rt></ruby>はこれが<ruby>初<rt>はじ</rt></ruby>めてです。

후나타비와 코레가 하지메테데스

선편 여행은 이번이 처음입니다.

船旅: 선박 여행
船는 ふね라고 읽지만 뒤에 단어가 붙어 복합명사가 되면 ふな라고 변음되기도 한다.
예) 船便(ふなびん):선편
　　船乗(ふなの)り:뱃사람

118
<ruby>船酔<rt>ふな よ</rt></ruby>いで<ruby>気分<rt>き ぶん</rt></ruby>が<ruby>悪<rt>わる</rt></ruby>いです。

후나요이데 키붕가 와루이데스

뱃멀미로 속이 불편합니다.

船酔い: 뱃멀미
차멀미는 車酔(くるまよ)い.
気分が悪い: 속이 메슥거리다, 컨디션이 나쁘다

119
<ruby>乗船時間<rt>じょう せん じ かん</rt></ruby>は<ruby>何時<rt>なん じ</rt></ruby>ですか。

죠-센지칸와 난지데스까

승선 시간은 몇 시입니까?

乗船: 승선, 배에 탐

120

いちにち なんびん
一日に何便ありますか。

이치니치니 남빙아리마스까

하루에 몇 편 있습니까?

배나 항공기의 운행 횟수
는 便으로 표현.

121

ふね こうべ ゆ
あの船は神戸行きですね。

아노후네와 코-베유키데스네

저 배는 코베행이군요

船: 배, 선박
行きは ゆき인데 いき라고
읽기도 한다.

122

もど なんじ
ここに戻るのは何時ですか。

코코니 모도르노와 난지데스까

여기 돌아오는 것은 몇 시인가요?

戻る: 돌아오다, 귀환하다

123

みなと と
どこの港に停まりますか。

도코노 미나토니 토마리마스까

어느 항구에 머뭅니까?

港: 항구
停まる: 서다, (배나 차
가) 잠시 머물다

124

きゅうめいどうい
救命胴衣はどこにありますか。

큐-메-도-이와 도코니 아리마스까

구명동의는 어디 있습니까?

救命胴衣: 구명동의, 구
명조끼

125

つぎ なんじ
次のクルーズは何時ですか。

쓰기노 쿠르-즈와 난지데스까

다음 배편은 몇 시입니까?

クルーズ: 선박 여행

126
レンタカーを予約^{よやく}したいんです。

렌타카-오 요야쿠시타인데스

렌터카를 예약하고 싶습니다.

レンタカー: 렌터카(rent-a-car)

127
オートマチック車^{しゃ}はありますか。

오-토마칙쿠샤와 아리마스까

오토매틱 차는 있습니까?

오토매틱차는 AT車라고도 한다. 보통은 オートマ 라고 한다. 수동변속차량은 マニュアル車라고 한다.

128
どんな型^{かた}をお望^{のぞ}みですか。

돈나 가타오 오노조미데스까

어떤 차종을 원하십니까?

小型車(こがたしゃ):소형차 (=コンパクトカー)
中型車(ちゅうがたしゃ):중형차
SUV(エス・ユー・ブイ):SUV

129
一日^{いちにち}当^あたりの料金^{りょうきん}はいくらですか。

이치니치 아타리노 료-킨와 이쿠라데스까

하루당 요금이 얼마입니까?

当たり: ~당, 촉감, 적중, 성공

130
16日^{じゅうろくにち}の夕方^{ゆうがた}、空港^{くうこう}で返^{かえ}します。

쥬-로쿠니치노 유-가타 쿠-코-데 카에시마스

16일 저녁에 공항에서 반납하겠습니다.

夕方: 저녁
返す: 되돌리다, 돌려주다

131

事故の場合はどこに連絡すればいいですか。

事故: 사고, 사건
連絡: 연락

지코노바아이와 도코니 렌라쿠스레바 이-데스까

사고가 나면 어디로 연락하면 됩니까?

132

これが私の国際免許証とクレジットカードです。

国際免許証: 국제면허증
국제면허증은 유효기간이 정확히 1년이며 사진 한 장과 수수료(8천여 원)를 내면 면허시험장이나 경찰서에서 즉석에서 받을 수 있다. 해외에서 운전 시 국내면허증도 함께 소지해야 한다.

코레가 와타시노 코쿠사이멩쿄쇼-토 쿠레짓토카-도데스

이게 제 국제면허증과 신용카드입니다.

Unit 2 | 교통편 | 11 운전하기

133

ガソリンがなくなった。

ガソリン: 휘발유(gasoline)
기름이 떨어진 것을 ガス欠(けつ)라고 한다.

가소린가 나쿠낫따

기름이 떨어졌다.

134

次のガソリンスタンドまで3キロあります。

ガソリンスタンド: 주유소
(gasoline stand)

쓰기노 가소린스탄도마데 상키로 아리마스

다음 주유소까지 3킬로입니다.

135

満タンにしてください。
まん

만땅니시테 쿠다사이

가득 넣어 주세요.

満タン: 가득 채움
タンは tank에서 온 말.

136

シートベルトを締めてください。
し

시-또베루또오 시메테쿠다사이

안전벨트를 매세요.

シートベルト: 안전벨트
(seat belt)
締める: 묶다, 매다

137

あまり飛ばさないでください。
と

아마리 토바사나이데 쿠다사이

너무 과속하지 마세요.

飛ばす: 날게 하다, 과속
하다

138

後ろからパトカーが来てます。
うし　　　　　　　　　　き

우시로까라 파토카-가 키테마스

뒤에 순찰차가 오고 있어요.

パトカー: 순찰차(patrol
car)

139

次のサービスエリアまで大分
つぎ　　　　　　　　　　　　だい ぶ
あります。

쓰기노 사-비스에리아마데 다이부 아리마스

다음 휴게소까지 거리가 꽤 됩니다.

サービスエリア: 고속도로
휴게소(service area).
짧게 SA라고 표기한다.
그리고 SA와 비슷한 것
으로서 PA가 있는데
parking area의 약자이
고 SA보다는 편의시설이
약한 편이다.

140
今度の表示板を見てくれますか。
こんど ひょうじばん み

콘도노 효-지방오 미테 쿠레마스까

다음 표지판을 봐 주시겠어요?

表示板: 표지판
今度는 '다음번', 今回(こんかい)는 '이번'으로, 전혀 다른 의미가 된다.

141
ここに駐車してもいいですか。
ちゅうしゃ

코코니 츄-샤시테모 이-데스까

여기에 주차할 수 있습니까?

駐車: 주차
갓길: 路肩(ろけん)

| Unit 2 | 교통편 | 12 교통사고와 트러블 |

142
助けて！
たす

타스케테

도와주세요!

어떤 경우든 아주 위급한 상황에 하는 말.

143
けが人がいます。
にん

케가닝가 이마스

부상자가 있습니다.

けが: 부상, 다침
けが人: 부상자

144
ひき逃げ事故です。
に じ こ

히키니게 지코데스

뺑소니사고예요.

ひき逃げ: 뺑소니

145
スピード違反です。

スピーど이항데스

속도위반입니다.

スピード: 속도(speed)
違反: 위반, 어김
일본 도로에서는 우리나라보다 속도제한이 약 10km 더 낮다고 보면 된다. 즉 우리나라에서 제한 속도 80km 도로라면 일본선 70km.

146
警察を呼んでください。

케-사쓰오 욘데쿠다사이

경찰을 불러주세요.

警察: 경찰
呼ぶ: 부르다, 외치다

147
この方が事故の目撃者です。

코노카타가 지코노 모쿠게키샤데스

이분이 사고의 목격자입니다.

事故: 사고
目撃者: 목격자

Unit 3 레스토랑 1 식사 취향

148
何でもよく食べます。

난데모 요쿠 타베마스

뭐든지 잘 먹어요.

何でも: 뭐든지, 무엇이든

149

食べ物にうるさいんです。

타베모노니 우루사인데스

식성이 까다롭습니다.

うるさい: 시끄럽다, 소란스럽다, 까다롭다

150

鳥肉は食べられません。

토리니쿠와 타베라레마센

닭고기는 못 먹어요.

鳥肉 : 조류, 특히 닭고기를 가리키는 경우가 많다. 우리나라도 젊은층이 문법 파괴 어법을 많이 쓰는데 일본에서도 食べられません을 食べれません이라고 하는 사람이 많다.

151

私には甘すぎます。

와타시니와 아마스기마스

제겐 너무 답니다.

甘すぎる: 너무 달다
형용사 어간에 すぎる를 붙이면 '너무 ~하다'라는 동사가 된다.

152

甘い物が好きです。

아마이 모노가 스키데스

단것을 잘 먹습니다.

甘いもの: 단것
매운 것: 辛いもの

153

脂っこいものは苦手です。

아부락코이모노와 니가테데스

기름기 있는 음식을 안 좋아해요.

脂っこい: 느끼하다, 기름지다
석유·식용유는 油라고 쓰지만 몸의 기름은 脂이다.

154

残念ながら口に合いません。

ざんねん　くち　あ

口に合う: 입에 맞다

잔넨나가라 쿠치니 아이마셍

아쉽지만 입에 맞지 않습니다.

Unit 3　레스토랑　2 음식 권하기

155

ご自由に召し上がってください。

じゆう　め　あ

ご自由に: 마음대로
食べる를 존경어로 하면
召し上がる가 된다. 참고
로 食う는 낮춰서 하는 말.

고지유-니 메시아갓테 쿠다사이

자, 마음껏 드세요.

156

お好きなものを何でも自由に
おとりください。

す　なん　じゆう

おとりください는 とる(먹다,
식사하다)에서 온 것. 정
확히 쓰려면 摂る인데 좀
어려운 한자라서 그냥 히
라가나로 써도 된다.

오스키나 모노오 난데모 지유-니 오토리쿠다사이

좋아하시는 거 뭐든 마음껏 드세요.

157

とても美味しそうでしょう?

おい

美味しそう: 맛있어 보이다

토테모 오이시소-데쇼-

아주 맛있어 보이죠?

158

温かいうちに召し上がってください。

あたた　　　　　　　　　め　あ

아타타카이 우치니 메시아갓테 쿠다사이

따뜻할 때 드세요.

'따뜻하다'는 温かい라고 쓰는데, 날씨를 말할 때는 暖かい라고 쓴다.

159

スープの味はいかがですか。

あじ

수-푸노 아지와 이캉아데스까

수프 맛은 어떻습니까?

スープ: 수프, 국[=汁(しる)]

160

ちょっと味見してみてよ。

あじ み

촛토 아지미시테미테요

맛 좀 봐요.

味見: 맛을 봄
반말로 할 때는 味見してみぃ。 み를 약간 길게 발음한다.

161

ステーキは柔らかいでしょう？

やわ

스테-키와 야와라카이데쇼-

스테이크는 부드럽죠?

ステーキ: 스테이크(steak)
柔らかい: 부드럽다, 연하다

162

いや結構です。十分いただきました。

けっこう　　　じゅうぶん

이야 켁코-데스　쥬-분 이타다키마시따

아뇨, 됐습니다. 많이 먹었습니다.

いただく는 '먹다, 받다' 두 가지 의미가 있다.

163
お勧めのイタリアンレストランはありますか。

お勧め: 권유, 추천
イタリアン: 이탈리안

오스스메노 이따리앙 레스토랑와 아리마스까

추천하실만한 이탈리안 레스토랑은 있습니까?

164
美味しいレストランを教えてください。

教える: 가르치다, 알려주다

오이시- 레스토랑오 오시에테 쿠다사이

맛있는 레스토랑을 알려주시겠습니까?

165
近くにいいファミリーレストランがあります。

ファミリーレストラン: 패밀리레스토랑(일식 영어 family+restaurant), 가족 단위 고객을 주 대상으로 겨냥한 레스토랑. 괜찮은 품질에 부담 없는 가격이라 인기가 높다. 흔히 볼 수 있는 업소로는 ガスト(gusto), バーミヤン(중화요리), ジョナサン(Jonathan's), ココス(Coco's) 등이 있다.

치카꾸니 이-화미리-레스토랑가 아리마스

근처에 좋은 패밀리레스토랑이 있습니다.

166
この土地の名物料理が食べたいんです。

コ노토치노 메-부쓰료-리가 타베타인데스

이 지방의 명물 요리를 먹고 싶은데요.

土地는 우리말 '토지'와 같은 의미로도 쓰이지만 여기에서처럼 '지방, 고장'이란 의미도 있다.

167
軽く食べられるとこがいいです。

카루쿠 타베라레루 토코가 이-데스

가볍게 먹을 수 있는 곳이 좋겠네요.

젊은 층은 흔히 食べられる를 食べれる라고 말하기도 한다. TV에서도 흔히 들을 수 있다.
とこ는 ところ의 줄임말.

168
ここは予約が必要ですか。

코코와 요야쿠가 히쓰요-데스까

여기는 예약이 필요합니까?

予約: 예약

169
中華料理はどうですか。

츄-카료-리와 도-데스까

중화요리는 어떠세요?

중화요리는 짧게 中華라고도 한다.

170
値段は手頃ですか？

네당와 테고로데스까

가격은 적당합니까?

手頃: 적당함. 품질도 나쁘지 않고 가격도 비싸지 않은 정도.

171

<ruby>天丼<rt>てんどん</rt></ruby>が<ruby>好<rt>す</rt></ruby>きです。

텐동가 스끼데스

튀김 덮밥을 좋아합니다.

天丼은 天(てん)ぷら+丼(どんぶり)가 합쳐진 말. 돼지고기 제육을 얹은 것은 豚(ぶた)ドン이라고 한다. 우리나라에선 어묵을 '뎀뿌라'라고 부르기도 하는데 일어로는 틀린 표현.

Unit 3　레스토랑　4 식당을 말할 때

172

<ruby>地元<rt>じもと</rt></ruby>の<ruby>人<rt>ひと</rt></ruby>に<ruby>人気<rt>にんき</rt></ruby>がある<ruby>店<rt>みせ</rt></ruby>です。

지모토노 히토니 닝키가 아루 미세데스

현지인에게 인기 있는 곳입니다.

地元: 현지, 고장
일어로는 '식당'을 말할 때도 店(업종과 무관하게 '가게')라고 한다.

173

この<ruby>食堂<rt>しょくどう</rt></ruby>はいつも<ruby>賑<rt>にぎ</rt></ruby>わってます。

코노 쇼쿠도-와 이쓰모 니기왓테 마스

이 식당은 항상 붐벼요.

賑わう: 번화하다, 붐비다, 활기차다

174

この<ruby>食堂<rt>しょくどう</rt></ruby>はうまいです。

코노 쇼쿠도-와 우마이데스

이 식당은 음식을 잘해요.

うまい는 남성적인 어투이므로 여성은 美味(おい)しい라고 말하는 것이 좋다. 일어는 우리말보다 남녀 간 말투 차이가 크다.

175

ここの<ruby>雰囲気<rt>ふんいき</rt></ruby>が<ruby>好<rt>す</rt></ruby>きです。

코꼬노 훙이키가 스키데스

여기 분위기를 좋아해요.

雰囲気와 같은 의미로 空気(くうき)라는 말도 자주 쓴다. 지인끼리 몇 명이 불편한 분위기인 경우, '분위기 파악 좀 해라!'라고 할 때 空気(くうき)読(よ)め!라고 한다.

176 この食堂は魚料理がうまいです。

코노 쇼쿠도-와 사카나료-리가 우마이데스

이 식당은 생선 요리를 잘해요.

うまいは '맛있다'도 되지만 '솜씨가 뛰어나다'라는 의미도 된다.

---

177 この食堂はえびが一品です。

코노 쇼쿠도-와 에비가 입핀데스

이 집은 새우가 일품입니다.

えび: 새우
一品: 뛰어난 것, 한 물건

---

178 この食堂では本格フランス料理が出ます。

코노 쇼쿠도-데와 홍카쿠 후란스료-리가 데마스

이 식당은 본격 프랑스 요리가 나와요.

フランス料理: 프랑스 요리

Unit 3 레스토랑 5 예약 및 좌석 잡기

179 ここで予約を取れますか。

코꼬데 요야쿠오 토레마스까

여기서 예약할 수 있나요?

予約を取る: 예약을 하다

---

180 お客様は何名ですか。

오캬쿠사마와 남메-데스까

손님은 몇 분이십니까?

'손님'을 말할 때 다음 순서로 정중함이 커진다.
お客(きゃく) く お客(きゃく)さん く お客様(きゃくさま)

181
午後 7 時に3人で行きます。

3人で: 세 명이서

고고 시치지니 산닝데 이키마스

오후 7시에 3명이 갑니다.

182
何時なら空いているんですか。

空いている: 비다, 자리가 나다

난지나라 아이테 이른데스까

몇 시라면 좌석이 있나요?

183
案内するまで少々お待ちください。

'잠시 기다려 달라'고 할 때 가장 정중한 표현은 少々お待ちください이다.

안나이스루마데 쇼-쇼- 오마치쿠다사이

안내해 드릴 때까지 잠시 기다려 주십시오.

184
何分間だけ待ってくださいますか。

何分間: 몇 분간, 잠시

남뿐칸다케 맛테쿠다사이마스까

몇 분간만 기다려 주시겠습니까?

185
禁煙席[喫煙席]をお願いします。

禁煙席: 금연석
喫煙席: 흡연석

킹엔세키[키쓰엔세키]오 오넹아이시마스

금연[흡연]석으로부탁합니다.

186
かんこく ご
韓国語のメニューはありますか。

캉코쿠고노 메뉴-와 아리마스까

한국어 메뉴는 있을까요?

'메뉴'는 일어로도 보통 메뉴-라고 쓰지만 본래 일본어로는 献立(こんだて)라고 한다.

187
きょう　　とくべつりょう り　　なん
今日の特別料理は何ですか。

쿄-노 토쿠베쓰료-리와 난데스까

오늘의 특별 요리는 무엇입니까?

特別料理: 특별 요리

188
きょう　なに　　すす
今日は何がお薦めですか。

쿄-와 나니가 오스스메데스까

오늘은 무엇이 추천 요리입니까?

요리뿐 아니라 뭐든 추천할 만한 것은 お薦め라고 한다.

189
なに
何になさいますか。

나니니 나사이마스까

뭘로 하시겠습니까?

なさいますか는 する의 높임말 なさる(하시다)를 활용한 것.

190
かんが
ちょっと考えさせてください。

춋토 캉가에 사세테 쿠다사이

생각 좀 해보겠습니다.

考えさせて는 사역형이지만 자기가 생각해 보겠다는 의미.

191

これをください。

코레오 쿠다사이

이걸로 주세요.

ください(주세요)는 ~て
ください 형태로 많이 쓰이
지만 단독으로 쓸 수도
있다. 아주 정중한 말투
는 아니다.

192

それをもらいます。

소레오 모라이마스

그걸로 하겠습니다.

もらう: 받다, 얻다

193

私も同じものをお願いします。

와타시모 오나지모노오 오넹아이 시마스

저도 같은 걸 부탁합니다.

同じもの: 같은 것
여럿이 주문할 때 쓰면
편리한 표현.

194

まず飲み物を注文したいのですが。

마즈 노미모노오 츄-몬시타이노데스가

우선 마실 것을 주문하고 싶은데요.

まず(우선, 먼저) 대신에
とりあえず라는 말도 많이
쓰인다.

195

また後で注文します。

마타아토데 츄-몬시마스

나중에 또 주문할게요.

注文: 주문

196

カレーは中辛にしてください。

中辛: 중간 맵기, 보통 매움
단맛: 甘口(あまくち)
매운맛: 辛口(からくち)

카레-와 츄-카라니 시테쿠다사이

카레는 중간 맵기로 해 주세요.

197

いただきます。

일본인은 어디에서든 혼자 먹을 때도 이 말을 하고 식사를 한다.

이타다끼마스

잘 먹겠습니다.

198

水を一杯いただけますか？

水を一杯ください(물 한 컵 주세요)라고 해도 충분히 통하지만 그보다 겸손하게 말하는 것이 듣는 사람을 더 기분 좋게 한다.

미즈오 입빠이 이타다께마스까

물 한 컵 주시겠어요?

199

日本の箸は木でできています。

젓가락은 はし라고 한다. 우리는 '와르바시'라고 부르기도 하는데 割(わ)り箸(ばし)가 맞는 말이고 사용할 때 둘로 갈라서 사용하는 나무젓가락을 말하는데 일본에서 비롯된 것.

니혼노하시와 키테 데끼테이마스

일본 젓가락은 나무로 되어 있습니다.

200

たっぷりいただきました。

たっぷり: 실컷, 많이

탑뿌리 이타다키마시따

많이 먹었습니다.

201
ほんとう うま
本当に旨かったです。

혼또-니 우마깟타데스

정말로 맛있었습니다.

本当는 본래 ほんとう지만 회화에선 ほんと라고 하는 경우가 많다.

202
ちょうしょく まいにち た
朝食は毎日ちゃんと食べますか。

쵸-쇼쿠와 마이니치 챤토 타베마스까

아침 식사는 매일 꼭 드십니까?

아침 식사는 회화에선 朝(あさ)ごはん이라고 하고 약간 속어로는 朝飯(あさめし)라고 한다.

203
おそ お ちょうしょく ぬ
遅く起きると朝食は抜きにしてしまいます。

오소쿠 오키루토 쵸-쇼쿠와 누키니시테 시마이마스

늦게 일어나면 아침은 거르고 맙니다.

抜き: 제외함, 거름

204
ちょうしょく た
朝食にはたいていパンを食べます。

쵸-쇼쿠니와 타이테- 팡오 타베마스

아침엔 대개 빵을 먹습니다.

たいてい: 대개, 대체로
パン 발음은 '빵'이 아니라 '팡'으로 들린다.

205
はん み そ しる しょうしょう た
ご飯と味噌汁を少々食べます。

고항토 미소시루오 쇼-쇼- 타베마스

밥과 된장국과 야채를 조금 먹습니다.

味噌汁: 된장국
일본 된장이나 간장은 단맛이 난다.

206

かなりお腹^{なか}がすいた。

카나리 오나카가 스이타

무척 배가 고프네.

'배고프다'는 거친 말로 腹減(はらへ)った라고 한다.

207

腹^{はら}ペコだけど昼食^{ちゅうしょく}を食^たべる暇^{ひま}がありません。

하라페코다케도 츄-쇼쿠오 타베루 히마가 아리마센

배가 고프지만 점심을 먹을 시간이 없습니다.

腹ペコ: (속어) 몹시 배가 고픔. 의태어로 ぺこぺこ(배고픈 상태)라고도 말한다.

208

いらっしゃい。 夕食^{ゆうしょく}ができました。

이랏샤이   유-쇼쿠가 데키마시따

어서 오세요. 저녁 음식이 다 됐습니다.

더 정중하게는 いらっしゃいませ라고 인사한다.

209

ごちそうさまでした。

고치소-사마데시따

잘 먹었습니다.

음식을 준비해 준 분에게 그 수고에 대해 감사하는 인사. ごちそうさま라고 해도 된다.

210
この喫茶店は居心地がよい。
きっさてん　　い ご こ ち

코노 킷사텐와 이고코치가 요이

이 커피숍은 아늑하고 편하다.

居心地: 어떤 장소에서 느끼는 기분.
座(すわ)り心地(ごこち)는 앉을 때의 느낌.

211
コーヒーを一杯飲みましょうか。
いっぱい の

코-히-오 입빠이 노미마쇼-까

커피 한 잔 마실까요?

コーヒー: 커피(coffee) 한자로는 珈琲라고 쓰는데 읽기는 같다.

212
新鮮なトマトジュースの方が
しんせん　　　　　　　　　　　　　　ほう
いいですね。

신센나 토마토쥬-스노 호-가 이-데스네

신선한 토마토주스가 좋겠네요.

方는 '방향, 쪽'을 뜻하면 ほう라고 읽고, 사람을 말하면 かた라고 읽는다.

213
コーヒー一杯おごります。
いっぱい

코-히- 입빠이 오고리마스

커피 한 잔 사겠습니다.

おごる: 한턱 내다, 사치 부리다

214
私のコーヒーは濃くしてください。
わたし　　　　　　　　　　　こ

와타시노 코-히-와 코쿠시테 쿠다사이

제 커피는 진하게 해 주세요.

濃い: 진하다, 짙다
薄い: 연하다, 엷다

Chapter 7 해외여행 | 海外旅行

215
コーヒーに砂糖とミルクを入れます。

砂糖: 설탕
ミルク: 우유(milk)

코-히-니 사토-토 미루쿠오 이레마스

커피에 설탕과 우유를 넣습니다.

216
お皿をお下げしてもよろしいですか。

皿: 접시
下げる: 치우다, 가져가다
よろしい는 いい보다 정중한 표현.

오사라오 오사게시테모 요로시-데스까

접시를 치워도 될까요?

Unit 3 레스토랑 9 음식 맛 말하기

217
いいにおいです。

においがいいですという言葉은 잘 쓰지 않는다.

이-니오이데스

냄새가 좋네요.

218
これは辛すぎます。

辛い: 맵다, 가혹하다, 박하다
辛い는 つらい라고도 읽는데, 이때는 '괴롭다, 혹독하다'라는 의미.

코레와 카라스기마스

이건 너무 맵군요.

219
よだれが出ます。

よだれ: 군침, 침
약간 나쁜 의미일 때는 つば라고 한다.
つばを吐く 침을 뱉다

요다레가 데마스

군침이 도는군요.

220

思ったよりうまいです。
おも

오못타요리 우마이데스

생각보다 맛있군요.

221

これは味がいまいちですね。
あじ

코레와 아지가 이마이치데스네

이건 맛이 별로군요.

222

これは私の口に合いません。
わたし くち あ

코레와 와타시노 쿠치니 아이마센

이건 제 입맛에 안 맞아요.

223

甘いです。
あま

아마이데스

달콤해요.

224

味が薄いです。
あじ うす

아지가 우스이데스

싱거워요.

225

やわらかいです。

야와라카이데스

순해요(부드러워요).

Chapter 7 해외여행 海外旅行

226

苦いです。
にが

니가이데스

써요.

苦い: 쓰다, 괴롭다, 쓰라리다

227

しょっぱいです。

숍파이데스

짜요.

しょっぱい: 짜다, 인색하다, 째째하다
塩辛(しおから)い: 짜다

228

生臭いです。
なまぐさ

나마구사이데스

비린내나요.

生臭い: 비린내나다
臭い: 불쾌한 냄새가 나다

229

すっぱいです。

숩파이데스

시큼해요.

すっぱい: 시다, 시큼하다

230

硬いです。
かた

카타이데스

(고기가) 질겨요.

硬い: 딱딱하다, 단단하다

231

脂っこいです。
あぶら

아부락코이데스

기름기가 많아요.

脂っこい: 느끼하다, 기름기가 많다

232
あぶらけ
脂気がないです。

아부라케가 나이데스

기름기가 없어요.

脂気: 기름기

233
しる　　たんぱく
汁が淡白です。

시루가 탐빠꾸데스

국이 담박하다.

汁: 국, 국물
淡白: 담박함, 담담함

234
こう
香ばしい。

코-바시-

고소하다.

香ばしい: 고소하다, 향기
롭다, 구수하다

235
ねとねとしてる。

네토네토시테루

끈적끈적하다.

ねとねと: 끈적끈적

Unit 3　레스토랑　**10 지불하기**

236
わ　　かん
割り勘にしましょうか。

와리칸니 시마쇼-까

각자 부담으로 할까요?

割り勘: 각자 부담, 더치
페이. 均等払(きんとうば
ら)い라고도 한다.

237

これは私（わたし）のおごりです。

おごり: 한턱내기, 사치하기

코레와 와타시노 오고리데스

이건 제가 내겠습니다.

238

じゃんけんして勝（か）った人（ひと）が払（はら）うことにしよう。

じゃんけん: 가위바위보. 보통 グー(바위), チョキ(가위), パー(보) 순서로 말한다.
勝つ: 이기다, 승리하다

쟝켄시테 캇타히토가 하라우코토니 시요-

가위바위보를 해서 이긴 사람이 내기로 해요.

239

お勘定（かんじょう）をお願（ねが）いします。

お勘定: 지불, 계산

오칸죠-오 오네가이시마스

계산 부탁해요.

240

クレジットカードで支払（しはら）います。

クレジットカード: 크레디트 카드(credit card), 신용 카드
한국에선 가게에서 카드 받기가 의무적이지만 일본 식당에선 의무가 아닌 선택이라 카드를 받지 않는 곳이 많다. 식사할 때는 현금을 지참할 것.

쿠레짓또카-도데 시하라이마스

신용 카드로 내겠습니다.

241 **サービス 料込みですか。**

사-비스료- 코미데스까

サービス料金は含まれていますか。

사-비스료-킨와 후쿠마레테 이마스까

봉사료가 포함되었습니까?

込み: 포함, 섞음
含まれる: 포함되다

---

242 **お釣りは結構です。**

오쓰리와 켁코-데스

거스름돈은 됐습니다.

お釣り: 거스름돈, 동전

---

243 **請求書が間違ってると思います。**

세-큐-쇼가 마치갓테루토 오모이마스

청구서가 틀린 것 같습니다.

請求書: 청구서

Unit 3　레스토랑　11 패스트푸드점에서

244 **いらっしゃいませ。何になさいますか？**

이랏샤이마세　나니니 나사이마스까

어서 오세요. 어떻게 하시겠습니까?

いらっしゃいませ : 접객 인사

245

チーズバーガーセットをください。

치-즈바-가- 셋또오 쿠다사이

치즈버거 세트를 주십시오.

チーズバーガー: 치즈 버거(cheeseburger)

246

サイズはどちらになさいますか。

사이즈와 도치라니 나사이마스까

사이즈는 어느 걸로 하시겠습니까?

なさる(하시다)는 する의 높임말.

247

こちらでお召し上がりますか、
お持ち帰りですか。

코치라데 오메시앙아리마스까 오모치카에리데스까

여기서 드실 건가요, 가져가실 건가요?

召し上がり: 드시기
持ち帰り: 가져가기, 테이크아웃

248

ここで食べます。

코꼬데 타베마스

여기서 먹을 겁니다.

食べます는 '먹습니다, 먹겠습니다' 모두 해당된다.

249

他になにかありますか。

호까니 나니까 아리마스까

그리고 또 있습니까?

他に: 그외에, 그리고

250
ファンター本、小さいのくだ
さい。

ファンタ: 환타(청량음료
이름)

환타- 입뽕 치이사이노 쿠다사이

환타 한 병, 작은 것을 주세요.

Unit 4 쇼핑 1 매장 찾기

251
デパートの中に免税店があり
ますか。

デパート: 백화점(depart-
ment store)
免税店: 면세점

데빠토노 나카니 멘제-텐가 아리마스까

백화점 안에 면세점이 있습니까?

252
婦人服売り場はどこですか？

후진후쿠 우리바와 도코데스까

여성복 매장은 어디입니까?

우리는 淑女服이라고 하
는데 일본에선 안 쓰는 말
이다. 婦人이나 レディース
(ladies)라고 한다. 夫人
과 혼동하면 안 된다.
売り場: 매장, 판매처

253
いい店を紹介してもらえますか。

이-미세오 쇼-카이시테 모라에마스까

좋은 가게를 소개해 주세요.

店는 업종과 상관없이 장
사하는 곳은 어떤 곳이든
쓸 수 있다.

日本で一番有名なデパートはどこにありますか。
にほん　いちばんゆうめい

니혼데 이치방 유-메-나 데파-토와 도코니 아리마스까

일본에서 제일 유명한 백화점은 어디 있습니까?

일본에서 유명한 백화점은 三越(みつこし), 伊勢丹(いせたん), 大丸(だいまる), 高島屋(たかしまや), 西武(せいぶ), 小田急(おだきゅう), 京王(けいおう), 東武(とうぶ) 등이다.

デパートへ行けばいい物を買えますよ。
い　　　　　もの　か

데파-토에 이케바 이-모노오 카에마스요

백화점에 가면 좋은 물건을 살 수 있어요.

백화점은 보통 デパート라고 하는데 百貨店(ひゃっかてん)이란 말도 있지만 문어체라서 회화에선 쓰지 않는다. 옛날에 사용된 말이라 고유명사로서는 많이 남아 있다.

あの店は他の店より安く売っています。
みせ　ほか　みせ　　やす　う

아노미세와 호카노 미세요리 야스쿠 웃테 이마스

저 가게는 다른 곳보다 싸게 팔아요.

싸게 파는 가게 또는 인터넷 배너 광고에는 激安(げきやす 매우 저렴)!라고 써붙인다.

お土産を買いたいんです。
みやげ　か

오미야게오 카이타인데스

선물을 사고 싶어요.

일본인은 남의 집에 방문할 때 비싸지 않은 것이라도 꼭 선물을 준비한다.

電化製品売り場はどこですか。
でんかせいひん　う　　ば

뎅카세-힌 우리바와 도코데스까

전자제품 매장은 어디입니까?

電化製品: 전자제품

259 **エレベーターはどこですか。**

에레베-타-와 도코데스까

엘리베이터는 어디 있습니까?

エレベーター: 엘리베이터
(elevator)
エスカレーター: エスカレーター(escalator)

Unit 4　쇼핑　2 상품 고르기

---

260 **いらっしゃいませ。**

이랏샤이마세

어서 오십시오.

いらっしゃいませ는 손님에게 건네는 인사인데, 동네에서 좀 친근하게 말하는 가게주인은 いらっしゃい라고 한다.

---

261 **ちょっと見^みせてもらっています。**

촛토 미세테 모랏테 이마스

그냥 보는 겁니다.

일본에선 고객에게 귀찮게 접근하는 점원은 별로 없는 편이다. 거리의 호객꾼도 집요하게 접근하지 않는다.

---

262 **新発売はありますか。**

しんはつばい

신하쓰바이와 아리마스까

신상품은 있습니까?

新発売: 신상품, 신제품

---

263 **これはいかがですか。**

코레와 이깡아데스까

이건 어떠세요?

탁음의 か행은 앞 글자에 ん을 붙이고 あ행으로 발음되기도 한다. 역시 일본 표준말이다.

264

これが若い女性たちに受けてるんですよ。

코레가 와카이 죠세-타치니 우케테룬데스요

이것이 젊은 여성들에게 호응이 좋아요.

受ける는 요즘 말로 '호응이 좋다, 재미있다, 인기있다'라는 의미로 쓰인다.

265

右から2番目のが素敵だわ。

미기까라 니방메노가 스테키다와

우측에서 두 번째가 멋져요.

2番目: 두 번째 (것)

266

あら、あれもいいじゃありませんか。

아라 아레모 이-쟈 아리마셍까

어머, 저것도 좋잖아요.

じゃありませんか는 부정 형식이지만 긍정 표현.

267

ごゆっくりご覧下さい。

고육쿠리 고란쿠다사이

천천히 보십시오.

ご覧ください는 정중한 표현이지만 ご覧なさい는 반말이 된다.

268

触ってみてもいいですか。

사왓테 미테모 이-데스까

만져 봐도 될까요?

触る: 만지다

269
これなら私（わたし）にぴったりです。

ぴったり: 딱 맞는 모양

코레나라 와타시니 핏타리데스

이거라면 내게 딱 맞네요.

270
これが一番（いちばん）気（き）に入（い）りました。

気に入りました를 반말로
하면 気に入った라고 한다.

코레가 이치방 키니이리마시따

이것이 가장 마음에 들었습니다.

271
ちょっと高（たか）いようですね。

비슷한 표현으로 高そう
ですね라고도 한다.

촛토 타카이요-데스네

좀 비싼 거 같군요.

272
これは何（なに）でできていますか。

できている: 이루어져 있다

코레와 나니데 데키테이마스까

이것은 뭘로 만들어져 있습니까?

273
同（おな）じで別（べつ）のサイズがありますか。

別のサイズ: 다른 사이즈

오나지데 베쓰노 사이즈가 아리마스까

같은 것으로 다른 사이즈는 있습니까?

274

これはちょうど買いたかったものです。

코레와 쵸-도 카이타캇타 모노데스

이건 마침 사고 싶었던 겁니다.

275

それは私には合わないと思います。

소레와 와타시니와 아와나이토 오모이마스

그건 내게 맞지 않는 것 같네요.

276

最近どんなものがよく売れてますか。

사이킨 돈나모노가 요쿠 우레테마스까

요즘 어떤 것이 잘 팔립니까?

277

これはちょっと時代遅れのようですね。

코레와 춋토 지다이오쿠레노 요-데스네

이건 좀 유행에 뒤떨어진 것 같군요.

278
なかなか気(き)に入(い)るのが見当(みあ)たらないですね。

나카나카 키니이루노가 미아타라나이데스네

좀처럼 마음에 드는 것이 보이지 않네요.

見当たらない는 '눈에 띄지 않는다'인데 부정형으로만 사용되고 見当たる라고는 말하지 않는다.

279
考(かんが)えておきましょう。

캉가에테 오키마쇼-

생각해 보겠습니다.

거절할 때 사용하는 편리한 표현. おく가 단독으로 쓰이면 置く 라고 한자로 표기하지만 ~ておく인 경우엔 한자를 쓰지 않는다.

280
このデザインが今(いま)流行(は)っ(や)ていますか。

코노데자인가 이마 하얏테이마스까

이 디자인이 지금 유행하고 있습니까?

流行은 りゅうこう라고 읽지만 流行る(유행하다)는 はやる라고 읽는다.

281
これは保証書(ほしょうしょ)がついてますか。

코레와 호쇼-쇼가 쓰이테마스까

이건 보증서가 붙어 있나요?

保証書: 보증서
つく:붙다, 생기다, 묻다, 접착하다

282 これを着^きてみてもいいですか。

着てみる: 입어 보다
試着する: 시착하다

코레오 키테미테모 이-데스까

これを試着^{しちゃく}してもいいですか。

코레오 시챠쿠시테모 이-데스까

이것을 입어봐도 되겠습니까?

---

283 試着室^{しちゃくしつ}はどこですか。

試着室: 탈의실, 시착실

시챠쿠시쯔와 도코데스까

탈의실은 어디입니까?

---

284 この生地^{きじ}は何^{なん}ですか。

生地: 본래의 성질, 옷감

코노 키지와 난데스까

이 옷감은 무엇입니까?

---

285 このデザインは私^{わたし}に合^あうでしょうか。

デザイン: 디자인(design)

코노 데자인와 와타시니 아우데쇼-까

이 디자인은 내게 맞을까요?

286

これでデザイン違いはありま
すか。

デザイン違い: 디자인이
다른 것

코레데 데자인치가이와 아리마스까

이것으로 디자인이 다른 것이 있나요?

287

この茶色のスーツはどう思い
ますか。

スーツ: 상하로 된 양복,
정장(suit)

코노챠이로노 수-쓰와 도-오모이마스까

이 갈색 정장은 어떻게 생각합니까?

288

裏地はどんな布になりますか。

裏地: 의복의 안감

우라지와 돈나누노니 나리마스까

안감은 어떤 천입니까?

289

腰の周りは緩めのほうがいい
です。

周り: 둘레, 주변
緩め: 느슨함, 헐거움

코시노 마와리와 유루메노 호-가 이-데스

허리 쪽은 느슨한 게 좋겠어요.

290

袖はもう少し短めにしてください。

袖: 소매
短め: 약간 짧음. 메는 약간 그런 성질을 가진다는 의미.
少(すく)なめ: 약간 적음
細(ほそ)め: 좀 가늚

そで はもう すこし みじかめにしてください。

소데와 모-스코시 미지카메니 시테 쿠다사이

소매는 좀 더 짧게 해 주세요.

291

男性用の下着はどこにありますか。

下着는 속옷인데, 내복이나 팬티, 런닝셔츠, 란제리 등을 말한다.

단세-요-노 시타기와 도코니 아리마스까

남성용 속옷은 어디 있습니까?

292

薄いブルーのシャツを見たいのですが。

ブルー: 블루(blue), 청색
밝은 하늘색은 水色(みずいろ)라고 한다.

우스이 부루-노 샤쓰오 미타이노데스가

엷은 파랑 셔츠를 보고 싶습니다.

293

このきれいなピンクの色合いは気に入ったわ。

色合い: 색조, 느낌

코노키레-나 핑쿠노 이로아이와 키니잇따와

이 예쁜 핑크의 느낌이 마음에 들어.

294

このジャケットは派手すぎます。

ジャケット: 재킷(jacket)
派手: 화려함, 요란함, 야함

코노쟈켓토와 하데스기마스

이 재킷은 너무 화려합니다.

295

このセーターはゆるすぎるようです。

セーター: 스웨터(sweater)
ゆるすぎる: 너무 헐렁하다

코노 세-타와 유루스기루요-데스

이 스웨터는 너무 헐거운 것 같아요.

296

絹のストッキングはありますか。

絹: 비단, 실크
ストッキング: 스타킹(sto-cking)

키누노 스톡킹구와 아리마스까

실크 스타킹은 있습니까?

297

はいているうちに少し伸びるでしょうか。

はくは 하의(치마, 바지)나 신발류(구두, 양말)에 쓰는 말. 상의를 입는 것은 着(き)る라고 한다.

하이테이루 우치니 스코시노비루데쇼-까

신고 있으면 늘어날까요?

298

このシャツは水洗濯が出来ます。

水洗濯: 물빨래

코노샤쓰와 미즈센타쿠가 데키마스

이 셔츠는 물세탁이 가능해요.

299

これはきつすぎます。

코레와 키쓰스기마스

이건 너무 꽉 끼네요.

Unit 4　쇼핑　4 모자, 구두 가게

300

や きゅうぼう
野球帽をさがしてるんです。

野球帽: 야구 모자
捜(さが)す: 찾다, 수색하다

야큐-보-오 사가시테룬데스

야구 모자를 찾고 있어요.

301

に　　　もの
これと似てる物がありますか。

비슷한 것은 似たもの라고도 한다.

코레토 니테루 모노가 아리마스까

이것과 비슷한 것이 있습니까?

302

わたし　に あ
私に似合うでしょうか。

似合う: 어울리다, 걸맞다

와타시니 니아우데쇼-까

내게 어울릴까요?

303

かがみ
鏡はどこですか。

鏡: 거울
'모범'이나 '귀감'을 뜻하는 경우는 鑑(かがみ)라고 쓴다.

카가미와 도코데스까

거울은 어디 있나요?

304
黒の革靴が欲しいのですが。

쿠로노 카와구쓰가 호시-노데스가

검정 가죽 구두가 필요한데요.

革靴: 가죽 구두
우리말 '구두'는 일어 くつ에서 온 말인데, 발에 신는 '신발'을 가리키는 총칭.

305
このハイヒールを履いてみていいですか。

코노하이히-루오 하이테미테 이-데스까

이 하이힐을 신어봐도 됩니까?

ハイヒール: 하이힐(high heel)
履く: (양말, 신발을) 신다

306
靴べらを貸してください。

쿠쓰베라오 카시테 쿠다사이

구둣주걱을 빌려주세요.

靴べら: 구둣주걱
貸す: 빌려주다

307
幅が狭くてきつすぎます。

하바가 세마쿠테 키쓰스기마스

폭이 좁아서 너무 빡빡합니다.

幅: 폭, 너비, 여유. 약자처럼 巾으로 표기하기도 한다.
狭い: 좁다, 협소하다

308
これがピッタリ合います。

코레가 핏타리 아이마스

이게 딱 맞습니다.

ピッタリ: 딱 들어맞는 모양, 아주 알맞은 모양

309
この色は苦手です。

苦手: 싫어함, 서투름, 대하기 거북함

코노이로와 니가테데스

이 색은 좋아하지 않습니다.

310
どんなデザインが流行っていますか。

流行る: 유행하다

돈나 데자인가 하얏테 이마스까

어떤 디자인이 유행하고 있습니까?

311
他のものに換えてもらえますか。

換えてもらう: 바꾸어 받다
取り替える: 교체하다, 바꾸다

호카노모노니 카에테 모라에마스까

取り替えてもらえますか。

토리카에테 모라에마스까

다른 것으로 바꿔 줄 수 있나요?

Unit 4　　쇼핑　5 화장품 코너

312
化粧品コーナーはどちらですか。

化粧品: 화장품
コーナー: 코너(corner)

케쇼-힌코-나-와 도치라데스까

화장품 코너는 어디입니까?

313 リップスティックを買^かいたいんですが。

リップスティック: 립스틱 (lipstick)

립푸스틱꾸오 카이타인데스가

립스틱을 사려고 하는데요.

---

314 ここにテスターがあります。

テスター: 샘플(tester)

코꼬니 테스타-가 아리마스

여기 샘플이 있습니다.

---

315 どんな肌^{はだ}ですか。

肌: 피부, 살갗, 거죽

돈나 하다데스까

어떤 피부신가요?

---

316 乾燥肌^{かんそうはだ}ですね。

지성 피부는 脂性肌(あぶらしょうはだ)

칸소-하다데스네

피부가 건성이시네요.

---

317 こちらの色^{いろ}がお似合^{にあ}いだと思^{おも}います。

お似合い: 어울림, 걸맞음

코치라노 이로가 오니아이다토 오모이마스

이쪽 색상이 어울린다고 생각합니다.

318
別の色がありますか。

色違い: 색이 다른 것

베쓰노 이로가 아리마스까

これで色違いはありますか。

코레데 이로치가이와 아리마스까

다른 색상이 있습니까?

319
一回の使用量はこのくらいです。

使用量: 사용량

익카이노 시요-료-와 코노쿠라이데스

1회 사용량은 이 정도입니다.

320
これ一本で一年は持ちます。

本은 병(병), 나무(그루), 편지(통), 전화(통), 책(권) 등에 사용되는 단위 명사.
持つ: 들다, 지속되다, 지탱하다

코레 입뽕데 이치넹와 모치마스

이거 한 병으로 1년은 씁니다.

321
肌診断を受けてみませんか。

肌診断: 피부 진단
피부는 皮膚(ひふ)라고도 하지만 문어체 표현.

하다신단오 우케테 미마셍까

피부 진단을 받아보시겠습니까?

322
敏感な肌に適しています。

敏感な: 민감한
適する: 적합한, 적당한

빙칸나하다니 테키시테 이마스

민감한 피부에 적합합니다.

323 この素材^{そざい}はなんですか。

素材: 소재, 재질

코노소자이와 난데스까

이 소재는 무엇입니까?

---

324 シャネルのカバンはどこにありますか。

シャネル: 샤넬(Chanel, 명품의 일종)

샤네루노 카방와 도코니 아리마스까

샤넬 가방은 어디 있습니까?

---

325 これは人工^{じんこう}レザーですか。

人工レザー: 인공 가죽(leather). 레저(leisure)와 다른 발음.

코레와 징코-레쟈-데스까

이건 인조 가죽인가요?

---

326 このデザインで別^{べつ}の色^{いろ}はありますか。

デザイン: 디자인(design)

코노데자인데 베쓰노이로와 아리마스까

이 디자인으로 다른 색은 있나요?

327 今、流行のハンドバッグを見
せてください。

流行のは 流行(はや)るら
고 해도 된다.
ハンドバッグ: 핸드백(hand-
bag)

이마 류-코-노 한도박구오 미세테 쿠다사이

지금 유행하는 핸드백을 보여 주세요.

---

328 最新型ですか。

最新型: 최신형, 최신 모델

사이싱가타데스까

최신형입니까?

---

329 中型のカバンが欲しいんです。

カバン: 가방
우리말 '가방'은 일어에
서 온 말.

츄-가타노 카방가 호시인데스

중간 크기 가방을 원해요.

Unit 4　　쇼핑　7 보석점에서

330 ジュエリーの売り場はどこで
すか。

ジュエリー: 주얼리(jewel-
ry), 보석
売り場: 매장, 파는 곳

쥬에리-노 우리바와 도코데스까

보석 매장은 어디죠?

331 ダイヤの指輪を見せてくれますか。

ダイヤ: 다이아몬드, 다이
ヤモンド(diamond)의 준
말.
指輪: 반지

다이야노 유비와오 미세테쿠레마스까

다이아 반지 좀 볼까요?

---

332 これは何カラットですか。

カラット: 캐럿(carat)

코레와 낭카랏토데스까

이건 몇 캐럿이죠?

---

333 はめてみてもいいですか。

はめる: (장갑, 반지를)
끼다

하메테미테모 이-데스까

끼어봐도 되나요?

---

334 これは本物ですか、イミテーションですか。

本物: 진품, 진짜
イミテーション: 모조품(imi-
tation)

코레와 홈모노데스까 이미테-숀데스까

이건 진짜입니까, 모조입니까?

---

335 チェーンの長さは調整できます。

チェーン: 체인(chain),
쇠줄
調整: 조정, 적절히 바꿈

체엔노 나가사와 쵸-세-데키마스

체인 길이는 조정할 수 있습니다.

336
鑑定書つきですか。
かんていしょ

칸테-쇼 쓰키데스까

감정서는 있습니까?

鑑定書: 감정서
付(つ)き: 붙어 있음, 딸려 있음

337
これは純金ですか。
じゅんきん

코레와 쥰킨데스까

이건 순금입니까?

純金: 순금, 순수한 금

| Unit 4 | 쇼핑 | 8 문방구, 서점 |

338
誕生日カードはありますか。
たんじょう び

탄쬬-비카-도와 아리마스까

생일 카드는 있습니까?

誕生日: 생일
カード: 카드(card)

339
それは4番コーナーにございます。
よんばん

소레와 욘반코-나-니 고자이마스

그건 4번 코너에 있습니다.

コーナー: 코너(corner)
ございます는 あります보다 정중한 표현.

340
ただいま、在庫を切らしております。
ざい こ き

타다이마 자이코오 키라시테 오리마스

현재 재고가 떨어졌습니다.

切らす: 다 없애다, 전부 소비하다

341
探してまいりますのでお待ち
ください。

さが / ま

まいります는 '가다, 오다'의 겸손 표현.

사가시테 마이리마스노데 오마치쿠다사이

찾아올 테니 기다려 주십시오.

342
この万年筆をプレゼント包装
してください。

まんねんひつ / ほうそう

万年筆: 만년필
プレゼント: 선물, 프레젠트(present)

코노만넹히쓰오 푸레젠토호-소-시테 쿠다사이

이 만년필을 선물 포장해 주세요.

343
漫画は奥の方にあります。

まんが / おく / ほう

奥: 밖에서 보이지 않는 안쪽 부분, 내부 깊숙한 곳.

망가와 오쿠노호-니 아리마스

만화는 안쪽에 있습니다.

344
全国地図を探しています。

ぜんこくちず / さが

서점의 지도 코너에 가보면 지역별 또는 자동차 도로용, 전철용 등 다양하게 제작된 지도책이 있다.

젱코쿠치즈오 사가시테 이마스

전국 지도를 찾습니다.

345

恋人に上げるプレゼントを探
しています。

코이비토니 아게루푸레젠토오 사가시테이마스

애인에게 줄 선물을 찾고 있습니다.

上げる: '올리다, 주다'의
겸손어
プレゼント: 선물(pre-
sent)

346

お客さんがお使いになりますか。

오캬쿠상가 오쓰카이니 나리마스까

손님이 쓰실 건가요?

お使いになる: 쓰시다, 사
용하시다

347

予算は3万円くらいです。

요상와 삼만엔쿠라이데스

예산은 3만 엔 정도입니다.

予算: 예산
くらいは 대략적인 수치를
말할 때 쓰는 말.

348

この土地の民芸品を探してい
ます。

코노토치노 민게-힌오 사가시테 이마스

이 지방의 공예품을 찾습니다.

土地: 토지, 지방, 고장
民芸品: 생활공예품

349
スカーフはボックスに入れて
ください。

スカーフ: 스카프(scarf)
ボックス: 박스(box)

스카-후와 복쿠스니 이레테 쿠다사이

스카프는 박스에 넣어 주세요.

350
彼氏に上げるネクタイを買お
うと思います。

ネクタイ: 넥타이(necktie)

카레시니 아게루 네쿠타이오 카오-또 오모이마스

남친에게 줄 넥타이를 사려고 해요.

Unit 4 쇼핑 10 식료품점

351
どこのスーパーで買い物をし
ますか。

スーパー: 슈퍼(super-market)
買い物: 쇼핑, 물건구입

도코노 수-파-데 카이모노오 시마스까

어디 슈퍼에서 쇼핑을 하세요?

352
今日は大変混んでいますね。

混む: 혼잡하다, 붐비다

쿄-와 타이헨 콘데 이마스네

오늘은 무척 붐비는군요.

353

カートを持^もってくるね。

カート: 카트(cart), 손수레

카-토오 못테쿠루네

카트를 가져올게.

354

入^{はい}ってきたばかりのものです。

~た+ばかり: 막(방금) ~했다, ~한 참이다

하잇테키타 바카리노 모노데스

방금 들어온 물건입니다.

355

新鮮^{しんせん}な肉^{にく}だけを取^とり扱^{あつか}っています。

取り扱う: 다루다, 취급하다

신센나 니쿠다케오 토리아쓰캇테 이마스

신선한 고기만 취급합니다.

356

これはお買^かい得^{とく}ですね。

お買い得: 좋은 물건을 싸게 산 것, 掘出(ほりだ)し物(もの)라고도 함.

코레와 오카이토쿠데스네

이건 싸고 좋군요.

357

賞味期限^{しょうみきげん}はいつですか。

賞味期限: 음식의 사용 기한

쇼-미키겐와 이쓰데스까

유통기한은 언제입니까?

358
売り出しは今週限りです。

<ruby>売<rt>う</rt></ruby>り<ruby>出<rt>だ</rt></ruby>し <ruby>今週<rt>こんしゅう</rt></ruby>限り

우리다시와 콘슈-카기리데스

판매는 이번 주까지뿐입니다.

売り出し: 팔기 시작함, 매출

359
レジのところへ持って行ってください。

<ruby>持<rt>も</rt></ruby>って<ruby>行<rt>い</rt></ruby>って

레지노 토코로에 못테잇테 쿠다사이

계산대로 가지고 가 주세요.

예전에 다방 아가씨를 레지라고 불렀는데 일어식 영어에서 온 표현이다. 레지는 register에서 온 말. 즉, 다방에서 돈 받는 아가씨를 말함.

360
ビニール袋をもらえますか。

<ruby>袋<rt>ぶくろ</rt></ruby>

비니-루부쿠로오 모라에마스까

비닐봉투를 주실래요?

ビニール袋: 비닐 봉지. 袋는 ふくろ지만 단어 뒤에 붙어 복합명사가 되면 ぶくろ라고 탁음이 됨.

Unit 4 쇼핑 11 가격 흥정

361
こちらのお値段は？

<ruby>値段<rt>ねだん</rt></ruby>

코치라노 오네당와

이건 얼마죠?

値段: 가격, 값

362
税金を含んだ値段ですか。
<ruby>税金<rt>ぜいきん</rt></ruby>を<ruby>含<rt>ふく</rt></ruby>んだ<ruby>値段<rt>ねだん</rt></ruby>ですか。

제-킨오 후쿤다 네당데스까

消費税は含まれてますか。
<ruby>消費税<rt>しょうひぜい</rt></ruby>は<ruby>含<rt>ふく</rt></ruby>まれてますか。

쇼-히제-와 후쿠마레테마스까

세금 포함한 가격입니까?

消費税: 소비세
일본에서 쇼핑을 하면 정가에 8% 소비세가 추가로 붙는 경우가 많다. 그래서 소비세를 염두에 두고 쇼핑을 해야 한다.

363
現金で買えば、少し安くしてもらえますか。
<ruby>現金<rt>げんきん</rt></ruby>で<ruby>買<rt>か</rt></ruby>えば、<ruby>少<rt>すこ</rt></ruby>し<ruby>安<rt>やす</rt></ruby>くしてもらえますか。

겡킨데 카에바 스코시 야스쿠시테 모라에마스까

현금으로 사면 좀 할인해 주나요?

安くする: 싸게 해주다, 할인하다

364
値引きしてくれれば買います。
<ruby>値引<rt>ねび</rt></ruby>きしてくれれば<ruby>買<rt>か</rt></ruby>います。

네비키시테 쿠레레바 카이마스

가격을 깎아주면 사겠습니다.

値引き: 할인, 가격 인하

365
少し 割引できますか。
<ruby>少<rt>すこ</rt></ruby>し <ruby>割引<rt>わりびき</rt></ruby>できますか。

스코시 와리비키 데키마스까

좀 할인해 줄 수 있습니까?

割り引き: 할인, 깎아줌
割引는 割引き 또는 割り引き라고 표기할 수도 있다.

366
値段は手ごろですね。 それをください。

手ごろ: 적당함, 적절함

ねだん て

네당와 테고로데스네　소레오 쿠다사이

가격은 적당하군요. 그걸 주세요.

367
どのくらいまけてくれますか。

負ける: 패배하다, 양보하다, 할인해 주다

도노쿠라이 마케테 쿠레마스까

얼마나 깎아주시겠어요?

368
5%引きにいたします。

ひ

引き: 할인, 깎음
いたす는 する의 겸손 표현.

고파-센토히키니 이타시마스

5퍼센트 할인해 드립니다.

369
これは値下げした価格です。

ね さ　か かく

値下げ: 가격을 내림, 할인

코레와 네사게시타 카까쿠데스

이건 할인된 가격입니다.

Unit 4　　쇼핑　　12 가격 지불

370
会計はどこですか。

かいけい

会計: 회계, 계산

카이케-와 도코데스까

계산은 어디서 합니까?

371

ぜん ぶ
全部でいくらになりますか。

젬부데 이쿠라니 나리마스까

전부해서 얼마나 됩니까?

두 개 이상의 상품, 복수의 서비스에 대해 가격을 묻는 뉘앙스.

372

し はら
支払いはどうなさいますか。

시하라이와 도-나사이마스까

지불은 어떻게 하시겠습니까?

支払い: 지불. 현금인지 카드인지를 묻는 질문.

373

し はら
クレジットカードで支払いたいんです。

쿠레짓토카-도데 시하라이타인데스

신용카드로 지불하고 싶습니다.

クレジットカード: 신용카드 (credit card).
일본선 신용카드를 받는 것이 의무가 아니라서 현금만 받는 가게가 많다.

374

りょうしゅうしょ
領収書をもらえますか。

료-슈-쇼오 모라에마스까

영수증을 주시겠어요?

약간 모호한 표현인데, 대략 알 것 같다는 느낌.

375

ぶんかつばら   りょう
分割払いを利用できますか。

붕카쓰바라이오 리요-데키마스까

할부로 이용할 수 있습니까?

分割払い: 할부, 분할 납부

376
一万円お預かりいたします。
<small>いちまんえん</small> <small>あず</small>

預か리: 금품이나 사람을 받는 것, 맡음, 보관함

이치망엔 오아즈카리 이타시마스

1만 엔 받았습니다.

377
2万8千円、ちょうどいただきました。
<small>にまんはっせんえん</small>

ちょうど: 딱 맞게, 정확히

니망핫센엔 쵸-도 이타다키마시따

2만 8천 엔 딱 맞게 받았습니다.

378
2千円のお返しです。
<small>にせんえん</small> <small>かえ</small>

お返し: 답례, 회신, 거스름돈, 보복

니센엔노 오카에시데스

2천 엔 거스름돈입니다.

379
毎度ありがとうございます。
<small>まい ど</small>

단골고객에게 하는 인사말로 친근한 말투로는 'まいどあり!'라고 줄여서 말한다.

마이도 아리가또- 고자이마스

항상 찾아주셔서 감사합니다.

Unit 4 　쇼핑　13 배달, 반품, 교환

380
いつ配達してもらえますか。
<small>はいたつ</small>

配達: 배달[= 配送(はいそう)]

이쓰 하이타쓰시테 모라에마스까

언제 배달 받을 수 있습니까?

381 リボンをつけて包装していた
だけますか。

リボン: 리본(ribbon)
つける: 붙이다, 달다
包装: 포장, 싸기

리본오 쓰케테 호-소-시테 이타다께마스까

리본을 달아서 포장해 주시겠어요?

382 これを返品したいのですが。

返品: 반품

코레오 헴핀시타이노데스가

이걸 반품하고 싶습니다.

383 交換カウンターはどこですか。

交換: 교환. 사람을 바꾸
는 것은 交替(こうたい)라
고 한다.
カウンター: 카운터(coun-
ter)

코-칸카운타-와 도코데스까

교환 카운터는 어디입니까?

384 購入の際は知らなかったんです。

購入: 구입, 구매
際: 시기, 때, 경계 지점

코-뉴-노 사이와 시라나캇딴데스

구입할 때는 몰랐습니다.

385 このスカートを払い戻しても
らいたいのですが。

払い戻(もど)す: 환불하다

코노스카-토오 하라이모도시테 모라이타이노데스가

이 스커트를 환불해 주세요.

386

レシートがなければ返金^{へんきん}は
出来^{でき}ません。

レシート: 영수증(receipt)
なければ는 ないと라고도
한다.

레시-또가 나케레바 헹킨와 데키마셍

영수증이 없으면 환불이 안 됩니다.

387

今夜^{こんや}、空^あき部屋^{べや}はありますか。

空き部屋: 빈방. 빈집은
空(あ)き巣(す)라고 한다.
巣는 '새가 사는 둥지'를
말하는데 사람의 집을 비
유적으로 하는 말.

콩야 아키베야와 아리마스까

오늘밤 빈 방이 있을까요?

388

何泊^{なんぱく}なさいますか。

なさる: 하시다, する의 공
손한 표현.
泊는 はく, ぱくぱく로 발음
이 달라진다. 뒤에 나오
는 글자에 따라 달라지는
것이다. 발음상의 편의를
추구하는 것이니 많이 연
습하면 자연히 입에 익게
된다.

남파쿠 나사이마스까

몇 박 예정이십니까?

389

来週^{らいしゅう}3泊^{さんぱく}を泊^とまりたいんです。

泊: 숙박 일수를 세는 말.
泊まる: 묵다, 숙박하다

라이슈- 삼파쿠오 토마리타인데스

다음주 3박을 예약하고 싶습니다.

390

どんな部屋をご希望ですか。

돈나 헤야오 고키보-데스까

어떤 방을 원하십니까?

ご希望: 희망. 앞에 붙은 ご는 공손함을 나타내는 표현인데, 이런 표현은 お와 ご가 있어서 아무거나 쓸 수는 없고 정해진 것을 써야 한다. 그런데 정해진 규칙이 없어서 일일이 기억해 둬야 한다.

391

予約はしてませんが、一人部屋はありますか。

요야쿠와 시테마셍가 히토리베야와 아리마스까

예약은 안 했는데 1인실 있습니까?

一人部屋: 1인실
일본의 다소 저렴한 호텔을 가보면 1인실, 2인실의 경우 너무 비좁은 방이 많음을 볼 수 있다.

392

韓国で予約を済ませました。

캉코쿠데 요야쿠오 스마세마시따

한국에서 예약을 끝냈습니다.

済ませる: 끝내다, 마치다

393

予約を取り消したいんですが。

요야쿠오 토리케시타인데스가

예약을 취소하고 싶습니다.

取り消す: 취소하다, 캔슬하다(キャンセルする)

394

朝食つきですか。

쵸-쇼쿠쓰키데스까

아침 식사는 포함입니까?

朝食: 조식
つき: 딸림, 포함

395

チェックインをお願_{ねが}いします。

첵쿠인오 오네가이 시마스

체크인을 부탁합니다.

チェックイン: 체크인(check-in), 숙박 수속
일본 호텔에서 체크인 할 때는 여권을 보여달라고 하니까 준비해 둘 것.

396

私_{わたし}の名前_{な まえ}はユン・ソラです。 予約_{よ やく}しました。

와타시노 나마에와 윤소라데스　요야쿠시마시따

제 이름은 윤소라입니다. 예약했습니다.

予約: 예약
호텔마다 체크인 시작 시간이 다르므로 확인이 필요하다. 보통은 오후 2시~오후 5시 사이에 시작된다.

397

荷物_{に もつ}を預_{あず}かってもらえますか。

니모쓰오 아즈캇테모라에마스까

짐을 맡아 주시겠어요?

預かる: 맡다, 보관하다
預ける: 맡기다, 보관시키다

398

食堂_{しょくどう}は何階_{なんかい}にありますか。

쇼쿠도-와 낭카이니 아리마스까

식당은 몇 층에 있습니까?

食堂: 식당

399

シングル[ダブル]で予約_{よ やく}しました。

싱구루[다부루]데 요야쿠시마시따

싱글[더블]로 예약했습니다.

シングル(single): 1인용 침대가 있는 방
ダブル(double): 2인용 침대가 있는 방

400

眺めのいい部屋をお願いします。

낭아메노 이-헤야오 오넹아이시마스

전망이 좋은 방을 주세요.

眺め: 전망 [= 見晴(みは)らし]

401

海がよく見える部屋をお願いします。

우미가 요쿠 미에루 헤야오 오넹아이 시마스

바다가 잘 보이는 방을 부탁합니다.

見える는 '보이다'인데 여기에선 명사를 수식해 주는 역할을 한다. 그래서 '보이는'이 된다.

402

禁煙の部屋をお願いします。

킹엔노 헤야오 오넹아이 시마스

금연실을 부탁합니다.

禁煙: 금연

403

この部屋は気に入りません。

코노헤야와 키니 이리마셴

이 방은 마음에 안 듭니다.

気に入る: 마음에 들다

404

部屋を替えたいんです。

헤야오 카에타인데스

방을 바꾸고 싶습니다.

替える: 바꾸다, 교체하다

405

もっと広い部屋はありますか。

<ruby>広<rt>ひろ</rt></ruby>い　<ruby>部屋<rt>へや</rt></ruby>

もっと: 더욱, ~보다
広い: 넓다, 널찍한

못토 히로이 헤야와 아리마스까

더 넓은 방이 있습니까?

406

貴重品を預けたいんですが。

<ruby>貴重品<rt>き ちょうひん</rt></ruby>　<ruby>預<rt>あず</rt></ruby>

貴重品: 귀중품

키쵸-힌오 아즈케타인데스가

귀중품을 보관하고 싶은데요.

407

部屋の掃除をしてください。

<ruby>部屋<rt>へ や</rt></ruby>　<ruby>掃除<rt>そう じ</rt></ruby>

掃除: 청소, 우리와 같이 清掃(せいそう)라는 말도 쓰지만 보통은 掃除라고 한다.

헤야노 소-지오 시테 쿠다사이

방 청소를 해 주세요.

408

モーニングコールをお願いします。

<ruby>願<rt>ねが</rt></ruby>

モーニングコール: 모닝콜 (morning call), 일본과 우리나라에서만 쓰는 말. 정식 영어로는 wake-up call이라고 한다.

모-닝구 코-루오 오넹아이 시마스

모닝콜을 해 주었으면 좋겠네요.

409

アダプターを借りたいのですが。

<ruby>借<rt>か</rt></ruby>

일본에선 전기제품을 꼽는 콘센트 모양이 달라서 어댑터가 필요하다. 110V용 어댑터는 몇 백 원이고 여러나라에서 쓸 수 있는 멀티어댑터는 몇 천 원에 구입할 수 있는데 혹시 준비를 못했으면 호텔에서 빌려주기도 한다.

아다푸타-오 카리타이노데스가

어댑터를 빌려주시겠습니까?

410

お部屋の番号を教えてください。
へや　ばんごう　おし

오헤야노 방고-오 오시에테 쿠다사이

객실 번호를 알려주세요.

'객실 번호'라는 일본어가 생각나지 않으면 '룸넘버(ルームナンバー)'라고 해도 된다.

411

ルームサービスです。ご用でしょうか。
よう

루-무사-비스데스　고요-데쇼-까

룸서비스입니다. 무슨 일이십니까?

ルームサービス: 룸서비스(room service)

412

クリーニングをお願いします。
ねが

쿠리-닝구오 오넹아이시마스

세탁 서비스를 부탁합니다.

クリーニング: 클리닝, 세탁(cleaning)

413

インターネットは使えますか。
つか

인타-넷토와 쓰카에마스까

인터넷을 이용할 수 있습니까?

インター: 인터넷(Internet), 짧게 ネット라고도 한다.

Unit 5　　호텔　　4 호텔 트러블

414

部屋に鍵を置き忘れたんですが。
へや　かぎ　お　わす

헤야니 카기오 오키와스레탄데스가

방에 열쇠를 둔 채 잠가 버렸습니다.

鍵: 열쇠, 열쇠지만 '자물쇠'라는 의미로 쓰이는 경우도 많다.
置き忘れる: 갖고 오는 것을 잊다, 둔 곳을 잊다

415 ボーイをよこしてください。

보-이오 요코시테 쿠다사이

보이를 보내 주세요.

ボーイは 남자에게만 쓰는 말. 給仕(きゅうじ)라는 말은 남녀 모두 지칭한다. ウエーター(웨이터)와 ウエートレス(웨이트레스)라는 말도 있다.

---

416 電話がかからないんです。

뎅와가 카까라나인데스

전화가 걸리지 않습니다.

かかる: 걸리다

---

417 電気がつきません。

뎅끼가 쓰키마센

전기가 나갔어요.

つく: (전자제품, 전등이) 켜지다

---

418 お湯が出ません。

오유가 데마센

온수가 나오지 않습니다.

お湯: 따뜻한 물. 목욕을 좋아하는 민족이라 이 말을 자주 쓴다.

---

419 電灯が一つつきません。

덴토-가 히토쓰 쓰키마센

전등이 하나 나갔습니다.

電灯: 전등
우리는 전등을 불이라고 표현해서 火라고 말하기 쉬운데 일어로는 灯(あかり)라고 한다.

---

420 トイレットペーパーがありません。

토이렛토페-파-가 아리마센

화장실 휴지가 없어요.

トイレットペーパー: 화장지 (toilet paper)

421

となり　へ　や
隣の部屋がうるさいんです。

토나리노 헤야가 우루사인데스

옆방이 소란스럽습니다.

隣: 이웃, 이웃집, 옆방
うるさい: 시끄럽다, 방해
가 되다

422

うご
エアコンが動きません。

에아콩가 우고키마센

에어컨이 작동하지 않아요.

エアコン: 에어컨. 보통 ク
ーラー(cooler)라고도 한
다.
動く: 움직이다, 작동하다

Unit 5　　호텔　5 체크아웃하기

423

ねが
チェックアウトをお願いします。

첵쿠아우또오 오넹아이 시마스

체크아웃을 하겠습니다.

チェックアウト: 체크아웃
(check out)
키를 반납하고 별도로 이
용한 서비스에 대해 지불
하게 된다.

424

なん　じ
チェックアウトは何時ですか。

첵쿠아우토와 난지데스까

체크아웃은 몇 시입니까?

호텔마다 체크아웃 마감
시간이 다르니까 미리 꼭
확인을 해야 한다. 보통은
오전 10시~11시 정도.

425

の
わたしはビールは飲んでいま
せん。

와타시와 비-루와 논데이마셍

저는 맥주는 마시지 않았습니다.

ビール: 맥주(bier). 이 단
어는 네덜란드 말이고, 영
어 beer는 ビヤ라고 한다.
beer hall은 ビヤホール.

426

しゅくはく えんちょう
宿泊を延長したいです。

宿泊: 숙박
延長: 연장

슈쿠하쿠오 엔쵸-시타이데스

숙박을 연장하고 싶습니다.

427

に はく と
もう2泊、泊まりたいんですが。

泊まる: 숙박하다, 묵다
滞在: 체류, 묵음, 머무름

모-니하쿠 토마리타인데스가

ふつかたいざい
もう2日滞在したいのですが。

모-후쓰카 타이자이시타이노데스가

2박을 더 하고 싶은데요.

428

かいてき すご
ありがとう。快適に過せました。

快適: 쾌적함
過ごせるは 過ごす(지내
다)의 가능형. すごす는
過ごす 또는 過すと 표
기하기도 한다.

아리가토- 카이테키니스고세마시따

감사합니다. 쾌적하게 지낼 수 있었습니다.

429

ご じ に もつ あず
5時まで荷物を預かっていた
だけますか。

預かる: 맡다, 보관하다
보통은 체크아웃하는 날
에 귀국하기 마련인데, 항
공편이 저녁 늦게 있는 경
우 낮 동안 호텔에 맡기면
편하고 비용도 안 든다.
아니면 전철역 코인로커
(コインロッカー)에 넣어야
한다.

고지마데 니모쓰오 아즈깟테 이타다께마스까

5시까지 짐을 맡아주시겠습니까?

430

どんなツアーがあるんですか。

ツアー: 투어(tour), 여행

돈나쓰아-가 아룬데스까

어떤 투어가 있습니까?

431

みちじゅん　おし
道順を教えてください。

道順: 코스, 진행 순서

미치쥰오 오시에테 쿠다사이

코스를 가르쳐 주세요.

432

む りょう　　かんこう ち ず
無料の観光地図をいただけますか。

観光地図: 관광지도
일본에선 전철역이나 현지 호텔에 무료 관광지도를 비치하는 경우가 많다.

무료-노 캉코-치즈오 이타다께마스까

무료 관광지도를 주시겠어요?

433

まち　みどころ　おし
この街の見所を教えてください。

町: 동네, 마을, 읍내
발음은 같지만 번화가 동네를 가리킬 때는 街를 쓴다.
見所: 볼 만한 곳

코노마치노 미도코로오 오시에테 쿠다사이

여기서 볼 만한 곳을 가르쳐 주시겠어요?

434
入場料はいくらですか。

入場料: 입장료

뉴-죠-료-와 이쿠라데스까

입장료는 얼마입니까?

435
大人2枚、子供1枚ください。

おとな にまい　こ どもいちまい

大人: 어른, 성인
子供: 어린이, 자녀

오토나 니마이 코도모 이치마이 쿠다사이

어른 두 장, 어린이 한 장 주세요.

436
その時間のチケットは売り切れです。

じ かん　　　　　　　　　　　う き

売り切れ: 매진

소노지칸노 치켓토와 우리키레데스

그 시간 표는 매진입니다.

437
当日券はありますか。

とうじつけん

当日券: 당일권

토-지쓰켄와 아리마스까

당일권은 있습니까?

438
前の方の席をお願いします。

まえ　ほう　せき　　ねが

前の方: 앞쪽

마에노 호-노 세키오 오네가이시마스

앞쪽 좌석을 주세요.

439
日帰りバスツアーが希望です。

히가에리 바스쓰아-가 키보-데스

당일치기 버스 여행을 희망합니다.

日帰り: 당일치기(그날 돌아오는 일정)
バスツアー: 버스 투어

440
必見の場所はどこですか。

힉켄노 바쇼와 도코데스까

꼭 봐야 할 곳은 어디입니까?

必見の: 필견의, 꼭 봐야 할

441
今、祭りをしていますか。

이마 마쓰리오 시테이마스까

지금 축제를 하고 있나요?

祭り: 마츠리, 축제

442
歴史的な場所へ行きたいです。

레키시테키나 바쇼에 이키타이데스

역사적 장소에 가고 싶어요.

歴史的: 역사적인

443
往復で何時間かかりますか。

오-후쿠데 난지칸 카까리마스까

왕복으로 어느 정도 시간이 걸립니까?

往復: 왕복
편도는 片道(かたみち).

444

いず の
伊豆ホテルから乗れますか。

이즈호테루카라 노레마스까

이즈 호텔에서 탈 수 있습니까?

伊豆: 시즈오카(静岡)현
의 관광지
乗れる: 탈 수 있다

445

ひとりあ ひょう
一人当たり費用はどれくらい

ですか。

히토리아타리 히요-와 도레쿠라이데스까

1인당 비용은 얼마입니까?

一人当たり: 1인당
費用: 비용

446

おとな にまんえん
大人は2万円です。

오토나와 니망엔데스

성인은 2만 엔입니다.

大人: 어른, 성인[=成人
(せいじん)]

447

ちゅうしょく
昼食はついてますか。

츄-쇼쿠와 쓰이테마스까

중식 포함입니까?

昼食: 점심 식사, 중식
직장인들은 보통 ランチ라
고 한다.

448

み
ツアーのパンフレットを見せ

てください。

쓰아-노 팜후렛토오 미세테 쿠다사이

여행 팸플릿을 보여 주세요.

パンフレット: 팸플릿(pam-
phlet), 안내 책자

449
観光バスはどこで乗れますか。

観光: 관광

캉코-바스와 도코데 노레마스까

관광버스는 어디서 탈 수 있습니까?

450
京都を一回りしたいんですが。

一回り: 한 바퀴, 일주

쿄-토오 히토마와리 시타인데스가

쿄토를 한 바퀴 돌고 싶습니다.

451
出発は何時ですか。

出発: 출발, 떠남

슛파쓰와 난지데스까

출발은 몇 시입니까?

452
午後4時までお乗りください。

乗ってください 보다는 お乗리ください가 정중한 표현.

고고요지마데 오노리쿠다사이

오후 4시까지 타십시오.

453
入場料はいくらですか。

入場料: 입장료

뉴-죠-료-와 이쿠라데스까

입장료는 얼마입니까?

454

お土産屋はどこですか。

お土産屋: 기념품 상점

오미야게야와 도코데스까

기념품 가게는 어디입니까?

455

入館できますか。

入館: 건물에 들어감

뉴-깐데끼마스까

입장해도 되나요? (건물에)

456

あの建物は何ですか。

建物: 건물, 빌딩(ビル)

아노 타테모노와 난데스까

저 건물은 무엇입니까?

457

いつ建てられたんですか。

建てる: 세우다, 짓다

이쓰 타테라레딴데스까

언제 세워진 겁니까?

458

このビルに展望台はありますか。

展望台: 전망대. 탁음이 있어서 외우기가 어려운 단어.

코노비루니 템보-다이와 아리마스까

이 건물은 전망대가 있나요?

459
何時まで
バスに戻
ればいいの
ですか。

戻る: 돌아오다, 귀환하다

난지마데 바스니 모도레바 이-노데스까

몇 시까지 버스로 돌아오면 됩니까?

Unit 6   관광   4 박물관 관람

460
博物館は何時に開館しますか。

博物館: 박물관
開館: 개관, 오픈

하쿠부쓰칸와 난지니 카이칸시마스까

박물관은 몇 시에 문을 엽니까?

461
何時に閉めますか。

閉める: 닫다, 폐쇄하다
閉館(へいかん): 폐관

난지니 시메마스까

몇 시에 문을 닫습니까?

462
再入場できますか。

再入場: 재입장. 밖에 나갔다가 다시 입장함.

사이뉴-죠 데키마스까

재입관할 수 있습니까?

463
どんな特別展がありますか。

特別展: 특별전

돈나 토쿠베쓰텐가 아리마스까

어떤 특별전이 있습니까?

464

この絵は誰が描きましたか。

코노에와 다레가 카키마시따까

이 그림은 누가 그렸습니까?

絵: 그림, 회화
描く: 그리다
(글씨를) 쓰다는 書く로
발음은 같다.

465

あの銅像は何ですか。

아노 도-조-와 난데스까

저 동상은 뭐지요?

銅像: 동상

466

出口はどこですか。

데구치와 도코데스까

출구는 어디인가요?

出口: 출구, 나가는 곳

467

写真撮影はいいですか。

샤싱사쓰에-와 이이데스까

사진 촬영은 괜찮습니까?

写真撮影: 사진 촬영

468

この中では撮影禁止です。

코노 나카데와 사쓰에-킨시데스

이 건물 내에서는 촬영이 안 됩니다.

撮影禁止: 촬영 금지(박
물관에서는 대개 촬영이
금지된다.)

469 ここで写真を撮ってもいいですか。

코꼬데 샤싱오 톳테모 이-데스까

여기서 사진을 찍어도 됩니까?

撮る: 찍다, 촬영하다
보통 '잡다, 취하다'는 取
(と)る라고 쓴다.

470 私たちの写真を撮っていただけませんか。

와타시타치노 샤싱오 톳테 이타다케마센까

저희 사진 좀 찍어 주시겠어요?

撮っていただく: (남이 나
를) 찍어주다

471 ここを押すだけです。

코꼬오 오스다께데스

여기를 누르기만 하면 됩니다.

押す: 누르다
だけ: ~뿐, ~만

472 一緒に写真に入ってくれませんか。

잇쇼니 샤싱니 하잇테 쿠레마셍까

함께 사진을 찍읍시다.

入る: 들어가다

473
撮るよ、3, 2, 1!

と

토루요 산니이치

찍어요. 3, 2, 1!

撮る: (사진, 영상을) 찍다

474
写真、一枚お願いできますか。

しゃしん　いちまい　ねが

샤싱 이치마이 오넹아이 데키마스까

사진 한 장 부탁드려도 될까요?

お願い: 부탁, 간청
お願い라고만 말해도 '부탁한다'는 의미가 된다.

475
こちらを向いてください。

む

코치라오 무이테 쿠다사이

이쪽을 향해 주세요.

向く: 향하다, 바라보다

476
フラッシュをたいてもいいですか。

후랏슈오 타이테모 이-데스까

플래시를 터뜨려도 됩니까?

フラッシュ: 플래시(flash)
焚(た)く: (불을) 때다, 피우다

477
建物が見えるように撮ってください。

たてもの　み　　　　と

타테모노가 미에루요-니 톳테 쿠다사이

건물이 보이도록 찍어 주세요.

동사 기본형+よう: ~도록, ~수 있게

478
<ruby>何<rt>なん</rt></ruby><ruby>時<rt>じ</rt></ruby>に<ruby>開演<rt>かいえん</rt></ruby>しますか。

난지니 카이엔시마스까

공연이 몇 시에 시작합니까?

開演: 개연, 공연 시작

479
<ruby>日曜日<rt>にちようび</rt></ruby>にも<ruby>開<rt>ひら</rt></ruby>きますか。

니치요-비니모 히라키마스까

일요일에도 합니까?

開く: 열다, 오픈하다

480
コンサートホールでは<ruby>何<rt>なに</rt></ruby>があるのですか。

콘사-토호-루데와 나니가 아루노데스까

콘서트홀에선 뭐가 있나요?

コンサートホール: 콘서트 홀(concert hall)

481
ミュージカルが<ruby>見<rt>み</rt></ruby>たいんです。

뮤-지카루가 미타인데스

뮤지컬을 보고 싶어요.

ミュージカル: 뮤지컬(musical)

482

チケットはまだ<ruby>買<rt>か</rt></ruby>えますか。

チケット: 티켓(ticket), 표, 입장권

치켓토와 마다 카에마스까

티켓은 아직 살 수 있습니까?

483

<ruby>一番安<rt>いちばんやす</rt></ruby>い<ruby>席<rt>せき</rt></ruby>はいくらですか。

一番: 가장, 제일, 최고
安い: 싸다, 저렴한

이치방 야스이 세키와 이쿠라데스까

제일 저렴한 좌석은 얼마입니까?

484

<ruby>服装<rt>ふくそう</rt></ruby>の<ruby>決<rt>き</rt></ruby>まりはありますか。

服装: 복장, 의복
決まり: 규정, 정해진 것

후쿠소-노 키마리와 아리마스까

복장에 제한은 있습니까?

Unit 7   오락   2 테마파크에서

485

<ruby>彼氏<rt>かれ し</rt></ruby>とテーマパークへ<ruby>行<rt>い</rt></ruby>った。

テーマパーク: 테마파크 (theme park). 遊園地(ゆうえんち)라고 하면 약간 촌스러운 느낌이 있다.

카레시또 테-마파-쿠에 잇따

남친과 테마파크에 갔어.

486

ディズニーシーへ<ruby>行<rt>い</rt></ruby>ってみようか。

도쿄 근처엔 도쿄 디즈니랜드와 디즈니씨가 있고, 오사카엔 유니버설 스튜디오가 있다. 디즈니랜드가 어린이용이라면 디즈니씨는 어른용.

디즈니시-에 잇테미요-까

디즈니씨에 가 볼까?

487

あれは人気ものだから2時間は待たないといけない。

아레와 닝키모노다카라 니지칸와 마타나이토 이케나이

저건 인기물이라 두 시간은 기다려야 해.

488

観覧車は乗ってみないと。

칸란샤와 놋테미나이토

대관람차는 타 봐야지.

489

一日利用券を買った。

이치니치리요-껭오 캇타

하루 자유이용권을 샀어.

490

ジェットコースターが一番好きだ。

젯토코-스타-가 이치방 스키다

롤러코스터가 제일 좋아!

491

お化け屋敷に入ってみようか。

오바케야시키니 하잇테미요-카

유령의 집에 들어가 볼까?

492

<ruby>怖<rt>こわ</rt></ruby>くて<ruby>目<rt>め</rt></ruby>をつぶった。

코와쿠테 메오쓰붓타

무서워서 눈을 감았어.

怖い: 무섭다, 겁나다
つぶる: (눈을) 감다(=閉じる)

493

<ruby>夜<rt>よる</rt></ruby>に<ruby>花<rt>はな</rt></ruby><ruby>火<rt>び</rt></ruby><ruby>大<rt>たい</rt></ruby><ruby>会<rt>かい</rt></ruby>をするって。

요루니 하나비타이카이오 스룻떼

밤에 불꽃놀이를 한대.

花火大会: 불꽃놀이
일본에선 여름 축제에 흔히 등장하는 볼거리이며 불꽃을 구입하기도 쉽다.

Unit 7　　오락　3 노래방에서

494

<ruby>何<rt>なん</rt></ruby><ruby>名<rt>めい</rt></ruby>さまですか。

남메-사마데스까

몇 분이십니까?

さま는 없어도 되지만, 있으면 아주 정중한 표현이 된다.

495

<ruby>何<rt>なん</rt></ruby><ruby>時<rt>じ</rt></ruby><ruby>間<rt>かん</rt></ruby>ご<ruby>利<rt>り</rt></ruby><ruby>用<rt>よう</rt></ruby>なさいますか。

난지칸 고리요- 나사이마스까

몇 시간 이용하시겠습니까?

기본형은 なさる(하시다)인데 뒤에 ます가 오면 なさいます가 된다.

496

<ruby>満<rt>まん</rt></ruby><ruby>員<rt>いん</rt></ruby>だから、お<ruby>待<rt>ま</rt></ruby>ちいただくことになります。

망잉다카라 오마치 이타다쿠 코토니나리마스

만원이라 기다리셔야 합니다.

満員: 만원
お待ち: 기다림, 대기

497

準備が出来たらお呼びします。

준비가 데키타라 오요비시마스

준비가 되면 불러드리겠습니다.

出来る: 이루어지다, 생기다
お呼び: 동사의 연용형 앞에 お를 붙이면 정중한 명사형이 된다.

498

部屋まで案内いたします。

헤야마데 안나이 이타시마스

방까지 안내하겠습니다.

いたします: 겸손한 표현으로 상대를 높이는 표현.

499

飲み物は部屋の電話で注文できます。

노미모노와 헤야노 뎅와데 츄-몬 데키마스

음료는 방에서 전화로 주문하실 수 있습니다.

飲み物: 음료, 마실 것
注文: 주문, 요청
できる: 가능하다, 할 수 있다

500

このタッチパネルをお使いください。

코노 탓치파네루오 오쓰카이 쿠다사이

이 터치 패널을 사용해 주세요.

タッチパネル: 터치 패널 (touch panel), 노래방 리모컨인데 노래도 검색할 수 있고 가수 이름으로 검색도 할 수 있어서 편리하다.

501

お待ちのお客様が多いので延長はできません。

오마치노 오캬쿠사마가 오-이노데 엔초-와 데끼마센

대기 고객님이 많아서 연장은 안 됩니다.

お客様: 고객님
延長: 연장, 추가로 이용함

502
マッサージの予約^{よやく}をします。

맛사-지노 요야쿠오시마스

마사지 예약을 할게요.

マッサージ: 마사지(massage)
予約: 예약

503
どんなコースがありますか。

돈나 코-스가 아리마스까

어떤 코스가 있습니까?

どんな: 어떤
コース: 코스(course)

504
基本^{きほん}コースはいくらですか。

키홍코-스와 이쿠라데스까

기본 코스는 얼마입니까?

基本: 기본
いくら: 얼마

505
どこで支払^{しはら}いますか。

도코데 시하라이마스까

어디에서 지불해요?

支払う: 지불하다, 내다
払うᆯ라고만 해도 통한다.

506
一時間^{いちじかん}コースをお願^{ねが}いします。

이치지칸 코-스오 오넹아이시마스

한 시간 코스를 부탁해요.

お願(ねが)いします: 뭐든
'부탁한다'는 인사말. 더
정중하게 하려면 お願(ね
が)いいたします라고 한다.

507
気持ちがいいです。

키모치가 이-데스

기분이 좋네요.

気持ち: 기분, 마음, 감정
気持(きも)ちいいら고 해
도 됨.

Unit 7　오락　5 술 권하기

508
飲み屋で一杯やるのはどう？

노미야데 입빠이 야루노와 도-

술집에서 한 잔 하는 거 어때?

飲み屋: 술집
一杯는 한국인도 쓰는 말
인데 한자로 쓰면 '한 잔'
이란 뜻이고, いっぱい라
고 쓰면 '가득히, 잔뜩,
끝까지'라는 뜻.

509
ビールを飲みに行くのはどう？

비-루오 노미니 이쿠노와 도-

맥주 마시러 가는 건 어때?

飲みに: 마시러, 마시기
위해

510
行きたいけど、よしたほうがよさそうです。

이키타이케도 요시타호-가 요사소-데스

가고 싶지만 그만두는 게 좋을 것 같습니다.

よす: 그만두다, 중지하다
(＝やめる)
よさそう: 좋을 듯함

511
帰りにどっかに寄って一杯やろうよ。

どこかは 회화체에서 どっか라고 한다. 친한 경우 편하게 말하는 어투.
寄る: 들르다, 접근하다

카에리니 독까니 욧테 입빠이 야로-요

귀갓길에 어딘가 들러 한 잔 하자.

512
気分転換にお酒を飲みます。

気分転換: 기분전환
酒: 종류와 관계없이 모든 술을 뜻하지만 특히 맑은 청주를 말하는 경우가 많다.

키분텐칸니 오사케오 노미마스

기분 전환으로 술을 마십니다.

513
お酒は飲めません。

술을 못 마시는 사람을 下戸(げこ)라고 한다.

오사케와 노메마셍

술은 못 마셔요.

514
君はかなり飲めそうだね。

술을 잘 마시는 사람은 上戸(じょうご). 술꾼은 飲兵衛(のんべえ)라고 한다.

키미와 카나리 노메소-다네

너는 상당히 마실 것 같네.

Unit 7 　 오락 　 6 술 주문하기

515
とりあえずビールをください。

とりあえず: 우선, 먼저
*이건 일본인들이 입버릇처럼 하는 주문 말투.

토리아에즈 비-루오 쿠다사이

우선 맥주를 주세요.

516

にほんしゅ
日本酒はあつかんにしてください。

니혼슈와 아츠캉니 시테 쿠다사이

일본주는 데워서 주세요.

日本酒: 곡식으로 만든 맑은 청주를 말함. あつかん은 熱燗인데 청주를 따뜻하게 데운 것.

517

オンザロックにしてください。

온자록쿠니 시테 쿠다사이

얼음을 타서 주세요.

オンザロック: 온더록스(on the rocks), 술잔에 얼음을 넣고 술을 부은 것. Rock은 '바위'지만 여기서는 '얼음덩어리'를 의미.

518

さかな　なに
肴は何がありますか。

사카나와 나니가 아리마스까

안주는 무엇이 있습니까?

肴(술안주)는 魚와 발음이 같다.

519

さけ　さしみ　　あ
この酒は刺身によく合います。

코노사케와 사시미니 요쿠 아이마스

이 술은 생선회와 잘 맞습니다.

刺身(생선회)는 刺し身라고도 표기한다.

520

ため
ではそれを試してみましょう。

데와 소레오 타메시테미마쇼-

그럼 그걸 마셔 보겠습니다.

試す: 시험하다, 실제로 해 보다

521

ちゅうもん　　く　　かえ
ご注文を繰り返します。

고츄-몬오 쿠리카에시마스

주문을 반복하겠습니다.

繰り返す: 반복하다, 복창하다
고객의 주문 사항을 복창해서 실수가 없도록 하는 것.

522
もう一杯いかが？
いっぱい

모-입빠이 이깡아

한 잔 더 어때요?

우리말과 다른 표현으로, '더'를 의미하는 もう가 꼭 앞에 오는 것을 기억할 것.

523
乾杯！
かんぱい

캄빠이

건배!

술잔을 맞부딪치면서 하는 말.

524
一気に飲んで！
いっき　　　の

익키니 논데

원샷 해요!

짧게 一気!라고도 한다. 一気に는 '단숨에'라는 의미.

525
健康のために乾杯！
けんこう　　　　　かんぱい

켕코-노타메니 캄파이

건강을 위해 건배!

건배의 이유를 말하는 표현. 건강 대신 다른 말을 넣어보면 재미있다.

526
僕、ほろ酔いだ。
ぼく　　　よ

보쿠 호로요이다

나 조금 취했어.

ほろ酔い: 가볍게 취한 상태

527
の
飲みすぎたみたい。

노미스기타미타이

너무 마셨나 봐.

飲みすぎる: 과음하다, 너무 마시다

528
よ　ぱら
酔っ払っちゃった。

욧-빠랏찻타

취해 버렸네.

酔っ払う: 몹시 취하다
酔っ払い는 주정뱅이, 몹시 취한 사람

529
こん や　　　　　ざけ
今夜ははしご酒だ。

콘야와 하시고자케다

오늘은 여러 군데서 마시자.

2차, 3차 계속 마시는 것을 はしご飲み라고도 한다. はしご는 '사다리'라는 뜻.

530
ふ つ か よ
二日酔いはしませんか。

후쓰카요이와 시마셍까

숙취가 있으세요?

二日酔い: 숙취, 술 마신 다음날 취기가 남아 있음.

531
さけ　　　　　　　　おも
酒をやめようと思っています。

사케오 야메요-토 오못테 이마스

술을 끊으려고 합니다.

やめる: 그만두다, 끊다

532
食前のタバコは健康に一番よ くない。

しょくぜん　けんこう　いちばん

쇼쿠젠노 타바코와 켕코-니 이치방 요쿠나이

식전에 피우는 담배는 건강에 제일 좋지 않다.

悪い(나쁘다)라고 하면 좀 거친 표현이므로 よ ない(좋지 않다)라고 좀 부드럽게 말한 것.

533
ここでタバコを吸ってもいい ですか。

す

코꼬데 타바코오 슷테모 이-데스까

여기서 담배를 피워도 될까요?

タバコ: 담배, 煙草(たば こ)라고도 씀.
吸う: 빨다, 피우다

534
ここは禁煙になっています。

きんえん

코꼬와 킹엔니 낫테 이마스

여기는 금연입니다.

なっている: 되어 있다

535
火を貸していただけますか。

ひ　か

히오 카시테 이타다께마스까

불 좀 빌려주시겠어요?

貸す: 빌려주다
いただく: (남이 내게) 주다

536
食後の一服はうまいです。

しょくご　いっぷく

쇼쿠고노 입푸쿠와 우마이데스

식사 후 한 대는 맛있습니다.

一服: 담배를 한 대 피움, 차를 한 번 마심

537
タバコ吸（す）う男性（だんせい）とは付（つ）き合（あ）いません。

付き合う: 사귀다, 함께 어울리다

타바코 스우 단세-또와 쓰키아이마센

담배 피우는 남자와는 사귀지 않습니다.

538
減（へ）らそうとしているんですが、だめなんです。

減らす: 줄이다, 감소시키다
だめ: 여기서는 '금지'가 아니라 '불가능'을 의미.

헤라소-토 시테이룬데스가 다메난데스

줄이려고 하는데 안 되네요.

Unit 8   여행 트러블   1 언어 트러블

539
私（わたし）の日本語（にほんご）では不十分（ふじゅうぶん）です。

不十分: 부족, 불충분. 쉬운 말로 下手(へた)라고 해도 된다.

와타시노 니홍고데와 후쥬-분데스

제 일어로는 부족합니다.

540
もう一度（いちど）言（い）ってください。

일어를 꽤 잘하게 되어도 가끔 못 알아듣는 말이 나오게 된다. 그럴 때 이렇게 말하는 데는 용기가 필요하다.

모-이치도 잇테 쿠다사이

다시 한 번 말해 주세요.

541
それを書^かいていただけますか。

書いてください라고 해도 된다.

소레오 카이테 이타다께마스까

그걸 적어 주시겠습니까?

542
聞^きき取^とれませんでした。

聞き取る: 알아듣다, 듣고 이해하다
듣기 시험은 聞き取り라고 한다.

키키토레마셍데시따

알아듣지 못했어요.

543
何^{なん}とおっしゃいました?

おっしゃる: 말씀하시다

난토 옷샤이마시따

뭐라고 하셨습니까?

544
韓国語^{かんこくご}を話^{はな}す方^{かた}はいませんか。

한류 문화 덕분에 한국어를 공부하는 일본인이 비약적으로 늘어났다. 하지만 그 부작용으로 한국을 싫어하는 일본인도 늘어나게 되었다.

캉코쿠고오 하나스 카타와 이마셍까

한국어 하는 분은 없습니까?

Unit 8 여행 트러블 2 도난 당했을 때

545
警察^{けいさつ}を呼^よんでください。

警察: 경찰
呼ぶ: 부르다, 호출하다

케-사쓰오 욘데쿠다사이

경찰을 불러 주세요.

546
交番まで連れて行ってください。

交番: 파출소
連れて行く: 데려가다

코-반마데 쓰레테 잇테 쿠다사이

파출소까지 데려다 주세요.

547
財布を盗まれました。

盗む: 훔치다
도둑질은 万引(まんび)き
라고 한다.

사이후오 누스마레마시따

지갑을 도난당했습니다.

548
何が入っていましたか。

入っている: 들어 있다

나니가 하잇테 이마시따까

무엇이 들어 있습니까?

549
見つかったら連絡します。

見つかる: 발견되다, 찾
게 되다
連絡: 연락

미쓰캇타라 렌라쿠시마스

찾으면 연락드리겠습니다.

550
この書類に記入してください。

書類: 서류
記入: 기입

코노 쇼루이니 키뉴-시테 쿠다사이

이 서류에 기입해 주세요.

551
韓国大使館はどこですか。

大使館: 대사관
일본 여행 중 여권을 분실
하면 우선 현지 경찰에 신
고를 하고 대사관에 가서
임시여권을 받아야 한다.

캉코쿠타이시칸와 도코데스까

한국대사관은 어디입니까?

552
たす
助けて!

타스케테

도와주세요!

助ける: 돕다, 협조하다
아주 다급한 상황의 표현.
'사람 살려!'라는 의미.

553
こうとう
強盗にあいました。

코-토-니 아이마시따

강도를 당했습니다.

도둑은 泥棒(どろぼう)
라고 한다.

554
きんきゅう
緊急です!

킹큐-데스

긴급합니다!

緊急: 긴급
구급차는 救急車(きゅうき
ゅうしゃ).

555
さい ふ
財布をすられたんです。

사이후오 스라레탄데스

지갑을 소매치기 당했습니다.

する: 소매치기하다.
すり: 소매치기. 우리도 '쓰
리꾼' '쓰리 맞았다'고 말하
는데 일어에서 온 말.

556
いしつぶつがかり
遺失物係はどこですか。

이시쓰부쓰 가카리와 도코데스까

유실물 취급소는 어디입니까?

遺失物: 유실물, 분실물
係(かかり): 계, 담당 부서
그곳 책임자는 係長(かか
りちょう)라고 한다.

557 いつどこでなくしましたか。

なくす: 없애다, 잃다

이쓰 도코데 나쿠시마시따까

언제 어디서 분실했습니까?

---

558 タクシーにカバンを置き忘れました。

置き忘れる: 둔 곳을 잊다, 가져오는 것을 잊다

타쿠시-니 카방오 오키와스레마시따

택시 안에 가방을 두고 왔습니다.

---

559 空き巣に入られた。

空き巣: 빈집(털이)
入られる: 타인이 내 집에 들어오다

아키스니 하이라레타

빈집털이에게 당했다.

---

560 これが私の連絡先です。

連絡先: 연락처
수신인 주소는 あて先라고 한다. 先는 '장소, 지역'을 뜻하기도 한다.
예) 旅先(たびさき): 여행지, 여행하고 있는 곳

코레가 와타시노 렌라쿠사키데스

이게 제 연락처입니다.

부록

일본어 활용

▶ 5단 동사

▶ 1단 동사

▶ な형용사

▶ い형용사

일본 소학교 한자

▶ 1학년 한자

▶ 2학년 한자

▶ 3학년 한자

▶ 4학년 한자

▶ 5학년 한자

▶ 6학년 한자

5단동사

	보통체 부정(ない형)	보통체 과거(た형)	보통체 과거부정
끝이 く, ぐ로 끝나는 동사	어미를 あ단으로 바꾸고 ない를 붙인다.	어미가 く로 끝나면 いた, ぐ로 끝나면 いだ를 붙인다.	어미 く, ぐ를 あ단으로 바꾸고 なかった를 붙인다.
	~하지 않다	~했다	~하지 않았다
쓰다 書(か)く	書かない	書いた	書かなかった
듣다, 묻다 聞(き)く	聞かない	聞いた	聞かなかった
걷다 歩(ある)く	歩かない	歩いた	歩かなかった
일하다 働(はたら)く	働かない	働いた	働かなかった
놀라다 驚(おどろ)く	驚かない	驚いた	驚かなかった
울다 泣(な)く	泣かない	泣いた	泣かなかった
피다 咲(さ)く	咲かない	咲いた	咲かなかった
움직이다 動(うご)く	動かない	動いた	動かなかった
서두르다 急(いそ)ぐ	急がない	急いだ	急がなかった
헤엄치다, 수영하다 泳(およ)ぐ	泳がない	泳いだ	泳がなかった

정중체 (ます형)	정중체 부정	정중체 과거	정중체 과거부정
어미를 い단으로 바꾸고 ま す를 붙인다.	ます를 ません으로 바꾼다.	어미 く, ぐ를 い단으로 바 꾸고 ました를 붙인다.	어미 く, ぐ를 い단으로 바 꾸고 ませんでした를 붙인 다.
~ 합니다	~하지 않습니다	~했습니다	~하지 않았습니다
書きます	書きません	書きました	書きませんでした
聞きます	聞きません	聞きました	聞きませんでした
歩きます	歩きません	聞きました	歩きませんでした
働きます	働きません	働きました	働きませんでした
驚きます	驚きません	驚きました	驚きませんでした
泣きます	泣きません	泣きました	泣きませんでした
咲きます	咲きません	咲きました	咲きませんでした
動きます	動きません	動きました	動きませんでした
急ぎます	急ぎません	急ぎました	急ぎませんでした
泳ぎます	泳ぎません	泳ぎました	泳ぎませんでした

5단동사

	보통체 부정(ない형)	보통체 과거(た형)	보통체 과거부정
끝이 ぬ, ぶ, む로 끝나는 동사	어미를 あ단으로 바꾸고 ない를 붙인다.	어미 ぬ, ぶ, む를 삭제하고 んだ를 붙인다.	어미 ぬ, ぶ, む를 あ단으로 바꾸고 なかった를 붙인다.
	~하지 않다	~했다	~하지 않았다
죽다 死(し)ぬ	死なない	死んだ	死ななかった
날다 飛(と)ぶ	飛ばない	飛んだ	飛ばなかった
부르다 呼(よ)ぶ	呼ばない	呼んだ	呼ばなかった
놀다 遊(あそ)ぶ	遊ばない	遊んだ	遊ばなかった
배우다 学(まな)ぶ	学ばない	学んだ	学ばなかった
기뻐하다 喜(よろこ)ぶ	喜ばない	喜んだ	喜ばなかった
읽다 読(よ)む	読まない	読んだ	読まなかった
부탁하다 頼(たの)む	頼まない	頼んだ	頼まなかった
마시다 飲(の)む	飲まない	飲んだ	飲まなかった
쉬다 休(やす)む	休まない	休んだ	休まなかった

정중체 (ます형)	정중체 부정	정중체 과거	정중체 과거부정
어미를 い단으로 바꾸고 ます를 붙인다.	ます를 ません으로 바꾼다.	어미 ぬ, ぶ, む를 い단으로 바꾸고 ました를 붙인다.	어미 ぬ, ぶ, む를 い단으로 바꾸고 ませんでした를 붙인다.
~ 합니다	~하지 않습니다	~했습니다	~하지 않았습니다
死にます	死にません	死にました	死にませんでした
飛びます	飛びません	飛びました	飛びませんでした
呼びます	呼びません	呼びました	呼びませんでした
遊びます	遊びません	遊びました	遊びませんでした
学びます	学びません	学びました	学びませんでした
喜びます	喜びません	喜びました	喜びませんでした
読みます	読みません	読みました	読みませんでした
頼みます	頼みません	頼みました	頼みませんでした
飲みます	飲みません	飲みました	飲みませんでした
休みます	休みません	休みました	休みませんでした

5단동사 끝이 す로 끝나는 동사	보통체 부정(ない형) 어미를 あ단으로 바꾸고 ない를 붙인다.	보통체 과거(た형) 어미 す를 삭제하고 した를 붙인다.	보통체 과거부정 어미를 あ단으로 바꾸고 なかった를 붙인다.
	~하지 않다	~했다	~하지 않았다
지우다 消(け)す	消さない	消した	消さなかった
나타내다 表(あらわ)す	表さない	表した	表さなかった
살다 暮(くら)す	暮さない	暮した	暮さなかった
빌려주다 貸(か)す	貸さない	貸した	貸さなかった
이야기하다 話(はな)す	話さない	話した	話さなかった
내다 出(だ)す	出さない	出した	出さなかった
찾다 探(さが)す	探さない	探した	探さなかった
고치다 直(なお)す	直さない	直した	直さなかった
돌려주다, 반납하다 返(かえ)す	返さない	返した	返さなかった
(사물, 방향을)가리키다 指(さ)す	指さない	指した	指さなかった

정중체 (ます형)	정중체 부정	정중체 과거	정중체 과거부정
어미를 い단으로 바꾸고 ます를 붙인다.	ます를 ません으로 바꾼다.	어미를 い단으로 바꾸고 ました를 붙인다.	어미를 い단으로 바꾸고 ませんでした를 붙인다.
~ 합니다	~하지 않습니다	~했습니다	~하지 않았습니다
消します	消しません	消しました	消しませんでした
表します	表しません	表しました	表しませんでした
暮します	暮しません	暮しました	暮しませんでした
貸します	貸しません	貸しました	貸しませんでした
話します	話しません	話しました	話しませんでした
出します	出しません	出しました	出しませんでした
探します	探しません	探しました	探しませんでした
直します	直しません	直しました	直しませんでした
返します	返しません	返しました	返しませんでした
指します	指しません	指しました	指しませんでした

5단동사

	보통체 부정(ない형) 어미 う는 わ로 바꾸고 ない를 붙인다.	보통체 과거(た형) 어미 う, つ, る를 삭제하고 った를 붙인다.	보통체 과거부정 어미 う, つ, る를 あ단으로 바꾸고 なかった를 붙인다.
끝이 う, つ, る로 끝나는 동사	~하지 않다	~했다	~하지 않았다
만나다 会(あ)う	会わない	会った	会わなかった
배우다 習(なら)う	習わない	習った	習わなかった
말하다 言(い)う	言わない	言った	言わなかった
기다리다 待(ま)つ	待たない	待った	待たなかった
서다 立(た)つ	立たない	立った	立たなかった
들다, 지니다 持(も)つ	持たない	持った	持たなかった
꾸짖다 叱(しか)る	叱らない	叱った	叱らなかった
타다 乗(の)る	乗らない	乗った	乗らなかった

예외

가다 行(い)く	行かない	行った	行かなかった

정중체 (ます형)	정중체 부정	정중체 과거	정중체 과거부정
어미를 い단으로 바꾸고 ます를 붙인다.	ます를 ません으로 바꾼다.	어미 う, つ, る를 い단으로 바꾸고 ました를 붙인다.	어미 う, つ, る를 い단으로 바꾸고 ませんでした를 붙인다.
~ 합니다	~하지 않습니다	~했습니다	~하지 않았습니다
会います	会いません	会いました	会いませんでした
習います	習いません	習いました	習いませんでした
言います	言いません	言いました	言いませんでした
待ちます	待ちません	待ちました	待ちませんでした
立ちます	立ちません	立ちました	立ちませんでした
持ちます	持ちません	持ちました	持ちませんでした
叱ります	叱りません	叱りました	叱りませんでした
乗ります	乗りません	乗りました	乗りませんでした
行きます	行きません	行きました	行きませんでした

1단동사

	보통체 부정(ない형)	보통체 과거(た형)	보통체 과거부정
る로 끝나는 동사 중 る 앞에 え단 또는 い단인 동사	어미 る를 삭제하고 ない를 붙인다.	어미 る를 삭제하고 た를 붙인다.	부정형에서 い를 삭제하고 かった 를 붙인다.
	~하지 않다	**~했다**	**~하지 않았다**
보다 見(み)る	見ない	見た	見なかった
입다 着(き)る	着ない	着た	着なかった
떨어지다 落(お)ちる	落ちない	落ちた	落ちなかった
일어나다 起(お)きる	起きない	起きた	起きなかった
넣다 入(い)れる	入れない	入れた	入れなかった
열다 開(あ)ける	開けない	開けた	開けなかった
대답하다 答(こた)える	答えない	答えた	答えなかった
잊다 忘(わす)れる	忘れない	忘れた	忘れなかった

3그룹동사

불규칙동사

하다 する	しない	した	しなかった
오다 来(く)る	来ない	きた	こなかった

정중체 현재형	정중체 부정형	정중체 과거형	정중체 과거부정
어미 る를 삭제하고 ます를 붙인다.	ます를 ません으로 바꾼다.	ます를 ました로 바꾼다.	ます를 ませんでした로 바꾼다.
~ 합니다	~하지 않습니다	~했습니다	~하지 않았습니다
見ます	見ません	見ました	見ませんでした
着ます	着ません	着ました	着ませんでした
落ちます	落ちません	落ちました	落ちませんでした
起きます	起きません	起きました	起きませんでした
入れます	入れません	入れました	入れませんでした
開けます	開けません	開けました	開けませんでした
答えます	答えません	答えました	答えませんでした
忘れます	忘れません	忘れました	忘れませんでした
しFFFFFFFFF			
します	しません	しました	しませんでした
きます	きません	きました	きませんでした

な형용사	보통체 부정 だ를 삭제하고 ~ではない, ~じゃない를 붙인다.	보통체 과거 だ를 삭제하고 だった를 붙 인다.	보통체 과거부정 부정형의 어미 だ를 삭제하 고 では+なかった를 붙인 다.
	~하지 않다	~했다	~하지 않았다
예쁘다, 깨끗하다 きれいだ	きれいではない きれいじゃない	きれいだった	きれいではなかった きれいじゃなかった
친절하다 親切(しんせつ)だ	親切ではない 親切じゃない	親切だった	親切ではなかった 親切じゃなかった
조용하다 静(しず)かだ	静かではない 静かじゃない	静かだった	静かではなかった 静かじゃなかった
유명하다 有名(ゆうめい)だ	有名ではない 有名じゃない	有名だった	有名ではなかった 有名じゃなかった
간단하다, 쉽다 簡単(かんたん)だ	簡単ではない 簡単じゃない	簡単だった	簡単ではなかった 簡単じゃなかった
건강하다 元気(げんき)だ	元気ではない 元気じゃない	元気だった	元気ではなかった 元気じゃなかった
성실하다 真面目(まじめ)だ	真面目ではない 真面目じゃない	真面目だった	真面目ではなかった 真面目じゃなかった
중요하다 重要(じゅうよう)だ	重要ではない 重要じゃない	重要だった	重要ではなかった 重要じゃなかった
신선하다 新鮮(しんせん)だ	新鮮ではない 新鮮じゃない	新鮮だった	新鮮ではなかった 新鮮じゃなかった
괜찮다 大丈夫 (だいじょうぶ)だ	大丈夫ではない 大丈夫じゃない	大丈夫だった	大丈夫ではなかった 大丈夫じゃなかった
이상하다 変(へん)だ	変ではない 変じゃない	変だった	変ではなかった 変じゃなかった

정중체 현재형	정중체 부정형	정중체 과거형	정중체 과거부정
기본형에 です를 붙인다.	~ではないです, ~ではありません을 붙인다.	기본형에 でした를 붙인다.	과거부정형에 です를 붙인다.
~ 합니다	~하지 않습니다	~했습니다	~하지 않았습니다
きれいです	きれいではないです きれいではありません	きれいでした	きれいではなかったです
親切です	親切ではないです 親切ではありません	親切でした	親切ではなかったです
静かです	静かではないです 静かではありません	静かでした	静かではなかったです
有名です	有名ではないです 有名ではありません	有名でした	有名ではなかったです
簡単です	簡単ではないです 簡単ではありません	簡単でした	簡単ではなかったです
元気です	元気ではないです 元気ではありません	元気でした	元気ではなかったです
真面目です	真面目ではないです 真面目ではありません	真面目でした	真面目ではなかったです
重要です	重要ではないです 重要ではありません	重要でした	重要ではなかったです
新鮮です	新鮮ではないです 新鮮ではありません	新鮮でした	新鮮ではなかったです
大丈夫です	大丈夫ではないです 大丈夫ではありません	大丈夫でした	大丈夫ではなかったです
変です	変ではないです 変ではありません	変でした	変ではなかったです

い형용사	보통체 부정	보통체 과거	보통체 과거부정
	기본형의 어미 い를 く로 고친 다음 ない를 붙인다.	기본형의 어미 い를 삭제하고 かった를 붙인다.	부정형의 어미 い를 삭제하고 かった를 붙인다.
	~하지 않다	~했다	~하지 않았다
춥다 寒(さむ)い	寒くない	寒かった	寒くなかった
덥다 暑(あつ)い	暑くない	暑かった	暑くなかった
맛있다 美味(おい)しい	美味しくない	美味しかった	美味しくなかった
달다 甘(あま)い	甘くない	甘かった	甘くなかった
맵다 辛(から)い	辛くない	辛かった	辛くなかった
좋다 良(よ)い、いい	良くない	良かった	良くなかった
크다 大(おお)きい	大きくない	大きかった	大きくなかった
작다 小(ちい)さい	小さくない	小さかった	小さくなかった
우스꽝스럽다 可笑(おか)しい	可笑しくない	可笑しかった	可笑しくなかった
(값이) 싸다 安(やす)い	安くない	安かった	安くなかった
높다 高(たか)い	高くない	高かった	高くなかった
낮다 低(ひく)い	低くない	低かった	低くなかった

정중체 현재형	정중체 부정형	정중체 과거형	정중체 과거부정
です를 붙인다.	부정형에 です를 붙인다. ないです 대신에 ありません을 넣어도 된다.	과거형에 です를 붙인다.	과거부정형에 です를 붙인다.
~ 합니다	~하지 않습니다	~했습니다	~하지 않았습니다
寒いです	寒くないです	寒かったです	寒くなかったです
暑いです	暑くないです	暑かったです	暑くなかったです
美味しいです	美味しくないです	美味しかったです	美味しくなかったです
甘いです	甘くないです	甘かったです	甘くなかったです
辛いです	辛くないです	辛かったです	辛くなかったです
良いです いいです	良くないです	良かったです	良くなかったです
大きいです	大きくないです	大きかったです	大きくなかったです
小さいです	小さくないです	小さかったです	小さくなかったです
可笑しいです	可笑しくないです	可笑しかったです	可笑しくなかったです
安いです	安くないです	安かったです	安くなかったです
高いです	高くないです	高かったです	高くなかったです
低いです	低くないです	低かったです	低くなかったです

일본 소학교
1학년 한자(80字)

한자	음독/훈독	한자	음독/훈독
一 하나 일	イチ/イツ 이찌/이쯔 ひと, ひとつ	百 일백 백	ヒャク 햐꾸 もも
二 두 이	ニ 니 ふた, ふたつ	千 일천 천	セン 셍 ち
三 석 삼	サン 상 み, ミツ, みっつ	月 달 월	ゲツ/ガツ 게쯔/가쯔 つき
四 넉 사	シ 시 よ, よつ, よん, よっつ	火 불 화	カ 카 ひ, ほ
五 다섯 오	ゴ 고 いつ, いつつ	水 물 수	スイ 스이 みず
六 여섯 륙	ロク 로꾸 ろく, むつ, む	木 나무 목	ボク/モク 보꾸/모꾸 き, こ
七 일곱 칠	シチ 시찌 なな, ななつ, なの	金 쇠 금	キン/コン 킹/콩 かね, かな
八 여덟 팔	ハチ 하찌 や, やつ, やっつ, よう	土 흙 토	ド 도 つち
九 아홉 구	キュウ/ク 큐-/쿠 ここの, ここのつ	日 날 일	ニチ/ジツ 니찌/지쯔
十 열 십	ジュウ/ジッ 쥬-/짓 とお, と	年 해 년	ネン 넹 とし

人 사람 인	ジン/ニン 징/닝 ひと	小 작을 소	ショウ 쇼- ちいさい, こ, お
目 눈목	ボク/モク 보꾸/모꾸 め, ま	上 윗상	ジョウ/ショウ 죠/쇼- うえ, うわ, かみ, あげる
口 입구	コウ/ク 코-/쿠 くち	下 아래 하	カ/ゲ 카/게 した, しも, さげる, さがる
耳 귀 이	ジ 지 みみ	左 왼좌	サ 사 ひだり
手 손수	シュ 슈 て, た	右 오른 우	ウ/ユウ 우/유- みぎ
足 발족	ソク 소꾸 あし, たりる, たる, たす	先 먼저 선	セン 셍 さき, まず
男 사내 남	ダン/ナン 당/낭 おとこ	早 이를 조	ソウ/サッ 소-/삿 はやい, はやまる, はやめる
女 계집 녀	ジョ/ニョ 죠/뇨 おんな, め	出 날출	シュツ/スイ 슈쯔/스이 でる, だす
子 아들 자	シ/ス 시/스 こ	入 들입	ニュウ 뉴- いる, いれる, はいる
名 이름 명	メイ/ミョウ 메-/묘- な	力 힘력	リョク/リキ 료꾸/리끼 ちから
大 큰대	ダイ/タイ 다이/타이 おお, おおきい, おおいに	立 설립	リツ/リュウ 리쯔/류- たつ, たてる
中 가운데 중	チュウ/ジュウ 쮸-/쥬- なか	休 쉴휴	キュウ 큐- やすむ, やすまる

見 볼 견	ケン 켕 みる, みえる, みせる	村 마을 촌	ソン 송 むら
学 배울 학	ガク 가꾸 まなぶ	町 밭두둑 정	チョウ 표ー まち
校 학교 교	コウ 코ー	草 풀 초	ソウ 소ー くさ
字 글자 자	ジ 지 あざ	花 꽃 화	カ 카 はな
文 글월 문	ブン/モン 붕/몽 ふみ	竹 대 죽	チク 찌꾸 たけ
本 근본 본	ホン 홍 もと	生 날 생	セイ/ショウ 세ー/쇼ー いきる, うむ, うまれる, なま
山 뫼 산	サン 상 やま	犬 개 견	ケン 켕 いぬ
川 내 천	セン 셍 かわ	虫 벌레 충	チュウ 쮸ー むし
石 돌 석	セキ/シャク 세끼/샤꾸 いし	貝 조개 패	かい
林 수풀 림	リン 링 はやし	天 하늘 천	テン 텡 あめ, あま
森 숲 삼	シン 싱 もり	気 기운 기	キ/ケ 키/케
田 밭 전	デン 뎅 た	空 빌 공	クウ 쿠ー そら, あく, あける, から

雨 비 우	ウ 우 あめ, あま	糸 실 사	シ 시 いと
夕 저녁 석	セキ 세끼 ゆう	車 수레 차	シャ 샤 くるま
円 둥글 원	エン 엥 まるい	音 소리 음	オン/イン 옹/잉 おと, ね
王 임금 왕	オウ 오ー	白 흰 백	ハク/ビャク 하꾸/뱌꾸 しろ, しら, しろい
玉 옥 옥	ギョク 교꾸 たま	赤 붉을 적	セキ/シャク 세끼/샤꾸 あかい, あからむ, あからめる
正 바를 정	セイ/ショウ 세ー/쇼ー ただしい, ただす, まさ	青 푸를 청	セイ/ショウ 세ー/쇼ー あお, あおい

일본 소학교
2학년 한자(160字)

引 당길 인	イン 잉 ひく, ひける	画 그림 화	ガ 가
羽 깃 우	ウ 우 は, はね	回 돌아올 회	カイ 카이 まわる, まわす
雲 구름 운	ウン 웅 くも	会 만날 회	カイ/エ 카이/에 あう
園 동산 원	エン 엥 その	海 바다 해	カイ 카이 うみ
遠 멀 원	エン 엥 とおい	絵 그림 회	カイ/エ 카이/에 え
何 어찌 하	カ 카 なに, なん	外 바깥 외	ガイ/ゲ 가이/게 そと, ほか, はずす, はずれる
科 과목 과	カ 카 しな, とが	角 뿔 각	カク 카꾸 かど, つの
夏 여름 하	カ/ゲ 카/게 なつ	楽 즐길 락	ラク/ガク 라꾸/가꾸 たのしい, たのしむ
家 집 가	カ/ケ 카/케 いえ, や, うち	活 살 활	カツ 카쯔 いかす, いきる
歌 노래 가	カ 카 うた, うたう	間 사이 간	カン/ケン 캉/켄 あいだ, ま

丸 둥글 환	ガン 깡 まる, まるい, まるめる	近 가까울 근	キン 낑 ちかい
岩 바위 암	ガン 깡 いわ	兄 형 형	ケイ/キョウ 케-/쿄- あに
顔 얼굴 안	ガン 깡 かお	形 모양 형	ケイ/キョウ 케-/쿄- かた, かたち
汽 김 기	キ 키	計 셀 계	ケイ 케- はかる, はからう
記 기록할 기	キ 키 しるす	元 근원 원	ゲン/ガン 겡/강 もと
帰 돌아갈 귀	キ 키 かえる, かえす	言 말씀 언	ゲン/ゴン 겡/공 いう, こと
弓 활 궁	キュウ 큐- ゆみ	原 근원 원	ゲン 겡 はら
牛 소 우	ギュウ 규- うし	戸 집 호	コ 코 と
魚 물고기 어	ギョ 교 うお, さかな	古 옛 고	コ 코 ふるい, ふるす
京 서울 경	キョウ/ケイ 쿄-/케-	午 낮 오	ゴ 고
強 강할 강	キョウ/ゴウ 쿄-/고- つよい, つよまる, つよめる, しいる	後 뒤 후	ゴ 고 のち, うしろ, あと, おくれる
教 가르칠 교	キョウ 쿄- おしえる, おそわる	語 말씀 어	ゴ 고 かたる, かたらう

工 장인 공	コウ/ク 코-/쿠	黒 검을 흑	コク 코꾸 くろ, くろい
公 공평할 공	コウ 코- おおやけ	今 이제 금	キン/コン 킹/콩 いま
広 넓을 광	コウ 코- ひろい, ひろまる, ひろめる	才 재주 재	サイ 사이
交 사귈 교	コウ 코- まじわる, まじえる, まじる	細 가늘 세	サイ 사이 ほそい, ほそる, こまか, こまかい
光 빛 광	コウ 코- ひかる, ひかり	作 지을 작	サク/サ 사꾸/사 つくる
考 생각할 고	コウ 코- かんがえる	算 셈할 산	サン 상 そろ
行 갈 행	コウ/ギョウ 코-/교- いく, ゆく, おこなう	止 그칠 지	シ 시 とまる, とめる
高 높을 고	コウ 코- たかい, たか, たかまる, たかめる	市 저자 시	シ 시 いち
黄 누를 황	コウ/オウ 코-/오- き, こ	矢 화살 시	シ 시 や
合 합할 합	ゴウ/ガッ/カ 고-/갓/카 あう, あわす, あわせる	姉 손위누이 자	シ 시 あね
谷 골짜기 곡	コク 코꾸 たに	思 생각 사	シ 시 おもう
国 나라 국	コク 코꾸 くに	紙 종이 지	シ 시 かみ

寺 절 사	ジ 지 てら	場 마당 장	ジョウ 죠- ば
自 스스로 자	ジ/シ 지/시 みずから	色 빛 색	ショク/シキ 쇼꾸/시끼 いろ
時 때 시	ジ 지 とき	食 먹을 식	ショク/ジキ 쇼꾸/지끼 くう, くらう, たべる
室 집 실	シツ 시쯔 むろ	心 마음 심	シン 싱 こころ
社 모일 사	シャ 샤 やしろ	新 새 신	シン 싱 あたらしい, あらた, にい
弱 약할 약	ジャク/ニャク 쟈꾸/냐꾸 よわい, よわる, よわまる, よわめる	親 친할 친	シン 싱 おや, したしい, したしむ
首 머리 수	シュ 슈 くび	図 그림 도	ズ/ト 즈/토 はかる
秋 가을 추	シュウ 슈- あき	数 셈할 수	スウ 스- かず, かぞえる
週 두루 주	シュウ 슈- 	西 서녘 서	セイ/サイ 세-/사이 にし
春 봄 춘	シュン 숑 はる	声 소리 성	セイ/ショウ 세-/쇼- こえ, こわ
書 글 서	ショ 쇼 かく	星 별 성	セイ/ショウ 세-/쇼- ほし
少 적을 소	ショウ 쇼- すくない, すこし	晴 맑을 청	セイ 세- はれる, はらす

切 끊을 절	サイ 사이	池 못 지	チ 찌 いけ
雪 눈 설	セツ 세쯔 ゆき	知 알 지	チ 찌 しる
船 배 선	セン 셍 ふね, ふな	茶 차 다	チャ/サ 쨔/사
線 실 선	セン 셍	昼 낮 주	チュウ 쮸- ひる
前 앞 전	ゼン 젱 まえ	長 길 장	チョウ 쬬- ながい
組 짤 조	ソ 소 くむ, くみ	鳥 새 조	チョウ 쬬- とり
走 달릴 주	ソウ 소- はしる	朝 아침 조	チョウ 쬬- あさ
多 많을 다	タ 타 おおい	直 곧을 직	チョク/ジキ 쬬꾸/지끼 ただち, なおす, なおる
太 클 태	タイ/た 타이/타 ふとい, ふとる	通 통할 통	ツウ/ツ 쯔-/쯔 とおる, とおす, かよう
体 몸 체	タイ/テイ 타이/테- からだ	弟 아우 제	テイ/ダイ/デ 테-/다이/데 おとうと
台 토대 대	ダイ/タイ 다이/타이	店 가게 점	テン 텡 みせ
地 땅 지	チ/ジ 찌/지 つち	点 점 점	テン 텡 ともす

電 전기 전	デン 뎅 いなずま	**肉** 고기 육	ニク 니꾸
刀 칼 도	トウ 토- かたな	**馬** 말 마	バ 바 うま, ま
冬 겨울 동	トウ 토- ふゆ	**売** 팔 매	バイ 바이 うる, うれる
当 마땅할 당	トウ 토- あたる, あてる	**買** 살 매	バイ 바이 かう
東 동녘 동	トウ 토- ひがし	**麦** 보리 맥	バク 바꾸 むぎ
答 대답할 답	トウ 토- こたえる	**半** 절반 반	ハン 항 なかば
頭 머리 두	トウ/ズ/ド 토-/즈/도 あたま, かしら	**番** 차례 번	バン 방
同 한가지 동	ドウ 도- おなじ	**父** 아비 부	フ 후 ちち
道 길 도	ドウ 도- みち	**風** 바람 풍	フウ/フ 후-/후 かぜ, かざ
読 읽을 독	ドク/トク/トウ 도꾸/토꾸/토- よむ	**分** 나눌 분	ブン/フン 붕/훙 わける
内 안 내	ナイ/ダイ 나이/다이 うち	**聞** 들을 문	ブン/モン 붕/몽 きく, きこえる
南 남녘 남	ナン 낭 みなみ	**米** 쌀 미	ベイ/マイ 베-/마이 こめ

歩 걸을 보	ホ/ブ 호/부 あるく, あゆむ	門 문 문	モン 몽 かど
母 어미 모	ボ 보 はは	夜 밤 야	ヤ 야 よ, よる
方 모 방	ホウ 호- かた	野 들 야	ヤ 야 の
北 북녘 북	ホク 호꾸 きた	友 벗 우	ユウ 유- とも
毎 매양 매	マイ 마이	用 쓸 용	ヨウ 요- もちいる
妹 손아래누이 매	マイ 마이 いもうと	曜 빛날 요	ヨウ 요-
万 일만 만	マン/バン 망/방 よろず	来 올 래	ライ 라이 くる, きたる, きたす
明 밝을 명	メイ/ミョウ 메-/묘- あきらか, あける, あく	里 마을 리	リ 리 さと
鳴 울 명	メイ 메- なく, なる, ならす	理 다스릴 리	リ 리
毛 털 모	モウ 모- け	話 이야기 화	ワ 와 はなす, はなし

일본 소학교
3학년 한자(200字)

悪 나쁠 악	アク 아꾸 わるい	運 나를 운	ウン 웅 はこぶ
安 편안할 안	アン 앙 やすい	泳 수영할 영	エイ 에ー およぐ
暗 어두울 암	アン 앙 くらい	駅 역말 역	エキ 에끼
医 의원 의	イ 이	央 가운데 앙	オウ 오ー
委 맡길 위	イ 이 ゆだねる	横 가로 횡	オウ 오ー よこ
意 뜻 의	イ 이	屋 집 옥	オク 오꾸 や
育 기를 육	イク 이꾸 そだつ, そだてる	温 따뜻할 온	オン 옹 あたたか, あたたかい
員 관원 원	イン 잉	化 될 화	カ/ゲ 카/게 ばける, ばかす
院 집 원	イン 잉	荷 멜 하	カ 카 に
飲 마실 음	イン 잉 のむ	開 열 개	カイ 카이 ひらく, あく, あける

界 지경 계	カイ 카이 さかい	級 등급 급	キュウ 큐–
階 섬돌 계	カイ 카이	宮 집 궁	キュウ/グウ/ク 큐–/구–/쿠 みや
寒 찰 한	カン 캉 さむい	球 공 구	キュウ 큐– たま
感 감동할 감	カン 캉	去 갈 거	キョ 쿄 さる
漢 한나라 한	カン 캉	橋 다리 교	キョウ 쿄– はし
館 집 관	カン 캉 やかた, たち, たて	業 업 업	ギョウ/ゴウ 교–/고– わざ
岸 언덕 안	ガン 강 きし	曲 굽을 곡	キョク 쿄꾸 まがる, まげる
起 일어날 기	キ 키 おきる, おこる, おこす	局 판 국	キョク 쿄꾸
期 기약할 기	キ/ゴ 키/고	銀 은 은	ギン 깅
客 손 객	キャク/カク 캬꾸/카꾸	区 구역 구	ク 쿠
究 연구할 구	キュウ 큐– きわめる	苦 쓸 고	ク 쿠 くるしい, くるしむ
急 급할 급	キュウ 큐– いそぐ	具 갖출 구	グ 구 そなえる, そなわる

君 임금 군	クン 쿵 きみ	事 일 사	ジ/ズ 지/즈 こと
係 맬 계	ケイ 케- かかる, かかり	持 가질 지	ジ 지 もつ
軽 가벼울 경	ケイ 케- かるい, かろやか	式 법 식	シキ 시끼
血 피 혈	ケツ 케쯔 ち	実 열매 실	ジツ 지쯔 み, みのる
仕 섬길 사	シ/ジ 시/지 つかえる	写 베낄 사	シャ 샤 うつす, うつる
死 죽을 사	シ 시 しぬ	者 놈 자	シャ 샤 もの
使 부릴 사	シ 시 つかう	主 주인 주	シュ/ス 슈/스 ぬし, おも
始 비로소 시	シ 시 はじめる, はじまる	守 지킬 수	シュ/ス 슈/스 まもる, もり
指 가리킬 지	シ 시 ゆび, さす	取 가질 취	シュ 슈 とる
歯 이 치	シ 시 は	酒 술 주	シュ 슈 さけ, さか
詩 시 시	シ 시	受 받을 수	ジュ 쥬 うける, うかる
次 버금 차	ジ/シ 지/시	州 고을 주	シュウ 슈- す

拾 주울 습	シュウ 슈 ひろう	商 장사 상	ショウ 쇼- あきなう
終 마칠 종	シュウ 슈- おわる, おえる	章 글 장	ショウ 쇼-
習 익힐 습	シュウ 슈 ならう	勝 이길 승	ショウ 쇼- かつ, まさる
集 모을 집	シュウ 슈- あつまる, あつめる, つどう	乗 탈 승	ジョウ 죠- のる, のせる
住 살 주	ジュウ 쥬- すむ, すまう	植 심을 식	ショク 쇼꾸 うえる, うわる
重 무거울 중	ジュウ/チョウ 쥬-/쬬- おもい, かさねる, かさなる	申 납 신	シン 싱 もうす
宿 잘 숙	シュク 슈꾸 やど, やどる, やどす	身 몸 신	シン 싱 み
所 바 소	ショ 쇼 ところ	神 귀신 신	シン/ジン 싱/징 かみ, かん, こう
暑 더울 서	ショ 쇼 あつい	真 참 진	シン 싱 ま
助 도울 조	ジョ 죠 たすける, たすかる, すけ	深 깊을 심	シン 싱 ふかい, ふかまる, ふかめる
昭 밝을 소	ショウ 쇼-	進 나아갈 진	シン 싱 すすむ, すすめる
消 사라질 소	ショウ 쇼- きえる, けす	世 인간 세	セイ/セ 세-/세 よ

整 가지런할 정	セイ 세ー ととのえる, ととのう	待 기다릴 대	タイ 타이 まつ
昔 예 석	セキ 세끼 むかし	代 대신할 대	ダイ/タイ 다이/타이 かわる, かえる, よ, しろ
全 온전 전	ゼン 젱 まったく	第 차례 제	ダイ 다이
相 서로 상	ソウ/ショウ 소ー/쇼ー あい	題 제목 제	ダイ 다이
送 보낼 송	ソウ 소ー おくる	炭 숯 탄	タン 탕 すみ
想 생각 상	ソウ 소ー おもう	短 짧을 단	タン 탕 みじかい
息 쉴 식	ソク 소꾸 いき	談 말씀 담	ダン 당
速 빠를 속	ソク 소꾸 はやい, はやめる, すみやか	着 붙을 착	チャク/ジャク 짜꾸/쟈꾸 きる, きせる, つく, つける
族 겨레 족	ゾク 조꾸	注 부을 주	チュウ 쮸ー そそぐ
他 다를 타	タ 타 ほか	柱 기둥 주	チュウ 쮸ー はしら
打 칠 타	ダ 다 うつ	丁 장정 정	チョウ/ティ 쬬ー/테ー
対 마주볼 대	タイ/ツイ 타이/쯔이	帳 장막 장	チョウ 쬬-

調	チョウ 쬬-	湯	トウ 토-
고를 조	しらべる, ととのう, ととのえる	끓일 탕	ゆ

追	ツイ 쯔이	登	トウ/ト 토-/토
쫓을 추	おう	오를 등	のぼる

定	テイ/ジョウ 테-/죠-	等	トウ 토-
정할 정	さだまる, さだめる, さだか	무리 등	ひとしい

庭	テイ 테-	動	ドウ 도-
뜰 정	にわ	움직일 동	うごく, うごかす

笛	テキ 테끼	童	ドウ 도-
피리 적	ふえ	아이 동	わらべ

鉄	テツ 테쯔	農	ノウ 노-
쇠 철	かな	농사 농	

転	テン 텡	波	ハ 하
구를 전	ころがる, ころがす, ころぶ	물결 파	なみ

都	ト 토	配	ハイ 하이
도읍 도	みやこ	짝 배	くばる

度	ド/ト/タク 도/토/타꾸	倍	バイ 바이
법도 도	たび	곱 배	

投	トウ 토-	箱	
던질 투	なげる	상자 상	はこ

豆	トウ/ズ 토-/즈	畑	
콩 두	まめ	화전 전	はた, はたけ

島	トウ 토-	発	ハツ 하쯔
섬 도	しま	필 발	

反 돌이킬 반	ハン/ホン/タン 항/홍/탄 そる, そらす	品 물건 품	ヒン 힝 しな
坂 고개 판	ハン 항 さか	負 질 부	フ 후 まける, まかす, おう
板 널 판	ハン/バン 항/방 いた	部 떼 부	ブ 부
皮 가죽 피	ヒ 히 かわ	服 옷 복	フク 후꾸
悲 슬플 비	ヒ 히 かなしい, かなしむ	福 복 복	フク 후꾸
美 아름다울 미	ビ 비 うつくしい	物 물건 물	ブツ/モツ 부쯔/모쯔 もの
鼻 코 비	ビ 비 はな	平 평평할 평	ヘイ/ビョウ 헤ー/뵤ー たいら, ひら
筆 붓 필	ヒツ 히쯔 ふで	返 돌이킬 반	ヘン 헹 かえす, かえる
氷 얼음 빙	ヒョウ 효ー こおり, ひ	勉 힘쓸 면	ベン 벵 つとめる
表 겉 표	ヒョウ 효ー おもて, あらわす, あらわれる	放 놓을 방	ホウ 호ー はなす, はなつ, はなれる
秒 분초 초	ビョウ 뵤ー	味 맛 미	ミ 미 あじ, あじわう
病 병 병	ビョウ/ヘイ 뵤ー/헤ー やむ, やまい	命 목숨 명	メイ/ミョウ 메ー/묘ー いのち

漢字	독음	漢字	독음
面 낯 면	メン 멩 おも, つら, おもて	陽 볕 양	ヨウ 요-
問 물을 문	モン 몽 とう, とい, とん	様 모양 양	ヨウ 요- さま
役 부릴 역	ヤク/エキ 야꾸/에끼	落 떨어질 락	ラク 라꾸 おちる, おとす
薬 약 약	ヤク 야꾸 くすり	流 흐를 류	リュウ/ル 류-/루 ながれる, ながす
由 말미암을 유	ユ/ユウ/ユイ 유/유-/유이 よし	旅 나그네 려	リョ 료 たび
油 기름 유	ユ 유 あぶら	両 두 량	リョウ 료-
有 있을 유	ユウ/ウ 유-/우 ある	緑 푸를 록	リョク/ロク 료꾸/로꾸 みどり
遊 놀 유	ユウ/ユ 유-/유 あそぶ	礼 예도 례	レイ 레-
予 나 여	ヨ 요 あらかじめ	列 벌릴 렬	レツ 레쯔 つらなる
羊 양 양	ヨウ 요- ひつじ	練 익힐 련	レン 렝 ねる
洋 큰 바다 양	ヨウ 요-	路 길 로	ロ 로 みち
葉 잎 엽	ヨウ 요- は	和 화할 화	ワ/オ 와/오 やわらぐ, やわらげる

決 정할 결	ケツ 케쯔 きめる, きまる	港 항구 항	コウ 코- みなと
庫 곳집 고	コ, ク 코, 쿠	幸 다행 행	コウ 코- さいわ, さち, しあわせ
根 뿌리 근	コン 콩 ね	向 향할 향	コウ 코- むける, むかう, むこう
皿 그릇 명	さら	県 고을 현	ケン 켕
研 갈 연	ケン 켕 とぐ, みがく	湖 호수 호	コ 코 みずうみ
祭 제사 제	サイ 사- まつる, まつり	号 부르짖을 호	ゴウ 고-

일본 소학교

4학년 한자(200字)

愛 사랑 애	アイ 아이 いとしい	塩 소금 염	エン 엥 しお	
案 책상 안	アン 앙	億 억 억	オク 오꾸	
以 써 이	イ 이 もって	加 더할 가	カ 카 くわえる, くわわる	
衣 옷 의	イ/エ 이/에 ころも	果 열매 과	カ 카 はたす, はてる, はて	
位 자리 위	イ 이 くらい	貨 재물 화	カ 카	
囲 두를 위	イ 이 かこむ, かこう	課 과정 과	カ 카	
胃 밥통 위	イ 이	芽 싹 아	ガ 가 め	
印 도장 인	イン 잉 しるし	改 고칠 개	カイ 카이 あらためる, あらたまる	
英 꽃부리 영	エイ 에-	械 기계 계	カイ 카이	
栄 영화 영	エイ 에- さかえる, はえ, はえる	害 해할 해	ガイ 가이	

各 각자 각	カク 카꾸 おのおの	喜 기쁠 희	キ 키 よろこぶ
覚 깨달을 각	カク 카꾸 おぼえる, さます, さめる	旗 기 기	キ 키 はた
街 거리 가	ガイ/カイ 가이/카이 まち	器 그릇 기	キ 키 うつわ
完 완전할 완	カン 캉	機 틀 기	キ 키
官 벼슬 관	カン 캉 つかさ	議 의논할 의	ギ 기
管 주관할 관	カン 캉 くだ	求 구할 구	キュウ 큐- もとめる
関 관계할 관	カン 캉 せき, かかわる	泣 울 읍	キュウ 큐- なく
観 볼 관	カン 캉 みる	救 구원할 구	キュウ 큐- すくう
願 원할 원	ガン 강 ねがう	給 줄 급	キュウ 큐- たまう
希 바랄 희	キ 키 まれ	挙 들 거	キョ 쿄 あげる, あがる
季 계절 계	キ 키	漁 고기 잡을 어	ギョ/リョウ 교/료- あさる
紀 벼리 기	キ 키	共 한가지 공	キョウ 쿄- とも

協 화합할 협	キョウ 쿄-	結 맺을 결	ケツ 케쯔 むすぶ, ゆう, ゆわえる
鏡 거울 경	キョウ 쿄- かがみ	建 세울 건	ケン 켕 たてる, たつ
競 다툴 경	キョウ/ケイ 쿄-케- きそう, せる	健 굳셀 건	ケン 켕 すこやか
極 극진할 극	キョク/ゴク 쿄꾸/고꾸 きわめる, きわまる, きわみ	験 시험 험	ケン/ゲン 켕/겡 ためす
訓 가르칠 훈	クン 쿵	固 굳을 고	コ 코 かたまる, かためる, かたい
軍 군사 군	グン 궁 いくさ	功 공 공	コウ/ク 코-/쿠 いさお
郡 고을 군	グン 궁 こおり	好 좋을 호	コウ 코- このむ, すく
径 지름길 경	ケイ 케-	候 기후 후	コウ 코- そうろう
型 모형 형	ケイ 케- かた	航 배 항	コウ 코-
景 볕 경	ケイ 케-	康 편안 강	コウ 코- やすらか
芸 재주 예	ゲイ 게-	告 고할 고	コク 코꾸 つげる
欠 하품 흠	ケツ 케쯔 かける, かく	差 다를 차	サ 사 さす

菜 나물 채	サイ 사이 な	士 선비 사	シ 시
最 가장 최	サイ 사이 もっとも	氏 성씨 성	シ 시 うじ
材 재목 재	ザイ 자이	史 사기 사	シ 시
昨 어제 작	サク 사꾸	司 맡을 사	シ 시 つかさどる
札 편지 찰	サツ 사쯔 ふだ	試 시험 시	シ 시 こころみる, ためす
刷 인쇄할 쇄	サツ 사쯔 する	児 아이 아	ジ/ニ 지/니
殺 죽일 살	サツ/サイ 사쯔/사이 ころす	治 다스릴 치	ジ/チ 지/찌 おさめる, なおる
察 살필 찰	サツ 사쯔	辞 말 사	ジ 지 やめる
参 참여할 참	サン 상 まいる	失 잃을 실	シツ 시쯔 うしなう
産 낳을 산	サン 상 うむ, うまれる, うぶ	借 빌/빌릴 차	シャク 샤꾸 かりる
散 흩을 산	サン 상 ちる, ちらす, ちらかす	種 씨 종	シュ 슈 たね
残 남을 잔	ザン 장 のこる, のこす	周 두루 주	シュウ 슈ー まわり

祝 빌 축	シュク/シュウ 슈꾸/슈– いわう	**成** 이룰 성	セイ/ジョウ 세–/죠– なる, なす
順 순할 순	ジュン 즁	**省** 살필 성	セイ/ショウ 세–/쇼– かえりみる, はぶく
初 처음 초	ショ 쇼 はじめ, はじめて, はつ	**清** 맑을 청	セイ/ショウ 세–/쇼– きよい, きよまる, きよめる
松 소나무 송	ショウ 쇼– まつ	**静** 고요할 정	ゼイ/ジョウ 제–/죠– しずか, しずまる, しずめる
笑 웃음 소	ショウ 쇼– わらう, えむ	**席** 자리 석	セキ 세끼
唱 부를 창	ショウ 쇼– となえる	**積** 쌓을 적	セキ 세끼 つむ, つもる
焼 사를 소	ショウ 쇼– やく, やける	**折** 꺾을 절	セツ 세쯔 おる, おり, おれる
象 코끼리 상	ショウ/ゾウ 쇼–/조–	**節** 마디 절	セツ 세쯔 ふし
照 비칠 조	ショウ 쇼– てる, てらす, てれる	**説** 말씀 설	セツ/ゼイ 세쯔/제– とく
賞 상줄 상	ショウ 쇼–	**浅** 얕을 천	セン 셍 あさい
臣 신하 신	シン/ジン 싱/징 おみ	**戦** 싸울 전	セン 셍 いくさ, たたかう
信 믿을 신	シン 싱	**選** 가릴 선	セン 셍 えらぶ

然 그럴 연	ゼン/ネン 젱/넹 しかし	単 홑 단	タン 탕 ひとえ
争 다툴 쟁	ソウ 소- あらそう	置 둘 치	チ 찌 おく
倉 곳집 창	ソウ 소- くら	仲 버금 중	チュウ 쮸- なか
巣 새집 소	ソウ 소- す	貯 쌓을 저	チョ 쬬 たくわえる
束 묶을 속	ソク 소꾸 たば	兆 억조 조	チョウ 쬬- きざす, きざし
側 곁 측	ソク 소꾸 かわ	腸 창자 장	チョウ 쬬- はらわた
続 이을 속	ゾク 조꾸 つづく, つづける	低 낮을 저	テイ 테- ひくい, ひくめる, ひくまる
卒 마칠 졸	ソツ 소쯔	底 밑 저	テイ 테- そこ
孫 손자 손	ソン 송 まご	停 머무를 정	テイ 테-
帯 띠 대	タイ 타이 おび, おびる	的 과녁 적	テキ 테끼 まと
隊 무리 대	タイ 타이	典 법 전	テン 텡 のり
達 통달할 달	タツ 타쯔	伝 전할 전	デン 뎅 つたわる, つたえる, つたう

徒 무리 도	ト 토 あだ	博 넓을 박	ハク/バク 하꾸/바꾸
努 힘쓸 노	ド 도 つとめる	飯 밥 반	ハン 항 めし
灯 등 등	トウ 토- ひ	飛 날 비	ヒ 히 とぶ, とばす
堂 집 당	ドウ 도-	費 쓸 비	ヒ 히 ついやす, ついえる
働 일할 동(日)	ドウ 도- はたらく	必 반드시 필	ヒツ 히쯔 かならず
特 특별할 특	トク 토꾸	票 표 표	ヒョウ 효-
得 얻을 득	トク 토꾸 える, うる	標 표할 표	ヒョウ 효- しるし
毒 독 독	ドク 도꾸	不 아닐 부	フ/ブ 후/부
熱 더울 열	ネツ 네쯔 あつい	夫 지아비 부	フ/フウ 후/후- おっと
念 생각 념	ネン 넹	付 부칠 부	フ 후 つける, つく
敗 패할 패	ハイ 하이 やぶれる	府 마을 부	フ 후
梅 매화 매	バイ 바이 うめ	副 버금 부	フク 후꾸 そう, そえる

粉 가루 분	フン 훙 こ, こな	未 아닐 미	ミ 미 いまだ
兵 병사 병	ヘイ/ヒョウ 헤-/효-	脈 줄기 맥	ミャク 먀꾸
別 다를 별	ベツ 베쯔 わかれる	民 백성 민	ミン 밍 たみ
辺 가 변	ヘン 헹 あたり, べ	無 없을 무	ム/ブ 무/부 ない
変 변할 변	ヘン 헹 かわる, かえる	約 맺을 약	ヤク 야꾸
便 편할 편	ベン/ビン 벵/빙 たより	勇 날랠 용	ユウ 유- いさむ
包 쌀 포	ホウ 호- つつむ	要 요긴할 요	ヨウ 요- いる
法 법 법	ホウ/ハッ 호-/핫 のり	養 기를 양	ヨウ 요- やしなう
望 바랄 망	ボウ/モウ 보-/모- のぞむ	浴 목욕할 욕	ヨク 요꾸 あびる, あびせる
牧 칠 목	ボク 보꾸 まき	利 이로울 리	リ 리 きく
末 끝 말	マツ/バツ 마쯔/바쯔 すえ	陸 뭍 륙	リク 리꾸 おか
満 찰 만	マン 망 みちる, みたす	良 어질 량	リョウ 료- よい

料 헤아릴 료	リョウ 료-	例 법식 례	レイ 레- たとえる
量 헤아릴 량	リョウ 료- はかる	歴 지날 력	レキ 레끼
輪 바퀴 륜	リン 링 わ	連 이을 련	レン 렝 つらねる
類 무리 류	ルイ 루이 たぐい	老 늙을 로	ロウ 로- おいる, ふける
令 하여금 령	レイ 레-	労 일할 로	ロウ 로-
冷 찰 랭	レイ 레- つめたい, ひえる, さめる	録 기록할 록	ロク 로꾸

圧 누를 압	アツ 아쯔 おす	**応** 응할 응	オウ 오- こたえる
移 옮길 이	イ 이 うつる, うつす	**往** 갈 왕	オウ 오-
因 인할 인	イン 잉 よる	**桜** 앵두 앵	オウ 오- さくら
永 길 영	エイ 에- ながい	**恩** 은혜 은	オン 옹
営 경영할 영	エイ 에- いとなむ	**可** 옳을 가	カ 카 べし
衛 지킬 위	エイ 에-	**仮** 거짓 가	カ/ケ 카/케 かり
易 쉬울 이	イ/エキ 이/에키 やさしい	**価** 값 가	カ 카 あたい
益 더할 익	エキ/ヤク 에끼/야꾸	**河** 물 하	カ 카 かわ
液 진액	エキ 에끼	**過** 지날 과	カ 카 すぎる, すごす, あやまつ, あやまち
演 펼 연	エン 엥	**快** 상쾌할 쾌	カイ 카이 こころよい

賀 하례할 하	ガ 가	技 재주 기	ギ 기 わざ
解 풀 해	カイ/ゲ 카이/게 とく, とかす, とける	義 옳을 의	ギ 기
格 격식 격	カク/コウ 카꾸/코ー	逆 거스릴 역	ギャク 갸꾸 さか, さからう
確 굳을 확	カク 카꾸 たしか, たしかめる	久 오랠 구	キュウ/ク 큐ー/쿠 ひさしい
額 이마 액	ガク 가꾸 ひたい	旧 예 구	キュウ 큐ー ふるい
刊 새길 간	カン 캉	居 살 거	キョ 쿄 いる, おる
幹 줄기 간	カン 캉 みき	許 허락할 허	コ/キョ 코/쿄 ゆるす
慣 익숙할 관	カン 캉 なれる, ならす	境 지경 경	キョウ/ケイ 쿄ー/케ー
眼 눈 안	ガン 강 まなこ	均 고를 균	キン 킹 ならし
基 터 기	キ 키 もと, もとい	禁 금할 금	キン 킹
寄 부칠 기	キ 키 よる, よせる	句 글귀 구	ク 쿠
規 법 규	キ 키 のり	群 무리 군	グン 궁 むれる, むれ, むら

経 날 경	キョウ/ケイ 쿄ー/케ー へる	効 본받을 효	コウ 코ー きく
潔 깨끗할 결	ケツ 케쯔 いさぎよい	厚 두터울 후	コウ 코ー あつい
件 물건 건	ケン 켕	耕 밭갈 경	コウ 코ー たがやす
券 문서 권	ケン 켕	鉱 쇳돌 광	コウ 코ー あらがね
険 험할 험	ケン 켕 けわしい	構 얽을 구	コウ 코ー かまえる, かまう
検 검사할 검	ケン 켕 あらためる	興 일으킬 흥	コウ/キョウ 코ー/쿄ー おこる, おこす
限 한할 한	ゲン 겡 かぎる	講 익힐 강	コウ 코ー
現 나타날 현	ゲン 겡 あらわれる, あらわす	混 섞을 혼	コン 콩 まじる, まざる, まぜる
減 덜 감	ゲン 겡 へる, へらす	査 조사할 사	サ 사
故 연고 고	コ 코 ゆえ	再 두번 재	サイ 사이 ふたたび
個 낱 개	コ/カ 코/카	災 재앙 재	サイ 사이 わざわい
護 도울 호	ゴ 고 まもる	妻 아내 처	サイ 사이 つま

漢字	音読み	漢字	音読み
採 캘 채	サイ 사이 とる	資 재물 자	シ 시
際 즈음 제	サイ 사이 きわ	飼 기를 사	シ 시 かう
在 있을 재	ザイ 자이 ある	示 보일 시	ジ/シ 지/시 しめす
財 재물 재	ザイ/サイ 자이/사이	似 닮을 사	ジ 지 にる
罪 허물 죄	ザイ 자이 つみ	識 알 식	シキ 시끼
雑 섞일 잡	ザツ/ゾウ 자쯔/조- まじる, まじわる	質 바탕 질	シツ/シチ/チ 시쯔/시찌/찌
酸 실 산	サン 상 すい	舎 집 사	シャ 샤
賛 도울 찬	サン 상	謝 사례할 사	シャ 샤 あやまる
支 지탱할 지	シ 시 ささえる	授 줄 수	ジュ 쥬 さずける, さずかる
志 뜻 지	シ 시 こころざす, こころざし	修 닦을 수	シュウ/シュ 슈-/슈 おさめる, おさまる
枝 가지 지	シ 시 えだ	述 펼 술	ジュツ 쥬쯔 のべる
師 스승 사	シ 시	術 재주 술	ジュツ 쥬쯔 すべ

準 준할 준	ジュン 즁	性 성품 성	セイ 세-
序 차례 서	ジョ 조 ついで	政 정사 정	セイ/ショウ 세-/쇼- まつりごと
招 부를 초	ショウ 쇼- まねく	勢 형세 세	セイ 세- いきおい
承 이을 승	ショウ 쇼- うけたまわる	精 정할 정	セイ/ショウ 세-/쇼- くわしい
証 증거 증	ショウ 쇼- あかし	製 지을 제	セイ 세-
条 가지 조	ジョウ 죠-	税 세금 세	ゼイ 제-
状 형상 상	ジョウ 죠-	責 꾸짖을 책	セキ 세끼 せめる
常 떳떳할 상	ジョウ 죠- つね, とこ	績 길쌈할 적	セキ 세끼
情 뜻 정	ジョウ 죠- なさけ	接 이을 접	セツ 세쯔 つぐ
織 짤 직	ショク/シキ 쇼꾸/시끼 おる	設 베풀 설	セツ 세쯔 もうける
職 직분 직	ショク 쇼꾸	舌 혀 설	ゼツ 제쯔 した
制 절제할 제	セイ 세-	絶 끊을 절	ゼツ 제쯔 たえる, たつ, たやす

銭 돈 전	セン 셍 ぜに	退 물러날 퇴	タイ 타이 しりぞく, しりぞける
祖 할아비 조	ソ 소	貸 빌릴 대	タイ 타이 かす
素 본디 소	ソ/ス 소/스 もと	態 모습 태	タイ 타이 わざ
総 다 총	ソウ 소- すべて	団 둥글 단	ダン 당
造 지을 조	ソウ 소- つくる	断 끊을 단	ダン 당 たつ, ことわる
像 모양 상	ソウ 소-	築 쌓을 축	チク 찌꾸 きずく
増 붙을 증	ゾウ 조- ます, ふえる, ふやす	張 베풀 장	チョウ 쬬- はる
則 법칙 칙	ソク 소꾸 のり	提 끌 제	テイ 테- さげる
測 헤아릴 측	ソク 소꾸 はかる	程 한도 정	テイ 테- ほど
属 무리 속	ゾク 조꾸	適 맞을 적	テキ 테끼
率 거느릴 솔	ソツ/リツ 소쯔/리쯔 ひきいる	敵 대적할 적	テキ 테끼 かたき
損 덜 손	ソン 송 そこなう, そこねる	統 거느릴 통	トウ 토-

銅 구리 동	ドウ 도- あかがね	肥 살찔 비	ヒ 히 こえる, こえ, こやす, こやし
導 인도할 도	ドウ 도- みちびく, しるべ	非 아닐 비	ヒ 히
徳 덕 덕	トク 토꾸	備 갖출 비	ビ 비 そなえる, そなわる
独 홀로 독	ドク 도꾸 ひとり	俵 나누어줄 표	ヒョウ 효- たわら
任 맡길 임	ニン 닝 まかせる, まかす	評 평할 평	ヒョウ 효-
燃 탈 연	ネン 넹 もえる, もやす, もす	貧 가난할 빈	ヒン/ビン 힝/빙 まずしい
能 능할 능	ノウ 노- あたう	布 베 포	フ 후 ぬの
破 깨뜨릴 파	ハ 하 やぶる, やぶれる	婦 며느리 부	フ 후
犯 범할 범	ハン 항 おかす	富 부자 부	フ/フウ 후/후- とむ, とみ
判 판단할 판	ハン/バン 항/방 わかる	武 호반 무	ブ 부 たけし
版 판목 판	ハン 항	復 회복할 복	フク 후꾸
比 견줄 비	ヒ 히 くらべる	複 겹칠 복	フク 후꾸

仏 부처 불	フツ/ブツ 후쯔/부쯔 ほとけ	**夢** 꿈 몽	ム 무 ゆめ
編 엮을 편	ヘン 헹 あむ	**迷** 미혹할 미	メイ/マイ 메-/마이 まよう
弁 고깔 변	ベン 벵 わきまえる	**綿** 솜 면	メン 멩 わた
保 지킬 보	ホ 호 たもつ	**輸** 보낼 수	ユ 유
墓 무덤 묘	ボ 보 はか	**余** 남을 여	ヨ 요 あまる, あます
報 알릴 보	ホウ 호- むくいる	**預** 맡길 예	ヨ 요 あずける, あずかる
豊 풍년 풍	ホウ 호- ゆたか	**容** 얼굴 용	ヨウ 요- いれる
防 막을 방	ボウ 보- ふせぐ	**略** 간략할 략	リャク 랴꾸
貿 무역할 무	ボウ 보-	**留** 머무를 류	リュウ/ル 류-/루 とまる, とめる
暴 사나울 폭	ボウ/バク 보-/바꾸 あばく, あばれる	**領** 거느릴 령	リョウ 료-
務 힘쓸 무	ム 무 つとめる		

일본 소학교

6학년 한자(181字)

異 다를 이	イ 이 ことなる	革 가죽 혁	カク 카꾸 かわ
遺 남길 유	イ/ユイ 이/유이 のこす	閣 집 각	カク 카꾸
域 지경 역	イキ 이끼	割 벨 할	カツ 카쯔 わる, わり, われる, さく
宇 집 우	ウ 우	株 그루 주	シュ 슈 かぶ
映 비칠 영	エイ 에ー うつる, うつす, はえる	干 방패 간	カン 캉 ほす, ひる
延 늘일 연	エン 엥 のびる, のべる, のばす	巻 책 권	カン 캉 まく, まき
沿 따를 연	エン 엥 そう	看 볼 간	カン 캉
我 나 아	ガ 가 われ, わ	簡 간략할 간	カン 캉
灰 재 회	カイ 카이 はい	危 위태할 위	キ 키 あぶない, あやうい, あやぶむ
拡 넓힐 확	カク 카꾸 ひろげる	机 책상 궤	キ 키 つくえ

貴 귀할 귀	キ 키 たっとい, とうとい, たっとぶ, とうとぶ	劇 심할 극	ゲキ 게끼 はげしい
揮 휘두를 휘	キ 키 ふるう	激 격할 격	ゲキ 게끼 はげしい
疑 의심할 의	ギ 기 うたがう	穴 굴 혈	ケツ 케쯔 あな
吸 마실 흡	キュウ 큐- すう	絹 비단 견	ケン 켕 きぬ
供 이바지할 공	キョウ/ク 쿄-/쿠 そなえる, とも	権 권세 권	ケン 켕
胸 가슴 흉	キョウ 쿄- むね, むな	憲 법 헌	ケン 켕
郷 시골 향	ゴウ/キョウ 고-/쿄-	源 근원 원	ゲン 겡 みなもと
勤 부지런할 근	キン 킹 つとまる, つとめる	厳 엄할 엄	ゲン/ゴン 겡/공 おごそか, きびしい
筋 힘줄 근	キン 킹 すじ	己 몸 기	コ/キ 코/키 おのれ
系 이어맬 계	ケイ 케-	呼 부를 호	コ 코 よぶ
敬 공경 경	ケイ 케- うやまう	誤 그르칠 오	ゴ 고 あやまる
警 경계할 경	ケイ 케- いましめる	后 왕후 후	コウ 코- きさき

孝 효도 효	コウ コ−	裁 옷 마를 재	サイ 사이 たつ, さばく
皇 임금 황	コウ/オウ 코−/오− きみ	策 꾀 책	サク 사꾸
紅 붉을 홍	コウ/ク 코−/쿠 べに, くれない	冊 책 책	サツ /サク 사쯔/사꾸
降 내릴 강	コウ 코− おりる, ふる, おろす	蚕 누에 잠	サン 상 かいこ
鋼 강철 강	コウ 코− はがね	至 이를 지	シ 시 いたる
刻 새길 각	コク 코꾸 きざむ	私 사사로울 사	シ 시 わたくし
穀 곡식 곡	コク 코꾸	姿 모양 자	シ 시 すがた
骨 뼈 골	コツ 코쯔 ほね	視 볼 시	シ 시 みる
困 곤할 곤	コン 콩 こまる	詞 말 사	シ 시 ことば
砂 모래 사	サ/シャ 사/샤 すな	誌 기록할 지	シ 시
座 자리 좌	ザ 자 すわる	磁 자석 자	ジ 지
済 건널 제	サイ 사이 すむ, すます	射 쏠 사	シャ 샤 いる

捨 버릴 사	シャ 샤 すてる	純 순수할 순	ジュン 즁	
尺 자 척	シャク 샤꾸	処 곳 처	ショ 쇼	
若 같을 약	ジャク/ニャク 쟈꾸/냐꾸 わかい, もしくは	署 마을 서	ショ 쇼	
樹 나무 수	ジュ 쥬	諸 모두 제	ショ 쇼 もろ	
収 거둘 수	シュウ 슈- おさめる, おさまる	除 덜 제	ジョ/ジ 죠/지 のぞく	
宗 마루 종	シュウ/ソウ 슈-/소- むね	将 장수 장	ショウ 쇼- まさに	
就 나아갈 취	シュウ/ジュ 슈-/쥬 つく, つける	傷 다칠 상	ショウ 쇼- きず, いたむ, いためる	
衆 무리 중	シュウ 슈-	障 막을 장	ショウ 쇼- さわる	
従 좇을 종	ジュウ 쥬- したがう, したがえる	城 재 성	ジョウ 죠- しろ	
縦 세로 종	ジュウ 쥬- たて	蒸 찔 증	ジョウ 죠- むす, むれる, むらす	
縮 줄일 축	シュク 슈꾸 ちぢむ, ちぢまる, ちぢめる	針 바늘 침	シン 싱 はり	
熟 익을 숙	ジュク 쥬꾸 うれる	仁 어질 인	ジン/ニ 징/니	

垂 드리울 수	スイ 스이 たれる, たらす	奏 아뢸 주	ソウ 소- かなでる
推 밀 추	スイ 스이 おす	窓 창 창	ソウ 소- まど
寸 마디 촌	スン 슝	創 비롯할 창	ソウ 소-
盛 성할 성	セイ/ジョウ 세-/죠- もる, さかん, さかる	装 꾸밀 장	ソウ/ショウ 소-/쇼- よそおう
聖 성인 성	セイ 세- ひじり	層 층 층	ソウ 소-
誠 정성 성	セイ 세- まこと	操 잡을 조	ソウ 소- みさお, あやつる
宣 베풀 선	セン 셍 のべる, のる	蔵 감출 장	ゾウ 조- くら
専 오로지 전	セン 셍 もっぱら	臓 오장 장	ゾウ 조-
泉 샘 천	セン 셍 いずみ	存 있을 존	ソン/ゾン 송/존
洗 씻을 세	セン 셍 あらう	尊 높을 존	ソン 송 とうとい, たっとぶ
染 물들 염	セン 셍 そめる, そまる, しみる, しみ	宅 집 택	タク 타꾸
善 착할 선	ゼン 젱 よい	担 멜 담	タン 탕 かつぐ, になう

探 찾을 탐	タン 탕 さぐる, さがす	痛 아플 통	ツウ 쯔- いたい, いたむ, いためる
誕 낳을 탄	タン 탕	展 펼 전	テン 텡
段 층계 단	タン/ダン 탕/당	討 칠 토	トウ 토- うつ
暖 따뜻할 난	ダン 당 あたたかい, あたたまる	党 무리 당	トウ 토-
値 값 치	チ 찌 ね, あたい	糖 엿 당	トウ 토-
宙 집 주	チュウ 쮸-	届 이를 계	とどける, とどく
忠 충성 충	チュウ 쮸-	難 어려울 난	ナン 낭 かたい, むずかしい
著 나타날 저	チョ 쪼 あらわす, いちじるしい	乳 젖 유	ニュウ 뉴- ちち, ち
庁 관청 청	チョウ 쬬-	認 알 인	ニン 닝 みとめる
頂 정수리 정	チョウ 쬬- いただく, いただき	納 들일 납	ノウ/ナッ/トウ 노-/낫/또- おさめる, おさまる
潮 밀물 조	チョウ 쬬- しお	脳 골 뇌	ノウ 노-
賃 품삯 임	チン 찡	派 갈래 파	ハ 하 わかれ

拜 절 배	ハイ 하이 おがむ	陛 섬돌 폐	ヘイ 헤-
背 등 배	ハイ 하이 せ, せい, そむける, そむく	閉 닫을 폐	ヘイ 헤- とじる, とざす, しめる, しまる
肺 허파 폐	ハイ 하이	片 조각 편	ヘン 헹 かた
俳 배우 배	ハイ 하이	補 기울 보	ホ 호 おぎなう
班 나눌 반	ハン 항	暮 저물 모	ボ 보 くれる, くらす
晩 늦을 만	バン 방 おそい	宝 보배 보	ホウ 호- たから
否 아닐 부	ヒ 히 いな, いや	訪 찾을 방	ホウ 호- おとずれる, たずねる
批 비평할 비	ヒ 히	亡 망할 망	ボウ/モウ 보-/모- ない
秘 숨길 비	ヒ 히 ひめる	忘 잊을 망	ボウ 보- わすれる
腹 배 복	フク 후꾸 はら	棒 막대 봉	ボウ 보-
奮 떨칠 분	フン 훙 ふるう	枚 낱 매	マイ 마이
並 나란히 병	ヘイ 헤- なみ, ならぶ, ならべる	幕 장막 막	マク/バク 마꾸/바꾸

密 빽빽할 밀	ミツ 미쯔 ひそか	**乱** 어지러울 란	ラン 랑 みだれる, みだす
盟 맹세 맹	メイ 메-	**卵** 알 란	ラン 랑 たまご
模 본뜰 모	モ/ボ 모/보	**覧** 볼 람	ラン 랑 みる
訳 번역할 역	ヤク 야꾸 わけ	**裏** 속 리	リ 리 うら
郵 우편 우	ユウ 유-	**律** 법칙 률	リツ/リチ 리쯔/리찌
優 뛰어날 우	ユウ 유- やさしい, すぐれる	**臨** 임할 림	リン 링 のぞむ
幼 어릴 유	ヨウ 요- おさない	**朗** 밝을 랑	ロウ 로- ほがらか
欲 하고자 할 욕	ヨク 요꾸	**論** 논할 론	ロン 롱
翌 다음날 익	ヨク 요꾸		

초보자도 단숨에 이해되는

친절한 일본어 회화
- -

초판 8쇄 발행 | 2024년 10월 10일

지은이 | 이형석
편 집 | 이말숙
디자인 | 윤누리
제 작 | 선경프린테크
펴낸곳 | Vitamin Book
펴낸이 | 박영진

등 록 | 제318-2004-00072호
주 소 | 07250 서울특별시 영등포구 영등포로37길 18 리첸스타2차 206호
전 화 | 02) 2677-1064
팩 스 | 02) 2677-1026
이메일 | vitaminbooks@naver.com
웹하드 | ID vitaminbook / PW vitamin

© 2018 Vitamin Book
ISBN 978-89-92683-84-5 (13730)

잘못 만들어진 책은 바꿔 드립니다.

웹하드에서
mp3 파일 다운 받는 방법

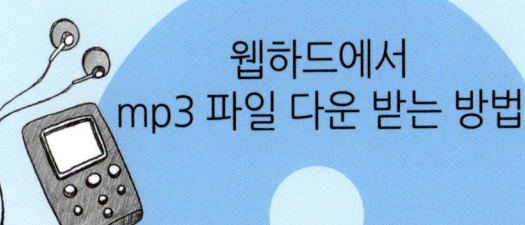

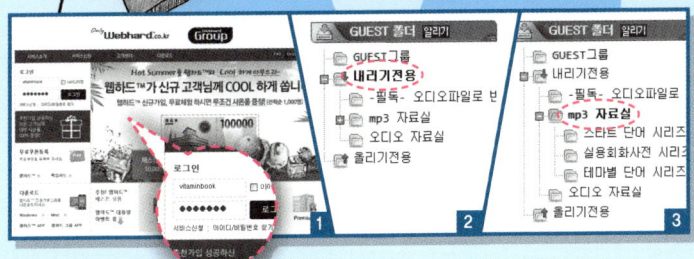

🗨 다운 방법

STEP 01
웹하드 (www.webhard.co.kr) 에 접속
아이디 (vitaminbook) 비밀번호 (vitamin) 로그인 클릭

STEP 02
내리기전용 클릭

STEP 03
Mp3 자료실 클릭

STEP 04
친절한 일본어 회화 클릭하여 다운